ESTUDOS SOBRE INTEGRAÇÃO

Associação de Estudos da Integração Européia no Brasil
ECSA – Brasil

A849e   Associação de Estudos da Integração Européia no Brasil
         Estudos sobre integração / Angela Teresa Gobbi Estrella ... [et. al.];
         org. Werter R. Faria. — Porto Alegre: Livraria do Advogado, 2000.
         223p.; 16x23cm.
         ISBN 85-7348-159-5

            1. Direito comunitário. 2. Integração econômica. 3. Mercado co-
         mum. 4. MERCOSUL. 5. Comunidade Européia. I. Estrella, Ange-
         la Teresa Gobbi. II. Faria, Werter R. III. Título.
                                               CDU   339.922
                                                     339.923

            Índices para catálogo sistemático
         Direito comunitário
         Integração econômica
         Mercado comum
         MERCOSUL
         Comunidade Européia

(Bibliotecária responsável: Marta Roberto, CRB - 10/652)

Associação de Estudos da Integração Européia no Brasil

ESTUDOS SOBRE
INTEGRAÇÃO

Angela Teresa Gobbi Estrella
Elizabeth Accioly
Guiomar T. Estrella Faria
Jorge Fontoura
Luiz Olavo Baptista
Maria João Palma
Maristela Basso
Patrícia Luíza Kegel
Roberta Jardim de Morais
WERTER R. FARIA
(organizador)

Porto Alegre 2000

© Angela Teresa Gobbi Estrella, Elizabeth Accioly
Guiomar T. Estrella Faria, Jorge Fontoura
Luiz Olavo Baptista, Maria João Palma
Maristela Basso, Patrícia Luíza Kegel
Roberta Jardim de Morais e Werter R. Faria (org.)

Revisão
Rosane Marques Borba

Capa, projeto gráfico e diagramação
Livraria do Advogado Editora

Direitos desta edição reservados por
Livraria do Advogado Ltda.
Rua Riachuelo, 1338
90010-273 Porto Alegre RS
Fone/fax: 0800-51-7522
E-mail: info@doadvogado.com.br
Internet: www.doadvogado.com.br

Impresso no Brasil / Printed in Brazil

Sumário

1. A proteção do meio ambiente na União Européia
   Elizabeth Accioly 9
2. Contratos internacionais e mercados integrados
   Guiomar T. Estrella Faria 35
3. Múltiplos de cidadania: o modelo da neojurisdição comunitário-européia
   Jorge Fontoura 55
4. Aspectos teóricos do sistema para solução de divergências nas instituições de integração, com referência ao Mercosul
   Luiz Olavo Baptista 73
5. Desenvolvimentos recentes na União Europeia: o Tratado de Amesterdão
   Maria João Palma 109
6. A Zona Franca de Manaus no contexto do Mercosul
   Maristela Basso & Angela Teresa Gobbi Estrella 123
7. A jurisprudência do Tribunal de Justiça das Comunidades Européias e a competência internacional da Comunidade Européia
   Patrícia Luíza Kegel 177
8. Exaustão dos Direitos de Propriedade Industrial, uma forma de garantir a livre concorrência
   Roberta Jardim de Morais 193
9. O acordo de cooperação entre a Comunidade Européia e o Mercosul
   Werter R. Faria (organizador) 209

Apresentação

A Associação de Estudos da Integração Européia no Brasil (ECSA - Brasil), juntamente com suas congêneres existentes em todos os continentes, com a cooperação da Direção-Geral X da Comissão Européia (Ação Monnet - Meios Universitários), estimula a investigação dos aspectos econômicos, políticos, sociais e jurídicos da Constituição e do funcionamento da Comunidade Européia. Procura fomentar a pesquisa desse processo, em vista do seu fundamental interesse para outras formas de integração em curso na África, na Ásia e na América.

Com a publicação deste volume de estudos escritos por docentes de nossas universidades e associados da ECSA-Brasil, ela cumpre outra das suas finalidades, que é divulgar trabalhos científicos sobre a integração européia e sua influência em outros processos, em especial o do Mercosul.

Porto Alegre, julho de 2000.

Werter R. Faria
Presidente

1. A proteção do meio ambiente na União Européia

Elizabeth Accioly
Advogada. Professora de Direito Internacional Privado da Faculdade de Direito de Curitiba. Vice-Presidente da ECSA-Brasil

Sumário: 1.1. Introdução; 1.2. A nova concepção do Direito Internacional Público; 1.3. As Organizações Internacionais frente ao meio ambiente; 1.4. O papel das Organizações Regionais de Integração - As Comunidades Européias; 1.5. O Meio Ambiente na União Européia; 1.5.1 Os programas de ação comum em matéria ambiental da CE; 1.5.2. A implantação da política comum ambiental na União Européia; 1.6. Conclusão; 1.7. Bibliografia.

1.1. INTRODUÇÃO

"Los pueblos siempre han temido su destrucción por las guerras. Los desastres naturales, causantes de enormes catástrofes en pérdidas de vidas y bienes no han sido suficientes para poner en peligro la existencia de ellos. Hoy en día, la Humanidad se ve enfrentada a graves amenazas que pueden acarrear su desaparición de la paz de la tierra.
Cuando los ríos, totalmente poluídos empezaron a poluir los mares, ayudado en ello por la polución causada por las modernas naves que voluntaria o por accidente volcaban petróleo en las aguas marinas y todo outro tipo de desechos; inclusive también los peligrosos 'desechos o basura nuclear', cuando el aire empezó a hacer irrespirable en las grandes ciudades o en los centros industriales por el despedido de gases tóxicos; cuando la locomoción urbana ayudó también en ello, llevando a los grandes urbes a límites peligrosos; cuando la Antártica empieza a quedar expuesta a los raios ultravioletas por el adelgazamiento de la capa de ozono y ésta comienza a extenderse a otros setores del planeta; cuando se avisora el calentamiento de la tierra y el alza

de los niveles de los mares, el hombre entonces comienza a comprender la cruda realidad y a enfrentarse a un peligro mayor que las guerras: el extermino de la propia especie humana".[1]

O fim da Segunda Guerra Mundial foi o marco da evolução tecnológica, do desenvolvimento industrial, do crescimento acelerado de países que, com ansiedade de recuperação e sem previsão das conseqüências de tantas inovações, começaram a provocar, lentamente, sérios danos ao meio ambiente.

A Organização das Nações Unidas, sucessora da Sociedade das Nações, surge, em 1945, logo após o término da 2ª Guerra, com a meta primordial de manter a paz, além de preservar a segurança coletiva. Como objetivos secundários visa à cooperação econômica, cultural e científica.

No seio da ONU, aparecem as agências especializadas, para tratar de assuntos pontuais que vão despontando à medida em que o mundo vai evoluindo e deparando com novos temas, ou melhor, novos problemas. E, entre estes, o da *preservação do meio ambiente*. Tornou-se preciso criar órgãos e legislações que detivessem o desenvolvimento desenfreado, e que fossem voltados ao meio ambiente, para preservar a nossa própria sobrevivência na Terra.

Foi então que as Nações Unidas, em 1972, realizaram uma conferência sobre o meio humano em Estocolmo, onde se criou o "Programa das Nações Unidas para o Meio Ambiente" - PNUMA, com sede em Nairobi - Kenya, órgão encarregado de proteção, preservação, planificação e execução de projetos, seminários, conferência e confecção dos projetos normativos sobre matérias ambientais.

Daí um novo direito: *o Direito Internacional do Meio Ambiente*, lastreado na nova concepção do Direito Internacional Público.

1.2. A NOVA CONCEPÇÃO DO DIREITO INTERNACIONAL PÚBLICO

As duas grandes constantes do Direito Internacional Público desde o seu primórdio até os dias de hoje seguem vivas: a *coexistência* e a *cooperação* entre Estados soberanos.

A primeira delas, a coexistência de Estados juridicamente iguais, é a base do Direito Internacional Público, em que Estados convivem harmonicamente, em uma linha horizontal; o Direito In-

---

[1] Fernando Gamboa Serazzi. *Manual de Derecho Internacional Publico*. 5ª ed., Santiago: Ed. CESOC, 1992, p. 279.

ternacional é criado pela vontade dos Estados, devendo ser respeitados os seus limites jurisdicionais e territoriais, observada a não-intervenção em assuntos internos dos Estados.

A cooperação entre os Estados soberanos, que no DIP antigo tinha por objetivo uma cooperação no que pertine ao respeito aos Tratados por eles assinados, hoje tem por base uma cooperação institucionalizada, com o surgimento de Organizações Internacionais que nascem com a Sociedade ou Comunidade Internacional, como bem esclarece J.C. Carrillo Salcedo:

> "Muchas características del mundo contemporáneo, hacen que el sistema de Estados (como entidades políticas territoriales, soberanas e independientes), resulte hoy menos válido que en el pasado como dato de base para la organización de la paz y de la sociedad internacional: la soberanía territorial, efectivamente, no garantiza siempre la seguridad, dada la vulnerabilidad de las sociedades modernas; los intercambios económicos operan en el marco de un mercado mundial; la instantaneidad de la transmisión de las informaciones y la aceleración de la rapidez y volumen de las comunicaciones y desplazamientos de las personas han puesto súbitamente en contacto a naciones y pueblos, la interdependencia ha hecho a los Estados más vulnerables respecto de decisiones adoptadas fuera de sus fronteras; las armas de destrucción masiva y las transformaciones experimentadas en el campo de la balística y los armamentos han traído consigo un campo estratégico unificado de alcance mundial; el fenómeno de Organización Internacional, ha erosionado el pretendido carácter absoluto de la soberanía estatal."[2]

Com essa transformação, conclui-se que os Estados, além de se preocuparem com novas tarefas, passam a ter limitações. Questões como direitos humanos, crescimento demográfico, uso de recursos naturais, meio ambiente, dentre tantas, são abarcadas pelo DIP renovado. Portanto, essas normas que se referem ao interesse da Comunidade Internacional em seu conjunto passam a gozar de um caráter imperativo - *jus cogens* -, não podendo ser desconhecidas ou modificadas mediante acordos entre Estados ou através de atos unilaterais dos Estados, por serem regras inerentes à estrutura da sociedade internacional, situando-se acima dos Estados soberanos, consoante conclusão de Carrillo Salcedo:

---
[2] Juan Antonio Carrillo Salcedo. *El Dereho Internacional en un mundo en cambio*. 1ª ed., Madrid: Tecnos, 1985, p. 186.

"Finalmente, hay que tener en cuenta que el progreso de las normas imperativas en Derecho Internacional está en función del desarrollo del fenómeno de Organización internacional, del proceso de institucionalización del Orden internacional, ya que, en última instancia, es aquí donde se encuentra el más importante factor de transformación del Derecho internacional. Sin desaparecer, la soberanía de los Estados va a quedar profundamente influida y condicionada por la Organización internacional".[3]

E na esteira dessa nova concepção, da imposição do *jus cogens* frente à soberania dos Estados, cita-se o meio ambiente como exemplo, já que é este o tema principal deste trabalho.

O Princípio 21 da Declaração das Nações Unidas sobre o Meio Ambiente dispõe: "De conformidade com a Carta das Nações Unidas e com os princípios de Direito Internacional, os Estados têm o direito soberano de explorar seus próprios recursos em aplicação de sua própria política ambiental e a *obrigação de assegurar que as atividades que se levem a cabo dentro da sua jurisdição ou sob seu controle não prejudiquem o meio de outros estados ou de zonas situadas fora de toda a jurisdição nacional*" (sublinhou-se).

Assim, a norma imperativa tem a clara função de limitar a soberania dos Estados, sendo que, na prática, muitos deles viram-se pressionados, tanto no campo político como no campo econômico, por Organismos Internacionais ou mesmo por outros Estados a não prejudicar o meio ambiente além-fronteiras, "llegándose incluso al condicionamento de nuevos créditos para proyectos de desarollo si no se protege el medio ambiente. Tal ha sido, por ejemplo, el caso de la Amazonia Brasileña".[4]

Através do *jus cogens*, os Estados foram incorporando e aceitando princípios tão amplos e incontestáveis hodiernamente como o repúdio à escravatura e ao genocídio, ou o princípio da solidariedade, como mais específicos o da cooperação, o da responsabilidade e compensação de danos causados, o da informação e consulta, dentre tantos, ingressando estes últimos como normas básicas desse novo Direito Internacional, já que todos eles estão inseridos em tratados que versam sobre o meio ambiente.

---

[3] Juan Antonio Carrillo Salcedo. *Soberania del Estado y Derecho Internacional*. Madrid: Editorial Tecnos, 1969, p. 229.

[4] Fernando Gamboa Serazzi. *Manual de Derecho Internacional Público*. 5ª ed., Santiago: Ed. CESOC, 1992, p. 281.

1.3. AS ORGANIZAÇÕES INTERNACIONAIS FRENTE AO MEIO AMBIENTE

Frisou-se anteriormente que as bases do DIP - a coexistência e a cooperação - persistem. Houve, porém, uma evolução de tais conceitos. Os Estados continuam a coexistir soberanos, porém, por viverem inseridos em um meio social coletivo - a Comunidade ou Sociedade Internacional -, vêem seus poderes limitados por ela.

A complexidade e a interdependência dos interesses de todos os componentes da sociedade internacional levaram à criação de um vasto número de organizações internacionais de alcance universal ou regional, com finalidade política ou técnica, as primeiras voltadas à preservação da paz e da segurança, e as últimas, a um fim econômico, financeiro, cultural ou técnico.

A primeira Organização Internacional de alcance universal com finalidade política, direcionada primacialmente à preservação da paz e da busca de soluções pacíficas entre os Estados, foi a *Sociedade das Nações*, que sobreviveu no período entreguerras (1919-1939), sendo substituída pela *Organização das Nações Unidas*, imediatamente após o fim da II Guerra Mundial (1945).

Aparecem na ONU vertentes internacionais distintas, de alcance universal e de finalidade técnica específica, através das chamadas "agências especializadas", dentre as quais a Organização Internacional do Trabalho - OIT, em 1919; a Organização para a Alimentação e a Agricultura - FAO, em 1945; a Organização das Nações Unidas para a Educação, a Ciência e a Cultura - UNESCO, em 1946; o Fundo Monetário Internacional - FMI, em 1945.

Entre os acordos de alcance regional, de finalidade política, pode-se citar a OEA - Organização dos Estados Americanos, em 1951; de finalidade técnica específica, mencionem-se as organizações de cooperação e integração econômicas. Dentre elas, as Comunidades Européias, em 1957; a Associação Latino-Americana de Integração, em 1980; o Mercado Comum do Sul - Mercosul, em 1991; e o Acordo de Livre Comércio da América do Norte - NAFTA, em 1994.

No âmbito da proteção ao meio ambiente, foram elaboradas várias Convenções e Tratados[5] sob o guarda-chuva de Organizações Internacionais. Dentre eles, destacam-se, a título ilustrativo, as duas Conferências firmadas por ocasião da ECO-92, no Rio de Janeiro, sobre mudança do clima e sobre diversidade biológica, a Convenção

---

[5] Ver compilação sobre o meio ambiente, atualizada pelo Prof. Guido F. S. Soares, na obra *Direito Internacional do Meio Ambiente: sua emergência, as obrigações e as responsabilidades*, São Paulo, Malheiros Editores, 1998 (no prelo) - Anexo I.

de Viena para a Proteção da Camada de Ozônio, em 1985; Convenção sobre a Conservação de Recursos Vivos Marinhos Antárticos, Camberra, 1980; Convenção para a Conservação das Focas Antárticas, Londres, 1972; Convenção relativa à Proteção do meio ambiente marinho da área do Mar Báltico, Helsinki, 1974; Convenção relativa à proteção do patrimônio Mundial, Cultural e Natural, Paris, 1972.

Vê-se, assim, que há uma variada gama de tratados e acordos setoriais sobre o meio ambiente. O avanço do Direito Internacional na área do meio ambiente e do desenvolvimento sustentável está sendo objeto de estudos e trabalhos de uma Comissão de Direito Internacional das Nações Unidas, com vistas a uma codificação do Direito Internacional sobre a Defesa do Meio Ambiente, podendo-se inferir estarmos diante de um Direito Internacional do Meio Ambiente *em formação*.

Pesem embora todos os esforços das inúmeras Convenções firmadas pelas Organizações Internacionais, dos Tratados entre Estados ou mesmo pela tentativa de Codificação do DIMA, foi encontrado um mecanismo de leveza por excelência - a *soft law* -, um meio de coerção para os Estados pelo indício de obrigação.

Segundo alguns doutrinadores, as fontes de Direito Internacional estipuladas no artigo 38 da Corte Internacional de Justiça - *as convenções internacionais; o costume internacional e os princípios gerais do direito* - encontram-se incompletas. Inserem eles ainda os atos unilaterais dos Estados e as decisões das organizações internacionais e aqui, por analogia, poderíamos incluir como fontes as declarações de conferências técnicas com a participação ou não dos Estados, no encaminhamento de soluções políticas na área ambiental.

Para Alain Pellet, "cette énumération (art. 38 da CIJ) demeure incomplète. Il y manque au moins les actes unilatéraux des Etats et les décisions des organisations internationales".[6]

Fernando Gamboa Serazzi, na mesma linha, diz que "es posible considerar como fuentes auxiliares de Derecho Internacional algunas decisiones de Organismos Internacionales... Asimismo las publicaciones de las Cancillerías, denominadas 'Libros de Color', podrían también constituir una fuente auxiliar en determinadas circunstâncias. Menciónanse también como posible fuente auxiliar los protocolos y archivos de los Ministerios de Relaciones Exteriores de los diversos países".[7]

A seu turno, Maarten Bos afirma que "la importancia de los trabajos de la Comisión de Derecho Internacional de las Naciones

---

[6] *Droit International Public*, Paris: Presses Universitaires de France, 1981, p. 13.

[7] Ob. cit., p. 61.

Unidas, tal vez trasciendan a la de la doctrina, no sólo por representar - como la doctrina - las enseñanzas de los publicistas más altamente calificados sino también por poseer una cualidad internacional no econtrable en la doctrina tradicional, y por reflejar hoy el pensamiento de un cuerpo cuasi diplomático, realista, no distanciado de las Cancillerías y de los órganos políticos de las Naciones Unidas y de otras organizaciones internacionales".[8]

Sobreleva notar que uma das maneiras de o Direito se debruçar sobre o meio ambiente é através da identificação deste pela comunidade científica que, cada vez mais, aparenta ser coercitiva e de demasiada influência sobre os Estados.

1.4. O PAPEL DAS ORGANIZAÇÕES REGIONAIS DE INTEGRAÇÃO - AS COMUNIDADES EUROPÉIAS

Foi visto que a cooperação entre Estados se intensifica no período pós-guerra, cujos marcos são as Organizações Internacionais Universais e Regionais. No âmbito regional, com finalidade técnica específica, encontra-se a União Européia como modelo de cooperação econômica mais desenvolvida, como enaltece Simone Dreyfus: "Une nouvelle étape est franchie lorsque, dépassant le cadre du Conseil de lÉurope, premier organisme de coopération entre les Etats européens, Jean Monnet et Robert Schuman font accepter par les partenaires de la France la nécessité d'une mise en commun de certaines ressources et de certaines industries: les organisations internationales qui nâitront à la suite de cette initiative auront comme objectif non plus seulement la coopération mais, bien au-delà, une véritable intégration économique, dont la réalisation est prévue par paliers successifs et dont l'etape ultime devrait être l'union politique".[9]

As Organizações Internacionais que aparecem no período pós-guerra, atentas a dar segurança aos povos, através do reforço para a paz, o respeito aos direitos humanos, ao trabalho e também ao meio ambiente, foram fundamentais para o êxito da Europa Comunitária.

Foi na esteira dessas Organizações Internacionais que surgiram os blocos econômicos regionais, os quais, movidos pela economia, e com o importante apoio e confiança do setor privado, vão integrando não só o comércio, mas também os cidadãos.

---

[8] *In* Antonio Augusto Cançado Trindade. "Princípios de Direito Internacional Contemporâneo", Brasília: Ed. Universidade de Brasília, 1991, p. 21.

[9] *Droit des relations internationales.* 2ª ed., Paris: Cujas/Synthèse, 1981, p. 314.

Assim, o Estado-nação gradativamente se substitui pelos modelos de integração econômica mais simples - como a zona de livre comércio e a união aduaneira - e pelos mais sofisticados - como o mercado comum e a união econômica e monetária -, tornando obrigatória a revisão do clássico conceito de soberania.

Nesse quadro, nasceu, em 1957, a Comunidade Econômica Européia, dando início a uma nova forma de integração, qual seja: o *mercado comum*, com a intenção de unir não só economias, mas também de propiciar uma condição de vida melhor aos cidadãos integrantes do bloco, através da *livre circulação de bens, pessoas, serviços e capitais*.

Abrem-se, portanto, as fronteiras internas para que as pessoas circulem livremente, e, em conseqüência, para que trabalhem, residam e invistam no espaço comunitário, o que equivale à criação de um novo país, cujas fronteiras são as que cercam o bloco regional.

A Comunidade Econômica Européia teve início com seis países: França, Alemanha, Itália, Bélgica, Holanda e Luxemburgo, e seu objetivo de alcançar o Mercado Comum é atingido em 1993, quando doze países já compunham o bloco (aos países fundadores, somaram-se Reino Unido, Dinamarca, Irlanda, Grécia, Espanha e Portugal). Hoje, quinze países integram a Comunidade, com a adesão de Áustria, Finlândia e Suécia.

Esgotado, destarte, em 1993, o primacial intento do Tratado de Roma de formar um mercado comum, esse passou por uma revisão e, hoje, vigora na Europa comunitária um novo Tratado: o Tratado de Maastricht ou Tratado da União Européia, que dá um salto no que pertine à integração, uma vez que busca a unificação da moeda, a cidadania e a defesa únicas.

Visa, assim, o presente trabalho, à análise do meio ambiente no seio da União Européia.

1.5. O MEIO AMBIENTE NA UNIÃO EUROPÉIA

O Tratado Institutivo da Comunidade Econômica Européia - Tratado de Roma -, assinado em 25.03.1957, não tinha preocupações com o meio ambiente. Não havia em seus dispositivos nenhuma norma que tratasse de questões relacionadas com a proteção ambiental, isso porque, naquela época, pouco ou quase nada existia nesta área. Foi justamente após a segunda metade desse século, com a expansão econômica incontrolada, trazendo problemas de poluição, catástrofes como as de Chernobil, de Bhopal e de Seveso, acrescidos de problemas globais como a alteração climática e a destruição da camada de ozônio, que a Europa comunitária e o resto do mundo despertaram para o meio ambiente.

Ora, mas se o Tratado de Roma não previa normas referentes ao meio ambiente, como inseri-las na ordem jurídica comunitária? Buscou-se o auxílio do artigo 100/A, que cuida das medidas de aproximação das legislações sobre o mercado interno, dispondo seu inciso 3: "A Comissão, nas suas propostas previstas no n. 1 em matéria de saúde, de segurança, de *proteção ao ambiente* e de proteção aos consumidores, basear-se-á num nível de proteção elevado"; e, no seu artigo 235, cuja dicção é: "Se uma ação da Comunidade for considerada necessária para atingir, no curso de funcionamento do mercado comum, um dos objetivos da Comunidade, sem que o presente Tratado tenha previsto os poderes de ação necessários para o efeito, o Conselho, deliberando por unanimidade, sob proposta da Comissão, e após consulta do Parlamento Europeu, adotará as disposições adequadas".

1.5.1. Os programas de ação comum em matéria ambiental da CE

Em 22 de novembro de 1973, advém a primeira orientação da política comunitária do ambiente, enunciada *no programa de ação em matéria ambiental*, tendo como lema que "a expansão econômica não é um fim em si", e, portanto, que o crescimento econômico deveria traduzir-se em melhoria das condições de vida dos europeus, surgindo este programa na esteira da Declaração de Estocolmo de 1972.

O **segundo programa** aparece em 1977 e se destina a dar soluções aos graves problemas de contaminação e a melhorar o estado do ambiente. No entanto, tanto o primeiro como o segundo programa tinham como linha de ação medidas reparadoras.

O **terceiro programa**, em 1983, traz uma mudança de conduta na Europa comunitária, e a abordagem passa a ser preventiva, na perspectiva de que o desenvolvimento econômico e social deveria ser realizado de tal maneira que os problemas ambientais pudessem ser evitados.

No **quarto programa**, em 1987, o eixo central firmado no programa anterior se mantém, que é a prevenção. Estabelecia-se aqui a importância de um extenso e eficaz controle para determinar a consistência dos fatores de degradação e para promover as oportunas medidas de salvaguarda.

No **quinto programa**, de 1992, a União Européia novamente opera uma mudança na sua política de ambiente com a adoção do programa intitulado "em direção a um desenvolvimento sustentável", inspirado nas conclusões da ECO/92, definindo uma estratégia ativa até o ano 2000, baseada na integração política de ambiente e dos interesses dos setores econômicos que têm impacto no ambiente.

No **sexto programa**, de 1996, a Comissão Européia publica um relatório sobre os progressos de implementação do quinto programa, e estabelece novas prioridades. Dentre os avanços conseguidos na União Européia, encontram-se: a redução das emissões de substâncias que destroem o ozônio, os metais pesados e o dióxido de enxofre, a conservação da natureza, da gestão e da eliminação dos resíduos e dos riscos associados à indústria.

As novas metas estabelecidas no sexto programa são: ações eficazes nos setores das alterações climáticas, da acidificação dos rios e dos lagos, da problemática urbana (incluindo a qualidade do ar, o ruído e os resíduos) e uma política global da água. Também se dará prioridade ao aperfeiçoamento das normas sobre as emissões de combustíveis dos veículos rodoviários, bem como um melhor equilíbrio entre os modos de transporte. Em outros setores, serão necessários esforços adicionais para promover a poupança da energia e a eficiência energética e reduzir a utilização dos adubos e pesticidas na agricultura.[10]

Os escopos estipulados nos seis programas comunitários foram sendo impulsionados pelo direito derivado, por regulamentos e diretivas, sendo que, desde 1972 até os dias de hoje, mais de duzentas normas derivadas foram editadas pela União Européia.

Por oportuno, consignem-se breves linhas acerca do mecanismo de legislação derivada na União Européia, já que o Tratado confere poderes a órgãos supranacionais para legislar e, assim, poder levar adiante os objetivos comuns estipulados nos Tratados.

A respeito, o ensinamento do Prof. Guido Soares:

"Com efeito, nas Comunidades Européias, há uma estrutura 'a la Montesquieu', de tripartição do poder: um executivo (bicameral, na verdade também com competências legislativas, a Comissão, órgão anacional, e o Conselho de Ministros, integrado pelos Ministros de Estado dos Estados integrantes das Comunidades) um Parlamento Europeu (órgão de fiscalização orçamentária e de controle político, eleito diretamente nos territórios dos Estados partes das CEE) e uma Corte de Justiça das CEE (com competência de resolver litígios jurídicos entre os órgãos das CEE, entre estes e os Estados participantes, entre os próprios Estados

---

[10] Fonte: Comissão das Comunidades Européias. *A Europa sem fronteiras*. Luxemburgo: Serviço das Publicações Oficiais das Comunidades Européias, 1997.

e entre pessoas físicas ou jurídicas submetidas ao ordenamento das CEE).[11]

Portanto, a Comissão e o Conselho de Ministros *legislam*, sendo da primeira o poder de iniciativa legislativa, cabendo ao segundo a decisão; nessa tarefa, ambos são auxiliados pelo Parlamento Europeu, que atualmente já tem suas funções alargadas através do mecanismo de "co-decisão" com os outros dois órgãos. Esses órgãos editam a legislação derivada por meio de regulamentos, diretivas, decisões, recomendações e pareceres.

Segundo o artigo 189 do Tratado de Roma: "O regulamento tem caráter geral. É obrigatório em todos os seus elementos e *diretamente aplicável* em todos os Estados-membros".

Isso significa que as regras do direito comunitário devem manifestar a plenitude dos seus efeitos, de uma maneira uniforme em todos os Estados-membros a partir da sua entrada em vigor e no decurso de sua vigência.

Sobre o *regulamento*, assim se pronuncia José de Oliveira Ascensão:

"Pela sua definição vemos que o regulamento é fonte de Direito - a generalidade caracteriza-o. A sua obrigatoriedade significa ainda que ao Estado-membro não foi deixada nenhuma possibilidade de escolha no que respeita à aplicação parcelar do regulamento.
Enfim, a aplicabilidade directa significará que os regulamentos passam a compor a ordem jurídica dos Estados-membros automaticamente, independentemente de qualquer acto de recepção ou até meramente de publicação por parte destes. Como tal vinculam as pessoas no âmbito dos Estados, e não apenas os respectivos Governos, podendo, desde logo ser invocados pelos interessados".[12]

A *diretiva* vincula o Estado-Membro destinatário quanto ao resultado, deixando, porém às instâncias nacionais a competência quanto à forma e aos meios - *aqui o que se pretende é uma harmonização das leis comunitárias, ao passo que o regulamento tem por finalidade uniformizá-las*, como bem nos ensina Fausto de Quadros:

"Só com o *acto expresso de transposição* da directiva no Direito nacional e, portanto, com adopção pelo Estado destinatário das

---

[11] Guido F. S. Soares. "O Direito Supranacional nas Comunidades Européias e na América Latina: o caso da ALALC/ALADI e o Mercado Comum Brasil-Argentina", *in Revista dos Tribunais*, ano 80, junho de 1991, v. 668, p. 15/16.

[12] *O Direito - Introdução e Teoria Geral*, Coimbra: Almedina, 1993. p. 236.

medidas necessárias ao cumprimento da directiva é que os efeitos desta se repercutem quanto aos particulares e a directiva se insere na Ordem Jurídica estadual [...]. Enquanto o regulamento é factor de integração, a directiva procura respeitar e manter uma diversidade entre os Estados membros: enquanto o regulamento é produto da actuação comunitária, a directiva exprime a actuação nacional no seio das Comunidades".[13]

A diretiva é dirigida tão-somente aos Estados-Membros cuja finalidade precípua é a harmonização das legislações nacionais, portanto "compreende-se que somente os Estados, habilitados a coordenar em função de tais objectivos os respectivos comportamentos, devam ser os destinatários das directivas".[14] O Estado é livre quanto à forma e aos meios de transpor a diretiva, só sendo vinculativa quanto ao resultado. Isto significa que o Estado poderá optar pela forma jurídica mais adequada à produção do resultado a atingir, bem assim quanto aos meios que melhor lhe aprouver.

A diretiva goza de efeito direto, e não de aplicabilidade direta. Só poderá ser invocada diretamente uma diretiva, quando o Estado-Membro não a transpuser para a ordem interna no prazo previsto, ou se vier a transpô-la de forma incorreta.

Destaque-se, por oportuno, a diferença entre a *aplicabilidade direta* e *efeito direto*, este último não previsto expressamente no Tratado de Roma, mas largamente utilizado e aceito na doutrina e na jurisprudência comunitária, consoante explicita Fausto de Quadros:

"[...] o efeito direto consiste na possibilidade de os particulares invocarem em tribunais nacionais, se 'a natureza, a economia e os termos' da norma ou do acto o permitirem, uma disposição dos tratados comunitários ou um acto de Direito derivado que não beneficie de aplicabilidade direta (isto é, as directivas e decisões dirigidas a Estados), para afastarem a aplicação de uma norma estadual, apesar de essa norma ou esse acto de Direito Comunitário, não gozarem de aplicabilidade direta, nem terem visto ainda o seu conteúdo transposto para qualquer acto de Direito interno, legislativo ou administrativo. O efeito directo não se encontra, ao contrário da aplicabilidade directa, previsto nos tratados, mas foi uma criação da jurisprudência do TC, com

---

[13] QUADROS, Fausto de. *Direito das Comunidades Européias* - Sumários desenvolvidos das aulas dadas ao Curso do 5º ano (menção de Ciências Jurídico-Políticas) no ano lectivo de 1982-83 dentro da disciplina de Direito Internacional Público II, ed. da Associação Acadêmica da Faculdade de Direito de Lisboa, 1983, p. 81 e 83.

[14] CAMPOS, João Mota de. *Direito Comunitário - O Ordenamento Jurídico Comunitário*, II vol., 4ª ed., Lisboa: Fundação Calouste Gubenkian, 1994, p. 123.

apoio da doutrina, antes de tudo em relação a certas disposições dos tratados, mas sobretudo em relação às directivas, como consequência directa do fato de o art. 189º recusar claramente a aplicabilidade directa à directiva pelo confronto da regulamentação que dá a esta e ao regulamento. O que se pretende com o efeito directo é assegurar o primado do Direito Comunitário sobre a ordem jurídica estadual e, dum modo geral, garantir a uniformidade na aplicação do Direito Comunitário.[15]

A decisão é um ato obrigatório e vincula o destinatário individualmente, tanto o Estado-Membro como o particular notificado. Se dirigida a particular, condena, por exemplo, uma empresa que esteja atuando contrariamente ao artigo 85 do TUE (regras de concorrência) ao pagamento de multas e adstrições, sendo que essa decisão constitui título executivo, conforme estabelece o artigo 192 do TUE. Se dirigida a um ou mais Estados-Membros e desde que a obrigação seja precisa e incondicional, poderá ser suscetível de produzir efeito direto nas relações entre Estados-Membros e particulares.

Por fim, as recomendações e pareceres não são vinculativos; apenas sugerem aos destinatários um determinado comportamento, para prevenir possíveis sanções. Daí se concluir que, se eles não obrigam, conseqüentemente não impõem uma obrigação, seja na ordem interna ou na ordem comunitária.

As duas formas mais utilizadas de legislação derivada são o regulamento e a diretiva; a primeira uniformiza o direito comunitário e a segunda o harmoniza, como acima já foi exposto. Assim, a União Européia já publicou inúmeras legislações derivadas tratando de diversos assuntos relacionados ao meio ambiente.

A legislação comunitária, por programas, planos e normas ambientais, abrange variadas áreas, como: o estudo do impacto ambiental, ações realizadas nos países em desenvolvimento no domínio do ambiente no contexto do desenvolvimento sustentável;[16] avaliação dos efeitos de determinados projetos públicos e privados no ambiente;[17] intercâmbio recíproco de informações de dados provenientes das redes e estações individuais que medem a poluição atmosférica nos Estados-Membros,[18] dentre tantas outras.

---

[15] *Direito das Comunidades Européias e Direito Internacional Público*, Lisboa: Almedina, 1991. p. 420-421.

[16] Regulamento n. 722/97, de 22 de abril, relativo a ações realizadas nos países em desenvolvimento no domínio do ambiente no contexto do desenvolvimento sustentável - Anexo II.

[17] Diretiva 97/11, de 03 de março, relativa a avaliação dos efeitos de determinados projetos públicos e privados no ambiente - Anexo III.

[18] Decisão 97/101, de 22 de janeiro, que estabelece um intercâmbio recíproco de informações de dados provenientes das redes e estações individuais que medem a poluição atmosférica nos Estados-Membros - Anexo III.

Daí a conclusão de que houve uma forte vontade política dos Governos dos Estados-Membros em preservar e proteger o meio ambiente no quadro comunitário, já que até a primeira revisão do Tratado de Roma, em 1986, não havia nenhuma disposição legal explícita quanto às ações da Comunidade em matéria do ambiente.

1.5.2. A implantação da política comum ambiental na União Européia

Foi a partir da primeira revisão do Tratado de Roma, de 1957, que o meio ambiente passou a integrar o direito originário das CE. Essa revisão ocorreu em 1986, através do Ato Único Europeu, que, dentre tantas novas preocupações, tais como revitalizar o objetivo primeiro do Tratado institutivo - atingir o mercado comum -, inseriu no texto do Tratado CEE um título sobre a proteção do meio ambiente (*Título VII - arts. 130-R, 130-S, 130-T*[19]), modificado pelo Tratado da União Européia.

A importância da institucionalização do direito ambiental na Comunidade Européia foi ressaltada pelo então presidente da Comissão Européia, Jacques Delors, em discurso proferido em 11 de maio de 1989, em Paris:

"A ação em matéria de ambiente está, portanto, prevista no Ato Único. 'E uma vitória que em 1985-1986 passou despercebida: deu-nos um instrumento de ação, uma ação que pôde ser exercida, num momento em que a emoção e as declarações dos sábios permitiram que os esforços de todos os militantes associativos do ambiente fossem coroados de sucesso, mesmo que ainda haja muito que fazer. Lembro que o Tratado também prescreve uma utilização cuidadosa e racional dos recursos naturais e que, enfim, o ambiente está ligado às outras políticas comuns".[20]

Os objetivos da Comunidade em matéria ambiental previstos no AUE foram relacionados no artigo 130-R, n. 1:
- preservar, proteger e melhorar a qualidade do ambiente;
- contribuir para a proteção da saúde das pessoas;
- assegurar uma utilização prudente e racional dos recursos naturais.

O Tratado da União Européia insere mais uma meta no n. 1 do art. 130-R acima citado, qual seja: promover, no plano internacional,

---

[19] Anexo IV.

[20] *Comissão das Comunidades Européias. A Política de Ambiente na União Européia*, 2ª ed., Bruxelas: 1990, p. 19.

medidas destinadas a enfrentar os problemas regionais ou mundiais do ambiente.

Assim, o AUE propõe um plano ambicioso e amplo no que concerne ao meio ambiente, sendo acrescentado pelo TUE um novo objetivo, que traduz a importância da Comunidade Européia na cena internacional, o que ficou ainda mais evidenciado a partir da Declaração dos Chefes de Estado e de Governo da Comunidade Européia, em Dublin, em junho de 1990: "Reconhecemos a nossa responsabilidade especial em matéria de ambiente perante os nossos cidadãos e perante o mundo. Comprometemo-nos a intensificar os nossos esforços de proteção do ambiente natural da Comunidade e dos seus Estados-membros se desenvolva numa base coordenada e à luz dos princípios do desenvolvimento sustentável e da ação preventiva... O objetivo de uma tal ação é garantir aos cidadãos o direito a um ambiente limpo e são.... A plena realização deste objetivo deverá constituir uma responsabilidade partilhada."

O nº 2 do precitado artigo dispõe sobre os princípios nos quais se fundamentam as Comunidades em matéria ambiental: princípio da ação preventiva, da reparação, prioritariamente na fonte, dos danos ao ambiente, e do poluidor-pagador, acrescidos a estes o da precaução pelo TUE.

Ao analisarmos os princípios fundamentais do meio ambiente na União Européia, devemos enumerá-los na seguinte ordem:

1) o **princípio da precaução**, porque anterior ao da prevenção; é esse princípio a regra de ouro do Direito Ambiental, uma vez que, ocorrido o dano, não se tem, por vezes, como remediá-lo. É portanto anterior ao princípio da prevenção, pois aqui, ainda que os Estados não tenham a certeza, a segurança científica de que tal medida, tal procedimento, possa ocasionar um dano, eles estão instados a precavê-los para não causar danos.

2) o **princípio da prevenção,** através do qual o desenvolvimento econômico e social deve ser realizado de tal modo que os problemas ambientais possam ser evitados, tornou-se a linha central do meio ambiente a partir do terceiro programa de ação da comunidade, em 1983, sendo institucionalizado no AUE. De se destacar que a Diretiva sobre o impacto ambiental da UE, do ano de 1988, trouxe um importante reforço a este princípio, passando a integrar a consciência ambientalista dos Estados no processo de planejamento e tomada de decisões em todos os setores, em especial na agricultura, na indústria petrolífera, na energia, no transporte, no turismo e no desenvolvimento regional, tendo que se submeter a uma avaliação com a finalidade de identificar os efeitos de tais projetos sobre os seres

humanos, a fauna e a flora, o solo, a água, o ar, o clima e a paisagem, bem como analisar as interações de todos esses fatores, tendo igualmente em conta os valores materiais e a herança cultural.

3) o **princípio da correção prioritariamente na fonte de danos ambientais** está inserido nas Comunidades Européias desde o primeiro programa de ação, em 1972, em que o meio ambiente se guiava pelo fundamento da "ação curativa"; ainda não se discutia, nem se vislumbrava a hipótese de uma ação preventiva no meio ambiente. O que se tinha em mente era corrigir um dano já então causado. Este princípio tem a intenção de evitar, a partir da correção, que mais danos sejam causados ao meio ambiente. Amparado neste princípio, a Comunidade Européia emitiu vários atos legislativos, principalmente diretivas, com a finalidade de reparar os danos causados principalmente por atividades industriais ao meio ambiente, para com isso atenuar os efeitos nocivos da poluição industrial sobre outras atividades econômicas. Tais medidas abarcam a contaminação atmosférica, a contaminação das águas, a redução dos níveis de ruído, a proteção da natureza em geral, dentre tantas outras.

4) o **princípio do poluidor-pagador**, estreitamente ligado ao princípio da correção prioritariamente na fonte está; para a CE, considera-se poluidor aquele que degrada direta ou indiretamente, o ambiente ou cria condições que levem à sua degradação. A partir desse conceito, se dá a relação de causa e efeito; quem se enquadrar no conceito de poluidor deverá pagar pelos danos causados. O poluidor, assim, deve assumir o custo da poluição; porém, a grande crítica deste princípio é a ameaça à degeneração do meio ambiente, uma vez que a poluição aqui não é proibida desde que se pague por ela; em outras palavras, simplesmente se paga pelo dano ocorrido, quando, na realidade, o que importa para a preservação do meio ambiente é que o dano seja evitado - e não sua indenização. Com base na distorção que poderia advir deste princípio, a partir do quinto programa de ação, os órgãos comunitários envidam esforços para sua tradução em termos de responsabilidade civil, como realça a Prof. Martha Olivar Jimenez: "...em 1º de setembro de 1989, a Comissão publicou uma proposição de diretiva sobre a responsabilidade pelos danos causados pelos dejetos, com o objetivo de harmonizar as legislações dos Estados-membros, impondo uma responsabilidade estrita a respeito dos danos corporais e patrimoniais, assim como dos ataques causados ao meio ambiente por tais produtos. O principal responsável seria o produtor, considerado de maneira ampla pelas disposições. O quinto programa prevê a extensão da responsabilidade civil a todos os tipos de prejuízo ao meio ambiente. A

responsabilidade civil deve constituir um elemento essencial da política comum".[21]

Os critérios assumidos para orientar as ações comuns estão previstas no n. 3: agir com base nos dados científicos e técnicos disponíveis; levar em consideração as condições ambientais das diversas regiões da Comunidade; ponderar custos e benefícios da intervenção; ter em conta o desenvolvimento social e econômico da Comunidade no seu conjunto e o desenvolvimento equilibrado das suas regiões.

Através do AUE, se insere um dos princípios mais efusivamente debatidos no seio da União Européia quando da sua ratificação, no início dos anos 90, qual seja: o *princípio da subsidiariedade*. O AUE o tratava apenas com relação ao meio ambiente, e o TUE retira o n. 4 do artigo 130-R, e o generaliza, estendendo-o para todos os domínios em que a Comunidade não possua atribuições exclusivas.

Assim dispõe o artigo 130-R, n. 4, do Tratado de Roma:

"A Comunidade intervirá em matéria de ambiente, na medida em que os objetivos referidos no n. 1 possam ser melhor realizados a nível comunitário do que a nível dos Estados-membros considerados isoladamente".

Como acima ressaltado, ao ensejo da segunda revisão do Tratado de Roma pelo de Maastricht, este inciso 4 deixa de figurar no capítulo do ambiente, e a redação é inserida dentre os princípios gerais da UE, no artigo 3-B, que dispõe:

"A Comunidade atuará nos limites das atribuições que lhe são conferidas e dos objetivos que lhe são cometidos pelo presente Tratado.
Nos domínios que não sejam das suas atribuições exclusivas, a Comunidade intervém apenas, de acordo com o princípio da subsidiariedade, se e na medida em que os objetivos da ação encarada não possam ser suficientemente realizados pelos Estados membros e possam pois, devido à dimensão ou aos efeitos da ação prevista, ser melhor alcançados ao nível comunitário.
A ação da Comunidade não deve exceder o necessário para atingir os objetivos do presente Tratado."

O Prof. Giovanni Cordini interpreta o princípio da subsidiariedade no meio ambiente: "Se o Estado-membro pode assegurar ao

---

[21] *O Estabelecimento de uma política comum de proteção do meio ambiente - sua necessidade num mercado comum.* Brasília: Senado Federal, Subsecretaria de Edições Técnicas; Porto Alegre: Associação Brasileira de Estudos da Integração, 1994, p. 45.

ambiente uma eficaz proteção sem a intervenção comunitária, a medida do Direito interno deverá ser preferida".[22]

A filosofia global desse princípio pretende, em suma, aproximar o povo do poder, como bem define o Considerando n. 11 do Tratado da União Européia: "Resolvidos a continuar o processo de criação de uma união cada vez mais estreita entre os povos da Europa, em que as decisões sejam tomadas ao nível mais próximo possível dos cidadãos, de acordo com o princípio da subsidiariedade".

Portanto, o artigo 3B do TUE afirma que a União Européia só intervirá *se e na medida em que* os Estados não puderem realizar a ação em causa de modo suficiente, ou se, de acordo com a sua dimensão, ou seus efeitos puderem ser realizados melhor em nível comunitário. Entusiasta desse novo princípio, o Prof. Fausto de Quadros põe em relevo que "a subsidiariedade coloca tremendos desafios à capacidade dos Estados, enquanto faz depender a amplitude da sua intervenção, da sua suficiência para prosseguir os fins do Tratado. Os Estados membros ficam a saber que, se não revelarem capacidade para satisfazerem aqueles fins ... ligados ao progresso e ao desenvolvimento, estarão tacitamente a consentir no aumento da intervenção da Comunidade. Ou seja, o princípio da subsidiariedade, que na sua gênese e na sua natureza é um princípio descentralizador, pode vir, num efeito contrário, a reforçar o poder político da Comunidade, em conseqüência da inépcia e da incapacidade dos Estados membros".[23]

De se frisar que o princípio da subsidiariedade é limitado pelo *princípio da proporcionalidade*, ou seja, a União Européia não deverá exceder o necessário para atingir os objetivos do Tratado, como previsto no artigo 3-B, 2ª parte. Além disso, o Considerando quarto do artigo F, n. 1, do TUE, garante que a União respeitará a identidade nacional, a história, a cultura e a tradição de cada Estado.

O artigo 130-S do AUE trata das deliberações relativas às ações comunitárias, privilegiando a unanimidade: "O Conselho, deliberando por unanimidade, sob proposta da Comissão e após consulta do Parlamento Europeu e do Comitê Econômico e Social, decidirá qual a ação a empreender pela Comunidade".

Essa posição se modificou no TUE. Deu-se um passo à frente ao se institucionalizar o voto da maioria qualificada no Conselho, evocando-se o procedimento legislativo da cooperação (art. 189 C do

---

[22] "O ambiente no Direito da União Européia". *In Revista do Tribunal Regional Federal da 4ª Região*, Porto Alegre, ano 8, n. 28, 1997, p. 376.

[23] *O Princípio da Subsidiariedade no Direito Comunitário após o Tratado da União Européia.* Coimbra: Ed. Almedina, 1995, p. 74.

TUE) com relação à adoção de ações destinadas à realização dos objetivos da política comum contidos no artigo 130-R.

No meio ambiente, o instrumento jurídico privilegiado pelas autoridades comunitárias foi a diretiva. O meio ambiental conta, desde o primeiro programa, em 1972, até a atualidade, com mais de duzentas diretivas, que cuidam de diversos temas ligados à área.

O artigo 130-T tem por finalidade fixar um quadro de requisitos mínimos no meio ambiente, que, por ser uma competência não exclusiva da UE, concede aos Estados a opção de ir além dos padrões fixados seja no direito originário ou no direito derivado advindo das Comunidades, ao estatuir: "As medidas de proteção adotadas por força do artigo 130-S não obstam a que cada Estado membro mantenha ou introduza medidas de proteção reforçadas. Essas medidas devem ser compatíveis com o presente Tratado e serão notificadas à Comissão".

Interessante analisarmos que, sob a invocação do precitado artigo, combinado com os artigos 30 e 36 do TUE,[24] muitos Estados tentaram impor medidas protecionistas disfarçadas.

Vários foram os casos levados à Corte do Luxemburgo referentes a medidas protecionistas impostas pelos Estados, já que, como recorda o Prof. Andreas J. Krell, "muitos países, no passado, inventaram inúmeras exigências técnicas para determinados produtos e, assim, erigiram as chamadas 'barreiras não-aduaneiras' para a livre circulação de mercadorias."[25]

O acórdão que inaugurou uma longa série de decisões do TJCE a esse respeito foi o célebre caso "Cassis de Dijon". Uma regulamentação imposta pela Alemanha determinou que só poderiam ser comercializadas dentro do seu mercado, qualquer que fosse sua origem, bebidas com teor alcoólico não inferior a 32°. Para Mota Campos, "esta regulamentação seria ditada quer por razões de *saúde pública* (dado que, segundo as autoridades alemãs, o consumo de bebidas espirituosas de baixo teor alcoólico, demobilizador de uma certa prevenção geral contra o álcool, favorecia a habituação a essas e a outras bebidas alcoólicas mas fortes), quer pela necessidade de

---

[24] O primeiro proibindo que os Estados-Membros imponham restrições quantitativas à importação, bem como quaisquer medidas de efeito equivalente, e o segundo autorizando, por exceção, a que Estados possam restringi-las por razões de moral pública, ordem pública, segurança pública, proteção à saúde e à vida de pessoas e animais, à preservação da vegetação, de proteção ao patrimônio nacional de valor artístico, histórico ou arqueológico e a proteção da propriedade industrial.

[25] "O sistema jurídico de proteção ambiental da Comunidade Econômica Européia - modelo para o Mercosul?, *in Mercosul - seus efeitos jurídicos, econômicos e políticos nos Estados membros*, org. Maristela Basso. Porto Alegre: Livraria do Advogado, 1996, p. 238.

proteger os consumidores - visto que a fixação de um teor mínimo constituía uma garantia da lealdade do comércio de bebidas alcoólicas".[26]

Portanto, com base nessa regulamentação alemã, o tradicional licor fabricado em França e vendido na Alemanha - o "Cassis de Dijon" -, por ter um teor alcoólico inferior a 32º foi excluído do mercado alemão. O caso então foi levado ao TJCE, que reputou a regulamentação alemã incompatível com o direito comunitário com o fundamento de que "se os Estados membros podem, na ausência de disposições comunitárias sobre a matéria, regulamentar as condições de comercialização dos produtos nacionais, tal regulamentação nacional não deve em caso algum constituir uma medida protecionista ou discriminatória - não podendo por isso ter por objeto (ainda que camuflado) ou por efeito impedir ou dificultar a importação e bem assim dificultar a comercialização dos produtos importados ou de tornar mais onerosa que a dos produtos nacionais".

O TJCE, através desse acórdão, institui o princípio do reconhecimento mútuo, ao afirmar que: "um produto importado de outro Estado membro deve em princípio ser admitido no território importador se ele é legalmente fabricado - isto é, produzido na conformidade da regulamentação e dos processos de fabrico legais e tradicionais do país de exportação - e comercializado no território deste último".[27]

Na esteira desse acórdão, seguiram-se outros de grande repercussão, como o caso das cervejas alemãs, das massas alimentícias italianas; em todos eles o TJCE reafirmava sua posição primeira, antes descrita. Porém, no caso das garrafas dinamarquesas (caso 302/86, Comissão vs. Dinamarca, de 20.09.88, Rec. 1988.4607), o TJCE reconheceu que a proteção do meio ambiente pode justificar medidas restritivas da livre circulação de bens.

O governo dinamarquês implantou um sistema uniforme de embalagens substituíveis, proibindo a utilização de recipientes metálicos para cervejas e bebidas gasosas; estabeleceu que todas as demais embalagens de bebidas deveriam ser autorizadas, devendo os comerciantes solicitar uma licença. A exceção seria feita aos comerciantes estrangeiros que comercializassem menos de 3.000 litros de bebidas por ano.

A Comissão Européia, que tem por função, como órgão executivo supremo da CE, averiguar se essas disposições constituem ou

---

[26] João Mota de Campos. *Direito Comunitário - O ordenamento econômico*, III vol., Lisboa: Fundação Calouste Gulbenkian, 1991, p. 128/129.

[27] Acórdão "Cassis de Dijon", de 20.02.79, porc. 120/78, Col. p. 649.

não um meio de discriminação arbitrária ou uma restrição disfarçada, entendeu estar a Dinamarca contrária aos princípios que regem o mercado comum, representando tal regulamentação uma barreira "não tarifária" ao comércio. No entanto, como se sabe, o Estado-Membro pode refutar o resultado desse processo e recorrer ao TJCE, e assim a Dinamarca procedeu.

O Tribunal do Luxemburgo julgou lícita a lei da Dinamarca, reconhecendo o direito de que todo o Estado-Membro tem de fixar o grau de proteção ambiental que deseja para o seu território, considerando, porém, que o requerimento de uma licença para comercializar as bebidas era excessivo e portanto contrário ao artigo 30 TR.

Eis o sumário do referido acórdão:

"1. Na ausência de regulamentação comum da comercialização dos produtos em causa, os obstáculos à livre circulação intracomunitária que resultam de disparidades de regulamentações nacionais devem ser aceites desde que a regulamentação nacional, indistintamente aplicável aos produtos nacionais e aos produtos importados, possa justificar-se como necessária à satisfação de exigências imperativas do direito comunitário e seja proporcionada ao objetivo visado, no sentido de que constitui a medida que levanta menos obstáculos à liberdade de trocas. A proteção do ambiente, uma vez que representa um objetivo essencial da Comunidade, constitui uma dessas exigências.

2. A obrigação imposta por uma legislação nacional aos produtores e importadores, no quadro de um sistema que apenas autoriza a comercialização de cerveja e refrigerantes em embalagens suscetíveis de reutilização, de pôr em funcionamento um sistema de depósito e de recuperação de embalagens vazias, deve ser considerada necessária para atingir os objetivos prosseguidos em matéria de proteção do ambiente, de tal maneira que as limitações que dele resultam para a livre circulação das mercadorias não revestem caráter desproporcionado.

3. Em contrapartida, a obrigação imposta aos produtores estrangeiros, quer de utilizar unicamente embalagens que foram objeto de aprovação pelas autoridades nacionais, a qual pode ser recusada ainda que o produtor esteja disposto a garantir a reutilização das embalagens recuperadas, quer de não comercializar anualmente mais do que um determinado volume de bebidas em embalagens não aprovadas, deve ser considerada desproporcionada e portanto inadmissível, uma vez que o sistema de recuperação de embalagens não aprovadas, apesar de não garantir, diferentemente do sistema previsto para as embalagens aprova-

das, um nível máximo de reutilização, é suscetível de proteger o ambiente, tanto mais que as quantidades de bebidas que podem ser importadas são limitadas relativamente à totalidade do consumo nacional, devido ao efeito restritivo da exigência de recuperação".

Diante de interpretações ambíguas do TJCE, os Estados-Membros que possuem a competência residual de legislar na ausência de normas comunitárias ficam sem saber se uma determinada norma que venham a editar será ou não contrária ao artigo 30 do TR, ainda mais em se tratando de normas de proteção ambiental, área em que alguns países comunitários têm uma visão ambiental muito avançada, geralmente os mais desenvolvidos, ao passo em que outros Estados comunitários, que buscam se igualar aos seus pares, mas ainda se encontram na fase de afirmação, não dão a devida atenção à proteção do ambiente, sendo que esta vem mesmo a confrontar-se com os objetivos primordiais de crescimento econômico.

Segundo a Profa. Maristela Basso, a solução para esse impasse estaria "de acordo com a doutrina estudada, em considerar que os artigos 100 A, 4 e 130-T do Tratado de Roma-CE conferem aos Estados-Membros, na ausência de normas comuns, a liberdade de tomar as medidas que considerem necessárias para alcançar os objetivos de proteção ambiental em seu território, desde que tais medidas não constituam discriminações arbitrárias ou restrições disfarçadas ao comércio intracomunitário".[28] Há, portanto, que se invocar aqui o princípio da proporcionalidade.

1.6. CONCLUSÃO

As duas Grandes Guerras alteraram a concepção dos Estados que, por presenciarem a que ponto se pode chegar o exacerbamento de suas soberanias internas, deixam de ter como fundamento exclusivo o princípio do individualismo, para se basearem também no princípio da solidariedade internacional. De conseguinte, a proteção aos indivíduos, ao ambiente, ao comércio e à paz entre os Estados passa a integrar as preocupações do Direito Internacional Público.

E nesse Direito Internacional novo ou moderno está embutido o reconhecimento de que o Direito Internacional clássico, antigo, falhou. O DIP clássico se esgotava num Direito de coordenação das

---

[28] "Livre circulação de mercadorias e proteção ambiental no Mercosul", *in Mercosul - seus efeitos jurídicos, econômicos e políticos nos Estados membros*, org. Maristela Basso. Porto Alegre: Livraria do Advogado, 1996, p. 217/218.

soberanias, que partia da igualdade formal entre eles, e, agora, passa por uma metamorfose ao admitir novos sujeitos de DI e a se preocupar com questões outras que não o Direito Internacional da paz e da guerra. "Esta evolução apresenta uma natureza qualitativa, estrutural, essencial: o DIP deixa de ser apenas societário, deixa de ter por objeto apenas a soberania individual dos Estados, deixa de assentar no princípio nuclear de que o que separava os Estados (por força do individualismo internacional projetado pela soberania dos Estados) era mais forte do que o que os unia (se, no apogeu da fase clássica do DIP, alguma coisa os unia), para passar a ser também comunitário, ainda que lentamente e em domínios concretos, fundado na prossecução de idéias e valores como a promoção da Pessoa Humana e a melhoria das condições de vida dos povos, e disposto, por isso, a valorizar o que une os Estados (mais do que isso: os povos e os indivíduos) em detrimento daquilo que os separa".[29]

Desde o término da Segunda Grande Guerra, a história vem-se alterando com demasiada rapidez, e, nesse vórtice, impensáveis uniões de países começam a surgir. Estados que alimentavam inimizades concluem, com crescente maturidade política, que rivalidades só trazem ressentimento, dor e pobreza para seus povos. O sofrimento por que passaram os europeus foi determinante à revolução do conceito de soberania. Estados que antes mantinham a tradição de possuírem uma soberania una, indivisível e inalienável, resolvem ceder e, de uma nova forma de integração econômica, passam a compartilhar sua soberania com os parceiros dessa empreitada.

Reveladora dessa ousadia foi a assinatura do Tratado de Roma em 1957, o qual instituiu a Comunidade Econômica Européia, cujo início se deu com seis países, com destaque à união de dois grandes rivais da Guerra - *França* e *Alemanha* -, para além da Itália, Bélgica, Holanda e Luxemburgo. Esses parceiros pretendem ultrapassar uma integração estritamente econômica, a exemplo das conhecidas fórmulas de zona de livre comércio e união aduaneira, criando um novo modelo de integração: o mercado comum, que, além da livre circulação de mercadorias, implica a livre circulação de pessoas, serviços e capitais. Extrapolam assim as fronteiras comerciais para unir pessoas, e, se por um lado, a integração física já é complexa, e representa um grande desafio, mais o será a integração de pessoas, uma vez que a movimentação humana gera a união de mercados.

E nesse contexto surge a preocupação com o meio ambiente. O mundo, que crescia tão rápida e desenfreadamente, resolve frear um

---
[29] Fausto de Quadros. *Direito da Comunidades Européias e Direito Internacional Público.* Coimbra: Ed. Almedina, 1991.

pouco a ânsia do desenvolvimento a qualquer preço, para se preocupar com o meio ambiente; preservá-lo e protegê-lo passou a ser quase que um compromisso de todos os países. Através do meio ambiente, conseguiu-se um consenso universal quanto à necessidade de adaptar as nossas atividades econômicas e sociais ao que a terra é capaz de suportar. O tom do atual discurso é o desenvolvimento sustentável, onde comportamentos e atividades dos Estados cedem em prol da preservação do planeta para a nossa geração e para as gerações vindouras.

E, diante disso, a União Européia, que quando do seu nascimento não se preocupava - nem ela nem o restante dos países - com o meio ambiente, inseriu, a partir da década de setenta, quando o mundo acordou para esse sério problema, no seu mecanismo comunitário, a proteção ambiental, e, como vimos no presente trabalho, vem-se esforçando e desenvolvendo um trabalho sério e eficaz para a preservação de um mundo saudável.

E temos que ter em mente que o sucesso deste empreendimento depende de nós, pois "o homem constitui o elo fraco da cadeia. Cada um de nós deve contribuir no dia-a-dia para salvaguardar o ambiente".[30]

1.7. BIBLIOGRAFIA

ASCENSÃO, José de Oliveira. *O Direito - Introdução e Teoria Geral*, Coimbra: Almedina, 1993.

BASSO, Maristela. "Livre Circulação de mercadorias e proteção ambiental no Mercosul", in *Mercosul - seus efeitos jurídicos, econômicos e políticos nos Estados membros*, org. Maristela Basso. Porto Alegre: Livraria do Advogado, 1996.

CAMPOS, João Mota de. *Direito Comunitário - O Ordenamento Jurídico Comunitário*, II vol., 4ª ed., Lisboa: Fundação Calouste Gubenkian, 1994.

——. *Direito Comunitário - O ordenamento econômico*, III vol., Lisboa: Fundação Calouste Gulbenkian, 1991.

COMISSÃO DAS COMUNIDADES EUROPÉIAS. *A Política de Ambiente na União Européia*, 2ª ed., Luxemburgo: Serviço das Publicações Oficiais das Comunidades Européias, 1990.

——. *Em defesa do ambiente*. Luxemburgo: Serviço de Publicações Oficiais das CE, 1992.

——. *A Europa sem fronteiras*, Luxemburgo: Serviço das Publicações Oficiais das Comunidades Européias, 1997.

CORDINI, Giovanni. "O ambiente no Direito da União Européia". *In Revista do Tribunal Regional Federal da 4ª Região*, Porto Alegre, ano 8, n. 28, 1997.

---

[30] Comissão das Comunidades Européias. *Em defesa do ambiente*. Luxemburgo: Serviço de Publicações Oficiais das CE, 1992, p. 4.

DREYFUS, Simone. *Droit des relations internationales - elements de Droit International Public*. 2ª ed. Paris: Cujas, 1981.
JIMENEZ, Martha Olivar. *O Estabelecimento de uma política comum de proteção do meio ambiente - sua necessidade num mercado comum*. Brasília: Senado Federal, Subsecretaria de Edições Técnicas; Porto Alegre: Associação Brasileira de Estudos da Integração, 1994.
KRELL, Andreas J. "O sistema jurídico de proteção ambiental da Comunidade Econômica Européia - modelo para o Mercosul?, *in Mercosul - seus efeitos jurídicos, econômicos e políticos nos Estados membros*, org. Maristela Basso. Porto Alegre: Livraria do Advogado, 1996.
PELLET, Alain. *Droit International Public*, Paris: Presses Universitaires de France, 1981.
QUADROS, Fausto de. *Direito das Comunidades Européias* - Sumários desenvolvidos das aulas dadas ao Curso do 5° ano (menção de Ciências Jurídico-Políticas) no ano lectivo de 1982-83 dentro da disciplina de Direito Internacional Público II, ed. da Associação Acadêmica da Faculdade de Direiro de Lisboa, 1983.
———. *Direito das Comunidades Européias e Direito Internacional Público*, Lisboa: Almedina, 1991.
———. *O Princípio da Subsidiariedade no Direito Comunitário após o Tratado da União Européia*. Coimbra: Ed. Almedina, 1995.
SALCEDO, Juan Antonio Carrillo. *El Derecho Internacional en un mundo en cambio*. 1ª ed., Madrid: Tecnos, 1985.
———. *Soberania del Estado y Derecho Internacional*. Madrid: Tecnos, 1969.
SERAZZI, Fernando Gamboa. *Manual de Derecho Internacional Público*. 5ª ed., Santiago: Ed. CESOC, 1992.
SOARES, Guido F. S. *Direito Internacional do Meio Ambiente: Sua Emergência, as Obrigações e as Responsabilidades*. São Paulo: Malheiros Editores, 1998 (no prelo)
———. "O Direito Supranacional nas Comunidades Européias e na América Latina: o caso da ALALC/ALADI e o Mercado Comum Brasil-Argentina", *in Revista dos Tribunais*, ano 80, junho de 1991, v. 668.
TRINDADE, Antonio Augusto Cançado. *Princípios de Direito Internacional Contemporâneo*, Brasília: Ed. Universidade de Brasília, 1991.

2. Contratos internacionais e mercados integrados

Guiomar T. Estrella Faria

Mestre em Direito dos Negócios e Integração pela UFRGS - Professora de Direito Comercial na Faculdade de Direito da UFRGS - Membro da ECSA/BRASIL e da ABEI - Associação Brasileira de Estudos da Integração.

Sumário: 2.1. Introdução; 2.2. Contratos internacionais - Regime Jurídico Geral; 2.2.1. Princípios do UNIDROIT relativos ao Direito do Comércio Internacional; 2.2.2. Os princípios da *lex mercatoria*; 2.3. Os contratos internacionais na CEE e no Mercosul; 2.4. Conclusões; 2.5. Bibliografia.

2.1. INTRODUÇÃO

O Tratado de Assunção, firmado por Argentina, Brasil, Paraguai e Uruguai, em 26 de março de 1991, instituidor do Mercosul,[1] e que tem sido objeto de tantos estudos e controvérsias jurídicas em encontros de estudiosos do Direito, advogados e também de empresários e profissionais das áreas econômicas e financeiras, em seu artigo primeiro estabelece: "a livre circulação de fatores produtivos e a harmonização dos direitos internos dos estados membros" como instrumentos de efetivação do *mercado comum*, que se propõe instituir.

É interessante, ainda nestas reflexões introdutórias, fazer uma breve análise sobre os dispositivos, inseridos nas constituições dos quatro países signatários, que se relacionam ao objetivo proposto no Tratado de Assunção.

---

[1] "Constituindo-se em experiência séria e respeitada pela Comunidade Internacional l". DANIEL HARGAIN e GABIREL MIHALI, *in Circulación de Bienes en el Mercosur*, ed. Julio Cesar Faira, 1998, Buenos Aires, p. 5.

Assim, a Constituição brasileira, já em 1988, antes portanto da assinatura daquele Tratado, no parágrafo único, do seu artigo 4º, dispõe:

"... A República Federativa do Brasil buscará a integração econômica, política, social e cultural dos povos da América Latina, visando à formação de uma comunidade latino-americana de nações."

Define, assim, a Lei Magna do Brasil o empenho nacional na busca de objetivos mais amplos para a América Latina, que os acordados no Tratado de Assunção.

É interessante também destacar que a integração proposta o é dos *povos*, e não das *nações*, o que mais amplia aqueles fins delineados no dispositivo mencionado, já que a noção de *povo* é mais ampla e tem conotações culturais diferentes de *nação*, que poderia restringir o movimento integracionista aos acordos intergovernamentais, enquanto o vocábulo *povos*, pressupõe a participação da denominada sociedade civil, com seu mosaico de etnias, línguas, costumes, tradições, folclores que formam toda a riqueza cultural desta nossa "Latino America ".

No mesmo sentido a Constituição do Uruguai, promulgada em 1967, reformada sucessivamente em 1989 e 1994, na alínea 2ª do artigo 6º, assim dispõe:

"La República procurará la integración social y económica de los Estados Latinoamericanos, especialmente en lo que se refiere a la defensa común de sus productos y materias primas. Asimismo propenderá a la efectiva complementación de sus servicios públicos."

A simples leitura, sem grandes preocupações interpretativas e comparatistas, nos mostra o desejo dos uruguaios de partir para um universo de integração mais amplo que o simples *mercado comum*, visado pelo Tratado de Assunção, acenando, por sua vez, para a *complementação dos serviços públicos* dos integrandos, o que representa um efetivo passo para a implementação da *livre circulação dos fatores produtivos*.

Por sua vez, a Constituição da República Argentina, sancionada em 1853, com as reformas dos anos 1860, 1866, 1898, 1957 e 1994, no seu artigo 75, item 24, entre as atribuições do Senado Federal, inclui:

"24. Aprobar tratados de integración que deleguem competencias y jurisdicción a organizaciones supraestatales en condiciones de reciprocidad e igualdad, y que respecten el orden democrático y los derechos humanos. Las normas ditadas en sua consecuencia tienen jerarquia superior a las leyes."

Na alínea seguinte do mesmo artigo, fixa quoruns qualificados de deliberação para a aprovação de tais tratados, privilegiando a America Latina, em relação aos demais países, para os quais prevê ainda prévio exame da conveniência ou não da assinatura de tais tratados, que só poderão ser levados à aprovação depois de decorridos cento e vinte dias de sua assinatura.

Enfim, a nova Constituição da República do Paraguai, no seu artigo 145, assim dispõe:

> "Artículo 145 - Del Orden Jurídico Supranacional.
> La República del Paraguay, en condiciones de igualdad com otros Estados, admite un orden jurídico supranacional que garantice la vigencia de los derechos humanos, de la paz, de la justicia, de la cooperación y del desarollo, en lo político, económico, social y cultural. Dichas decisiones sólo podrán adoptarse por mayoría absoluta de cada Cámara del Congreso."

Em relação à construção do Mercosul são duas, portanto, as posições adotadas pelas constituições dos países-membros, enquanto Brasil e Uruguai propõem ampliar seus limites para abranger uma integração latino-americana, Argentina e Paraguai avançam e expressamente reconhecem a possibilidade de aderir a organismos dotados de supranacionalidade.

Mesmo assim, tanto Argentina como Paraguai condicionam a aceitação de uma *ordem jurídica supranacional à reciprocidade e igualdade com os outros Estados,* o que é perfeitamente compreensível, já que o princípio da *isonomia e não discriminação* é um dos pressupostos da instalação de um *mercado comum,* ponto de partida para os projetos mais amplos de integração.

Por outro lado, a formação de um simples *mercado comum,* ainda bastante longe de qualquer pretensão integracionista mais profunda, que objetivasse a organização de uma verdadeira comunidade, nos moldes da Européia, mesmo sem atingir uma integração tão profunda, repito, o mero propósito de formar um *mercado comum,* implica uma série de alterações substanciais na vida e, o que mais nos interessa, no *direito dos países envolvidos.*

Tais alterações são necessárias para viabilizar a efetivação da atividade negocial, a ser realizada, com a esperada segurança de cumprimento dos acordos firmados, dentro dos limites desse *mercado que, no caso do Mercosul, por enquanto, está compreendido entre as fronteiras externas do bloco originário,* composto pelos quatro firmatários, mas poderá vir a compreender também o Chile e a Bolívia, dando ao bloco do Cone Sul, no caso da primeira filiação esperada, a do Chile, uma saída para o Oceano Pacífico.

As alterações nos direitos internos, determinadas pelos Tratados, com a finalidade de harmonizá-los com os objetivos traçados por aquelas convenções internacionais, decorrem de alguns princípios característicos dos direitos especiais instituídos para reger o exercício da atividade negocial, pelos agentes econômicos dos mercados integrados e os negócios nestes últimos realizados.

No direito europeu, são consagrados alguns princípios que o caracterizam como um direito especial, os quais também são conhecidos como *pilares das Comunidades,* já que sobre a concretização dos mesmos repousa todo arcabouço do *mercado comum* e que são as *quatro liberdades* e a *harmonização dos direitos internos.*

No direito em formação, que se origina do Tratado de Assunção, os mesmos princípios estão compreendidos na *livre circulação de fatores produtivos* e *harmonização dos direitos internos.*

No direito europeu, estes princípios são denominados de pilares das comunidades, porque, sem a implantação dos mesmos, é impossível construir o espaço de um mercado comum, em que as regras modernas de circulação e concorrência sejam eficientes e isonômicas para todos os participantes.

Na verdade, *livre circulação de fatores produtivos e harmonização de legislações* são expressões, no direito dos tratados de integração, do já conhecido princípio, consagrado nas constituições dos países democráticos e em tantos outros tratados e convenções internacionais, que é o *princípio da isonomia.*

Estabelecendo a igualdade de direitos entre os domiciliados ou *residentes permanentes*[2] nos Estados-Membros, e eliminando toda e qualquer *discriminação,* que pudesse decorrer de dispositivos das leis internas desses países visa a estabelecer as condições de *igualdade* entre os agentes daqueles mercados, base indispensável para o estabelecimento da *livre iniciativa* e da *livre concorrência,* indissociadas e indissociáveis de um *livre mercado.*

Ora, em qualquer dos dois casos, na *livre circulação* e na *harmonização legislativa,* é preciso definir, através de *normas impositivas a todos os Estados-Membros,* as modificações necessárias, a serem adotadas em seus direitos internos, para evitar conflitos de leis, que venham a dificultar a implantação do regime econômico do *mercado comum.*

---

[2] Para os efeitos de gozar dos direitos, outorgados pelos Tratados de Integração, é absolutamente irrelevante o critério da *nacionalidade,* pois tanto a doutrina, como a jurisprudência da Corte de Justiça da Comunidade Européia, bem como os próprios textos dos tratados, Convenções e Diretivas, que dispõem sobre a matéria falam sempre em *domicílio legal e permanente em qualquer Estado-Membro, e não em nacionalidade de algum deles.*

No direito europeu, a tarefa de harmonização, com vistas à implantação das denominadas *quatro liberdades - livre circulação de mercadorias, livre circulação de pessoas, livre circulação de capitais, e a livre prestação de serviços e liberdade de estabelecimento* - está prevista no artigo 100 do Tratado de Roma, que usa tanto a expressão *harmonização* como a *aproximação* das legislações, e prevê, para tal fim, a adoção de *diretivas*,[3] visando à eliminação dos conflitos de leis, como explica um dos grandes professores do direito europeu:

"... Um mercado interior comparável a um grande mercado nacional, só pode funcionar quando os ordenamentos nacionais ofereçam um elevado grau de homogeneidade e nada neles restrinja o livre jogo das quatro liberdades básicas do mercado comum, nem impeça que produzam todos os seus efeitos as políticas de apoio previstas no direito originário".[4]

Não existe no Mercosul *o primado de um direito supranacional, de aplicabilidade direta e efeito direto*, que são as características específicas, já definidas e aceitas para o direito europeu e que tornam as *diretivas* imponíveis a todos os Estados-Membros e, portanto, instrumentos bastante eficientes à tarefa de harmonização dos direitos internos.

Não existe, também, a *Corte de Justiça*, competente para definir tais normas e princípios e também competente para criar jurisprudência, imponível e invocável pelo cidadão, com *primado* até sobre o direito constitucional dos países-membros, como ocorre no modelo europeu, a única forma de implantar o *mercado comum, dotado de normatividade eficaz*, é a que está sendo buscada pelos países membros do Mercosul, através de *protocolos, convenções* e *tratados* (sujeitos aos demorados processos de assinatura, ratificação e promulgação internas e também passíveis de denúncias unilaterais).

Após o Protocolo de Ouro Preto, que fixou a estrutura institucional do Mercosul, vários tratados e protocolos vêm sendo firmados, objetivando a concretização dos negócios, que, a despeito da lentidão das organizações oficiais, já, de há muito, se estão realizando, naquela velha tradição costumeira do *direito mercantil*, no qual *o direito, incorporando os costumes, vai se formando em decorrência destes* - a ponto de serem os mesmos reconhecidos, como fontes prioritárias

---

[3] Na verdade, não se restringiu o trabalho de harmonização dos direitos internos, no Direito Europeu, às diretivas, mas também, como previsto no artigo 220 do Tratado, aos acordos entre os Estados-Membros, através de Convenções, Tratados ou Protocolos, com o objetivo de eliminar os entraves, decorrentes das diferenças legislativas, para a implantação do Mercado Comum.

[4] CARLOS FRANCISCO MOLINA DEL POZO. *Manual de Derecho de la Comunidad Europea*, ed. Trivium, 3ª ed. 1977, p. 518.

do Direito, e,inclusive, na esfera internacional, formarem um corpo de normas e princípios, reconhecidos, cada vez mais, como verdadeiro direito do comércio internacional - denominado de *lex mercatoria*.⁵

Na primeira parte desta exposição serão, muito sucintamente, abordadas as convenções internacionais, firmadas sob os auspícios da ONU, da OEA, cotejadas com os princípios da UNIDROIT e os da *lex mercatoria* dos contratos e das leis modelo da UNCITRAL.

Já na segunda parte, serão abordadas, especificamente, as convenções da CEE, as interamericanas e, finalmente, as do Mercosul, sempre restrita esta exposição à matéria contratual, com destaque especial para o Protocolo de Buenos Aires de 5 de outubro de 1995.

2.2. CONTRATOS INTERNACIONAIS - REGIME JURÍDICO GERAL

Todos os autores que expõem o direito internacional privado, quando tratam da temática contratual, caracterizam os denominados *contratos internacionais*, como sendo aqueles em que vamos encontrar, incidindo na formação, regulação e interpretação do negócio jurídico, que as partes pretendem celebrar, os denominados *elementos de estraneidade*.

Por *elementos de estraneidade* se compreendem aquelas características, relativas às partes contratantes, ao local da celebração, ou ao direito que preside à formação do negócio, à sua integração, características essas que vinculam o contrato a diferentes países e, conseqüentemente, a sistemas jurídicos também distintos.

Estão neste caso, por exemplo: o domicílio das partes contratantes em diferentes países.

Ou a celebração do contrato em país diverso do domicílio de uma das partes, ou ainda de ambas, neste último caso, se diz que celebrado em país "terceiro".

Ainda pode ocorrer a estipulação de cumprimento da obrigação em local situado em país diferente do domicílio de uma das partes ou em "país terceiro".

---

⁵ Sobre *lex mercatoria*, vejam-se IRINEU STRENGER, *Direito do Comércio Internacional e Lex Mercatoria*, Ed. LTR, S.Paulo, 1996, tb. PIERRE ALAIN GOURION e GEORGES PEYARD, *Droit du Commerce International*, L.I.G.D., Paris, 1994, ainda JEAN MICHEL JACQUET e PHILIPPE DELEBECQUE, *Droit du Commerce International*, Dalloz, Paris, 1997, entre tantos outros.

Ou ainda pode ser acordada a submissão do contrato ao ordenamento jurídico de país diferente do local da celebração do contrato, do domicílio de alguma das partes ou de país terceiro.

Pode ainda ocorrer a eleição de foro estatal ou arbitral, em país diverso do domicílio de uma das partes ou das duas, ou seja, de país terceiro.

Observado o princípio da soberania das nações livres e democráticas, não tem o Judiciário de qualquer delas jurisdição fora do território da mesma, salvo os excepcionalíssimos casos em que é prevista a extensão da soberania a restritos espaços, fora do território do país, como as legações, os navios em mar alto, etc. e também aí sempre com objetos precisos e determinados, como questões de estado e registro civil, exercício de determinados direitos políticos, asilo e outros.

Assim, a tentativa de aplicação do direito interno de um país a negócios celebrados fora de seu território e, mais ainda, a tentativa de submeter conflitos sobre tais negócios a um juiz *estrangeiro*, em relação à *pátria do contrato ou dos contratantes*, só poderia gerar conflitos de leis, além de, no caso da jurisdição, *ferir a soberania e a autonomia* do país, caracterizado como *pátria do contrato*.

Esta a razão por que todas as nações democráticas, exercendo estes dois atributos, de *autonomia e soberania*, legislam internamente, estabelecendo regras para *solução dos conflitos de leis e prioridades para aplicação do direito nacional na proteção dos interesses de seus nacionais*.

No direito brasileiro, por exemplo, é a lei de Introdução ao Código Civil, o Decreto-Lei nº 4.657, de 4 de setembro de 1942, que rege a eleição da norma jurídica aplicável a pessoas, bens e direitos, que, por qualquer daqueles elementos de estraneidade, possam estar sujeitos à incidência de direito estrangeiro e, ao mesmo tempo do direito nacional.

Tais disposições estão contidas nos artigos 7º e 19 daquela lei, dos quais os dois primeiros dispõem sobre questões de nacionalidade, cidadania, família e sucessões, bem como regime legal de bens e têm regido, sem maiores problemas, tais questões.

Já no que respeita às relações negociais, nas quais é demandada a máxima agilidade, muitas vezes têm representado entraves e gerado insegurança entre os contratantes, principalmente quando afeitos a sistemas jurídicos diferentes.

Na verdade, exigências como a inserta nos §§ do artigo 9º da mesma lei podem representar para o contratante estrangeiro inquietude, pelo desconhecimento do nosso direito e a não-familiaridade com nosso sistema judicial, que deverá, por força daquela norma, proceder à integração dos contratos e decidir os litígios dos mesmos oriundos, em razão da obrigatoriedade de adoção do foro brasileiro.

No mundo moderno, dominado pelo estreitamento das relações internacionais, o progresso tecnológico, os negócios celebrados, cada vez mais por via eletrônica, o encurtamento das distâncias geográficas, pelos mais velozes meios de transporte de pessoas e mercadorias, a facilidade das comunicações, via satélites, enfim, a denominada *globalização da economia, a criação dos organismos de integração econômica regional* vêm gerando a crescente necessidade de elaborar *regras jurídicas de endereço mais geral* para regrar os negócios celebrados, não só pelos agentes econômicos, como também entre os Estados.

Também a preocupação com a *eficiência econômica* vem convivendo com a crescente necessidade de *definir tais regras jurídicas de endereço mais geral*, através de *protocolos, convenções e tratados internacionais* para reger os contratos, que por serem dotados daquelas *estraneidades*, acima assinaladas, poderiam vir a correr o risco sério de serem passíveis de interpretações superpostas e até conflitantes, sob diferentes ordenamentos jurídicos.

São inúmeros os acordos que, firmados, ratificados e promulgados internamente, por diversos países, passaram a integrar seus ordenamentos jurídicos internos, presidindo os negócios internacionais, para obviar ou solucionar conflitos de leis.

Tais acordos resultam de prolongados estudos e discussões, dos organismos internacionais, movidos pelo desejo, cada vez mais presente, de promoção da paz, através de *harmoniosas relações de comércio*.

Assim, no preâmbulo da *Convenção da ONU (Viena 1980)* sobre os *Contratos de Compra e Venda Internacional*, elaborada pela UNCITRAL (*United Nations Comission on International Trade Law*, que tem sede em Viena), as partes contratantes expressamente declaram:

"Julgando que a adoção de regras uniformes aplicáveis aos contratos de compra e venda internacional de mercadorias e compatíveis com os diferentes sistemas sociais, econômicos e jurídicos, contribuirá para a eliminação dos obstáculos jurídicos às trocas internacionais e favorecerá o desenvolvimento do comércio internacional".

Propõem-se à elaboração daquela Convenção.

Esta verdadeira declaração de princípios é precedida no mesmo preâmbulo de outra, de endereço mais geral e claro, em que os convenentes, incentivados pelo organismo internacional, tornam pública sua confiança nos princípios que levaram à perenização da paz, que parecia impossível na Europa, principalmente entre França e Alemanha (depois de três guerras!) com a formação dos mercados comuns e declaram solenemente:

"Considerando que o desenvolvimento do comércio internacional, na base da igualdade e das vantagens mútuas é um elemento importante na promoção das relações amistosas entre os Estados"

Acordam na convenção, em vigor hoje em 45 países tendo sido, recentemente, ratificada pela Polônia e, firmada na América, pela Argentina, Canadá, Chile, Cuba, Equador, Estados Unidos, México e Venezuela.

Nos limites exíguos desta exposição não cabe um estudo detalhado desta importante Convenção, de que me limitarei a destacar alguns aspectos mais marcantes.

A convenção não se aplica:(art. 2º) às vendas ao consumidor, para uso pessoal e familiar ou doméstico, a menos que o vendedor não soubesse, nem devesse saber que as mercadorias eram compradas para tal uso. Isto porque as relações de consumo vêm sendo tuteladas por legislação especial, em quase todos os países, onde estão sob a égide de normas de ordem pública, ligadas a organismos estatais de tutela, estranhos às relações de comércio, propriamente ditas, com seu princípio de *autonomia de vontade*.

Também não se aplica a vendas em leilão, processo executivo, valores mobiliários, títulos de crédito e moeda.

Tal restrição se deve ao fato de que, no primeiro caso, se trata de *vendas compulsórias*, nas quais a *autonomia de vontade das partes* está totalmente ausente, escapando, portanto, de qualquer deliberação consensual e, no segundo, porque as questões sobre câmbio e moeda têm tratamentos diferentes, conforme as opções de política econômica de cada país contratante e as convenções internacionais se propõem endereço geral, salvo os casos em que admitem *reservas*, por parte dos firmatários.

Não se aplica às vendas de navios, barcos, aeronaves e também de eletricidade, porque tais negócios de grande valor econômico e não menor importância social, costumam ser tutelados pelos Estados, que os garantem perante terceiros, gerando, portanto, por parte dos Estados-Avalistas a adoção de normas especiais de salvaguarda de seus próprios direitos, enquanto garantes de tais negócios e operações.

Aplicam-se aos contratos de fornecimento, excluídos os de mão-de-obra e os contratos de obra, em que predomine a prestação de serviços, porquanto estes últimos, tradicionalmente, são estranhos ao mundo dos negócios e regidos pelas normas e princípios do direito civil.

Trata da formação do contrato, definindo as condições e o momento de seu aperfeiçoamento e, portanto, o *como* e o *quando* de sua *obrigatoriedade para as partes*.

Estabelece regras de interpretação baseadas na *boa-fé* dos contraentes e os vincula aos *usos e costumes de sua prática e conhecimento*, incorporando ela própria tradições, já de há muito observadas pelos mercados internacionais, e, cada vez mais inseridas em diplomas legais modernos, basta lembrar o § 242 do BGB alemão e o artigo 422 do Projeto do Código Civil brasileiro, que expressamente se referem à *boa-fé* dos contratantes.

Ressalta o habitual informalismo, destacando, porém, a obrigatoriedade de observação da forma, se porventura foi determinada.

Também aqui a prática internacional dos negócios foi observada.

Determina o aperfeiçoamento da oferta, na recepção pelo destinatário, e novamente consagra a norma internacional a tradição também incorporada aos mais modernos diplomas legais (Proj. Código Civil brasileiro, art. 427)

Estabelece a conclusão do contrato na eficácia da aceitação da proposta, e, também aqui, o novo direito civil brasileiro dispõe no mesmo sentido. (Art. 434)

Extensão da quebra do contrato à perda das expectativas que, em situação comum ao tipo de negócio, poderia ser esperada pela parte.

A este respeito, é interessante destacar o dispositivo do Projeto de Código Civil Brasileiro, que destaca a *função social do contrato*, (art. 421), como elemento *moderador* de pretensão excessivamente ambiciosa, por parte de qualquer dos contratantes, como, por exemplo, pretender resultados econômicos, sem nenhum risco ou ônus de natureza fiscal, ou montagem de empreendimentos com exorbitante minimização de custos, em *detrimento* e a *expensas do erário público*, almejando *incentivos fiscais absurdos*, em prejuízo da própria sociedade ou comunidade onde seria realizado o negócio, objeto do contrato.

Tais pretensões absurdas, que contratantes estrangeiros, provenientes de países altamente capitalizados, muitas vezes pretendem impor aos denominados países subdesenvolvidos ou em desenvolvimento, como condição prévia para a fixação de seu estabelecimento e sua atuação empresarial.

No caso do Brasil, tais pretensões ferem não só as disposições constitucionais, como são contrárias a dispositivos das convenções internacionais, como a ora em estudo, bem como se opõem, frontalmente, a dispositivos expressos de leis ordinárias, como a Lei nº 6.404/76, a lei das sociedades por ações, que no seu artigo 116, par. único, ao definir os deveres do acionista controlador, estabelece:

"Parágrafo único - O acionista controlador deve usar o poder com o fim de fazer a sociedade realizar o seu objeto e cumprir sua função social e tem deveres e responsabilidades para com os demais acionistas da empresa, os que nela trabalham e para com a comunidade em que atua, cujos direitos e interesses deve lealmente respeitar e atender."

Ainda destaca a Convenção o consensualismo como norma contratual e a necessidade de observar o acordado, perpetuando o velho brocardo romano: *pacta sunt servanda*.

Estabelece normas sobre a garantia da mercadoria vendida e sua isenção de ônus.

Normatiza, em linhas gerais, o cumprimento das obrigações do vendedor e do comprador, sobre a entrega das mercadorias e o pagamento do preço.

Dispõe sobre a quebra do contrato, a transferência do risco, as perdas e danos, a resolução do mesmo e fixa regras sobre a conservação da mercadoria.

2.2.1. Princípios do UNIDROIT relativos ao Direito do Comérco Internacional

Em maio de 1994, o conselho diretivo do Instituto Internacional para a Unificação do Direito Privado - UNIDROIT - determinou a publicação dos seus *Princípios relativos aos Contratos do Comércio Internacional*, cuja elaboração fora iniciada em 1971.[6]

O UNIDROIT é uma organização internacional, intergovernamental, criada em Roma na década de vinte, sob os auspícios da Sociedade das Nações, que sobreviveu à sua entidade-mãe e, desde 1947, tem vida própria e conta hoje com 56 membros, entre eles Brasil, Argentina Chile, Paraguai, Uruguai e outros países da América Latina.

Constatando que: "os princípios que guiam a elaboração, a execução e sobretudo a interpretação dos contratos internacionais constituem um direito confidencial somente conhecidos de alguns

---

[6] A Entidade promoveu, de 7 a 9 de novembro de 1996, na cidade de Valencia, na Venezuela, um Seminário sobre estes *Princípios, sob os auspícios conjuntos do próprio Organismo Internacional e do Centro de Estudos Internacionais da Universidade de Carabobo - V. Contratos Comerciales Internacionales*, por DIDIER OPERTTI BADAN e CECILIA FRAGANEDO de AGUIRRE, Ed. Fundación de Cultura Universitária, Montevideo, 1997.

iniciados", resolveram os representantes dos países membros daquele organismo internacional promulgar uma carta de princípios, a que denominaram *Princípios do UNIDROIT relativos aos contratos do comércio internacional*, que foram divulgados em maio de 1994.

Tais princípios se resumem a cinco fundamentais:
1 - a autonomia contratual;
2 - a boa-fé;
3 - os usos e costumes comerciais e seu primado, sobre os princípios, na interpretação dos negócios;
4 - presunção de validade do contrato, *favor contractus;*
5 - sanção das partes aos comportamentos desleais.

Além dos cinco princípios, a carta contém uma espécie de roteiro, indicando as cláusulas importantes para a elaboração do contrato, em suas diversas modalidades, execução, formas de anulação e efeitos desta interpretação, força maior (*hardship*), inexecução, direito à execução e resolução.

Evidentemente que, tratando-se de *carta de princípios*, embora emanada de um organismo internacional, que conta com número expressivo de países associados,[7] configura, apenas, mera *recomendação* ou *divulgação*, sem a menor sombra de força cogente e impositiva, para quem quer que seja.

2.2.2. Os princípios da *lex mercatoria*

A *lex mercatoria*, qualificada como direito anacional, é um conjunto de normas costumeiras e princípios consagrados no comércio internacional, uma espécie de *common law*, que paira acima dos direitos internos dos países de origem dos contratantes e é geralmente observada nas decisões das cortes internacionais de arbitragem.

"*Lex mercatoria*, fonte não estatal do comércio internacional, lei dos mercadores, nascida da prática dos agentes de comércio, que, talvez haja contribuído mais para a concórdia entre as nações, que muitas teorias".[8]

---

[7] São associados ao UNIDROIT, que tem sua sede em Roma, África do Sul, Alemanha, Argentina, Áustria, Austrália, Bélgica, Bolívia, Brasil, Bulgária, Canadá, Chile, Colômbia, Cuba, Dinamarca, Egito, Estados Unidos da América, Federação Russa, Finlândia, França, Grécia, Hungria, Índia, Irlanda, Israel, Itália, Japão, Luxemburgo, Malta, México, Nicarágua, Nigéria, Noruega, Paquistão, Paraguai, Países Baixos, Polônia, Portugal, República da Coréia, República Checa, Rumânia, Reino Unido, São Marino, Senegal, Tchecoslováquia, Suécia, Suíça, Tunísia, Turquia, Uruguai, Venezuela e Iugoslávia.

[8] PIERRE ALAIN GOURION e GEORGES PEYRARD, *in Droit du Commerce International, LGDJ*, Paris, 1994, p. 11.

Segundo Irineu Strenger:

"*Lex mercatoria* é um conceito definitivo e único para expressar o que se passa no comércio internacional e justificar as fórmulas peculiares que são ali aplicadas e para resolver a grande maioria dos problemas, de forma a circunscrever os critérios normativos aos empregados, dentro de limites particulares, sem necessidade de servir-se dos instrumentos legais oferecidos pelos regimes estatais, quase sempre insuficientes.
As regras e soluções oriundas da *lex mercatoria* são concernentes unicamente ao comércio internacional e surgem como constatação de um direito espontâneo, mais do que de um direito outorgado".[9]

De seu acervo fazem parte princípios em tudo assemelhados aos inseridos na divulgação da UNIDROIT e que se acham incorporados também às Convenções internacionais e Acordos instituidores e complementares dos agrupamentos regionais de nações integradas em mercados comuns, associações de livre comércio, uniões aduaneiras etc., assim como de alguns sistemas normativos nacionais.

Veja-se, por exemplo, o *princípio da boa-fé* inscrito no parágrafo nº 242 do BGB alemão *(Bürgerliches Gezets Buch), sob a denominação Treu und Glaube - ou seja, literalmente,* fidelidade e confiança) e incorporado também ao novo direito civil brasileiro, no artigo 422 do Projeto de Código, aprovado pelo Senado da República.

Quando as partes optarem por submeter as divergências, oriundas do contrato, as cortes internacionais de arbitragem terão certamente seus litígios decididos, com base nos princípios da *lex mercatoria*, embora por estes mesmos deva prevalecer o que foi deliberado no contrato, com a consagração do velho princípio romano de *pacta sunt servanda*.

2.3. OS CONTRATOS INTERNACIONAIS NA CEE E NO MERCOSUL

Antes de dar início a um sucinto exame da Convenção de Roma (19/6/1980) sobre a lei aplicável às obrigações contratuais, é bom lembrar que a União Européia conta com um sistema jurídico próprio, o *direito europeu*, dotado de *efeito direto*, invocável pelo cidadão e o domiciliado nos países firmatários do tratado, direito esse de

---
[9] *Op. loc.* p. 147.

aplicabilidade direta, com *primado sobre os sistemas jurídicos internos, inclusive o constitucional*, dos Estados-Membros.

É bom lembrar, também, que a *norma supranacional* é invocável perante o próprio Judiciário da União Européia, contra os países de origem dos reclamantes Assim, a promulgação de uma convenção sobre a lei aplicável aos contratos tem, por objetivo específico, a *harmonização dos direitos internos*, prevista no Tratado de Roma (como também o é no MERCOSUL), pois outros direitos assegurados a empresários e cidadãos comuns, como a profissionais de qualquer área, incluídos na *livre circulação*, fazem parte do direito comunitário e, pelas Cortes de Justiça da União, são decididos,

Já no MERCOSUL, a situação é distinta, como veremos adiante.

Há diferenças básicas entre os documentos, que devem ser destacadas, a par, também, das semelhanças, que decorrem da peculiaridade de ambos se destinarem à tarefa de harmonização de direitos internos dos países, vinculados por tratados instituidores do regime econômico de *mercado comum*.

Antes de partir para o exame comparativo da Convenção de Roma e do Protocolo de Buenos Aires, de 5 de outubro de 1995, é interessante ressaltar justamente as características gerais das duas convenções internacionais, naqueles aspectos em que se aproximam e também nos que as distanciam.

Já dos preâmbulos constam semelhanças entre ambos os textos dos documentos, pois são dirigidos ao prosseguimento da obra de *unificação jurídica (Tratado de Roma)* ou de *adoção de regras comuns(Protocolo de Buenos Aires}* e se destinam, ambos, a vigorar entre os signatários dos tratados marcos das respectivas integrações.

Quanto ao campo de aplicação, ambos se destinam a resolver conflitos de leis.

No caso do MERCOSUL, são mencionados expressamente *contratos internacionais de natureza civil e comercial*, e na UE *situações comportando conflitos de leis, aplicáveis às obrigações contratuais*.

Enquanto o Protocolo caracteriza o contrato internacional, mencionando as notas de *estraneidade*, explicadas na introdução deste artigo, apresentando as hipóteses de sua invocabilidade, que não exige *nacionalidade, mas domicílio permanente num Estado-Membro*, na letra "B" do artigo 1º, a Convenção apenas refere que suas normas são aplicáveis, nas situações comportando um conflito de leis, às obrigações contratuais, que a seguir especifica, partindo das exceções.

Ambos os documentos excluem, expressamente, do seu âmbito de aplicação, questões sobre *estado e capacidade de pessoas*, prevendo a Convenção uma reserva no artigo 11.

Também não são aplicáveis às questões de *direito de família e sucessões (Protocolo)*, mencionando a Convenção ainda *regimes matrimoniais e também direitos e deveres matrimoniais, paternidade, alianças, prestações alimentícias.*

Também não se aplicam, ambas, aos *contratos de seguro, ressalvando a Convenção o resseguro.*

O Protocolo exclui ainda contratos de *seguridade social, relações jurídicas decorrentes de falência e concordata, liquidação etc., contratos administrativos, contratos de trabalho, venda ao consumidor, transporte e sobre direitos reais.*

Já a Convenção exclui *contratos sobre títulos de crédito, convenções de arbitragem e eleição de foro, direito de sociedades, associações e pessoas jurídicas em geral, constituição de* trusts, *prova e processo.*

O Protocolo, por sua vez, tem disposições expressas sobre foro, uma vez que na União Européia tais questões são simplificadas pela existência de Judiciário institucionalizado, enquanto o Protocolo versa *especificamente sobre jurisdição, justamente pela ausência de órgãos supranacionais no Mercosul*, de certa forma, completando o Protocolo de Las Leñas de *Assistência Jurisdicional.*

Ainda sobre a Convenção de Roma, por outro lado, é preciso destacar que várias regras uniformes são inseridas, das que foram referidas, tanto no documento da UNIDROIT, como na Convenção da ONU: a *autonomia da vontade, a boa-fé,* e se aplica também *ao contrato individual de trabalho e aos contratos com consumidor.*

Entre nós, do Mercosul, nada há decidido sobre contratos de trabalho, enquanto já foi elaborado um protocolo sobre contratos com o consumidor, outro sobre responsabilidade em matéria de transportes e ainda um de cooperação jurisdicional em matéria penal.

O protocolo prevê, nos seus artigos 10 e 11, solução de questões forais, em matéria de direito societário.

Nesta última área, especificamente, as maiores questões que vejo terão origem nos diferentes regimes societários, entre os quatro países.

Embora *harmonização* não signifique *unificação*, ou seja, a tentativa de compatibilizar os sistemas jurídicos internos, derrogando-os, por inteiro, para substituí-los por outra normatização completa, como ocorreu, por exemplo, com a legislação sobre títulos de crédito, através das Convenções de Genebra de 1930 e 1932, a tarefa de buscar os denominadores comuns entre as diversidades já detectadas, em alguns aspectos bastante profundas, não se mostra muito fácil.

Cabe lembrar, por último, que o Protocolo de Buenos Aires ainda não está em vigor, já que não foi promulgado internamente por todos os signatários do Mercosul, faltando a homologação pelo Uruguai, diferentemente da Convenção de Roma, que está em vigor, em toda a União Européia, desde 1º de janeiro de 1992.

2.4. CONCLUSÕES

Nem sempre o trabalho de interpretação e comparação de normas jurídicas, sejam legais ou convencionais, propicia conclusões, que impliquem avaliação valorativa, bastando, muitas vezes, para seu fechamento, o simples relatório dos resultados obtidos na pesquisa.

No entanto, em se tratando de normas elaboradas com o objetivo, bem específico, de aperfeiçoarem o estabelecimento e funcionamento de um regime especial, como o buscado para a consecução do *mercado comum*, através da compatibilização dos sistemas jurídicos internos, não basta um simples relato sobre a vigência ou não da Convenção ou do Protocolo harmonizador, mas impõe-se todo um trabalho de avaliação dos efeitos jurídicos da aplicabilidade, ou não, daquelas normas, sobre o mercado comum.

Na União Européia, na hipótese de não existir norma harmonizadora vigente, os conflitos de leis podem ser levados aos judiciários dos países-membros, pois aqueles têm, não só a competência, como o dever de solucionar tais controvérsias e aplicar o direito supranacional, inscrito nos tratados das Comunidades.

É o que explica o professor Carlos Francisco Molina del Pozo:

"... A função jurisdicional comunitária corresponde também em parte quando procede em razão da matéria, a todos os órgãos jurisdicionais dos Estados membros, já que têm a faculdade e o dever de aplicar de ofício o ordenamento comunitário, na resolução dos assuntos litigiosos".[10]

Já no Mercosul, os judiciários dos Países signatários do Tratado de Assunção têm suas competências decisórias restritas aos litígios suscitados em seus respectivos territórios e aplicam o direito nacional aos negócios celebrados nos mesmos espaços geográficos.

Em quase todos eles vigem normas assemelhadas às contidas na Lei de Introdução ao Código Civil brasileiro (D.L. nº 4657, de 4 de setembro de 1942, arts. 12 a 17), com algumas diferenças em relação à conceituação de pátria do contrato, pois, em alguns a lei preponderante é a do domicílio do empresário; noutras, é a do local da

---

[10] *Op. cit.*, p. 270.

celebração do contrato; em outros, a do local de cumprimento da obrigação.

Como ainda não conta o Mercosul com um ordenamento jurídico supranacional, hierarquicamente superior aos direitos nacionais, ou seja dotado, como o Direito Europeu, de *primado* e ainda *diretamente aplicável* pelos judiciários dos Estados-Membros, os conflitos de leis, eventualmente suscitados, continuam sendo resolvidos, nas esferas internas de cada um deles, segundo as regras, acima mencionadas, já que nem Tratados, Protocolos e Convenções celebrados, sobre algumas matérias da área contratual, não o foram por todos os países envolvidos, ou ainda não foram promulgados internamente por alguns deles.[11]

Da mesma forma, a inexistência de um Judiciário Supranacional, nos moldes da Corte de Justiça das Comunidades Européias, com ampla competência, não só para solucionar os litígios que lhe são submetidos, como também para *definir e a proclamar o direito aplicável*, representa mais um entrave na própria construção desse direito novo, que se origina dos tratados de integração.

É o que destaca, mais uma vez, Molina del Pozo, quando afirma:

"... Ao longo da história das Comunidades, o Tribunal de Justiça contribuiu, decisivamente, para a atual conformação do Direito Comunitário e é opinião unânime na doutrina o reconhecimento do papel decisivo que exerceu na construção da Europa".[12]

Com todas as carências institucionais e ausência de normatividade invocável, acima apontadas, os empresários estabelecidos nos diferentes países signatários do Tratado de Assunção e também em seus associados, Chile e Bolívia, ao celebrarem contratos, sobre os quais podem vir a incidir diferentes sistemas normativos, devem levar em conta a eventualidade de que tais negócios possam dar causa a conflitos de leis, sem outra via de harmonização que os Tratados e Protocolos Internacionais clássicos, a despeito da disposição inserida no artigo 1º daquele Tratado, que a todos impõe o dever, que assumiram em caráter *irrevogável* e *irretratável*, de *harmonizarem seus direitos internos*.

---

[11] Basta lembrar as diversas Convenções Americanas resultantes dos encontros, promovidos pela OEA, como, por exemplo, o Código de Bustamante, de Havana, 1928, que foi promulgado pelo Brasil, em 13 de agosto de 1929, mas não o foi por nossos parceiros do Mercosul, enquanto o Tratado de Direito Comercial de Montevidéu, de 1889, assim como a Convenção de 1940, ambos sobre matéria comercial, foram ratificados pela Argentina, pelo Paraguai e pelo Uruguai e não o foram pelo Brasil, da mesma forma as diversas Convenções sobre Arbitragem, 1958, 1961, 1976, bem como a Convenção ONU-UNCITRAL, firmada em Viena, em 1980, sobre a Compra e Venda Internacional de Mercadorias, não foram promulgadas pelo Brasil.

[12] *Op. loc. cit.*

Não efetivada a harmonização, pela demora na concretização das medidas legais internas, complementares da assinatura dos protocolos e convenções, atinentes à matéria negocial, todo esforço para garantir o tranqüilo cumprimento do que pactuarem as partes deverá ser empregado na elaboração cuidadosa dos respectivos instrumentos.

Assim também deve ser usada toda prudência na formulação de cláusulas que observem, tanto quanto possível aqueles princípios consagrados em convenções internacionais, embora não vigentes ainda entre nós, mas que consagradas pelos usos e costumes internacionais, constituem o acervo da denominada *lex mercatoria*.

Neste estágio, infelizmente ainda tão primário do Mercado Comum do Sul, continuará sendo exigida dos empresários e de seus advogados a máxima cautela na elaboração dos contratos, em que deverão ser definidas, com a maior precisão possível, em linguagem clara e inequívoca, toda a extensão dos direitos, que através dos mesmos as partes se outorgam, bem como as condições que estipulam de exigibilidade das obrigações contraídas.

Deverão ainda tais contratos fixar, detalhadamente, a forma de solução dos conflitos de interpretação e dos litígios, que possam vir a ocorrer, assim como devem definir a opção das partes se, por foro estatal, qual deles, ou se por arbitragem, redigindo as cláusulas compromissórias com precisão, louvando-se, para tanto, nos dispositivos da Convenção do México de 1994, no Protocolo de Las Leñas e, principalmente, na Lei Modelo da Uncitral, sobre Arbitragem Comercial Internacional, de 21 de junho de 1985.

Ainda um aspecto, de aparência singela, mas, que tem obviado muitas divergências de interpretação, diz respeito com a diversidade de expressões, entre espanhol e português, para designar institutos jurídicos idênticos, pois embora ambos os idiomas sejam oficiais no Mercosul e os documentos, emanados dos órgãos intergovernamentais, sejam redigidos nas duas línguas, quando se trata de contratos, na esfera privada, para que sejam interpretados pelos tribunais, são exigidas as traduções juramentadas, entre parceiros de diferentes idiomas.

Ora, como os tradutores, afeitos à linguagem mercantil, nem sempre percebem as nuanças próprias da terminologia jurídica, é de bom alvitre fazer preceder os documentos, nos moldes dos costumes anglo-saxões, de glossários - verdadeiros dicionários da terminologia empregada - a fim de garantir interpretação clara e induvidosa.

Aliás, desta prática nos dá exemplo a ONU-UNCITRAL, nas suas Convenções e Leis Modelo, como o artigo 2 da Lei Modelo sobre

Arbitragem, em que são explicados os termos "arbitragem", "tribunal "e "tribunal arbitral"; ou a Lei Modelo sobre a Insolvência Transfronteiriça, cujo artigo 2 explica o que se deve entender, naquele texto legal, por "procedimento estrangeiro","procedimento estrangeiro principal", "procedimento estrangeiro não principal", "representante estrangeiro", "tribunal estrangeiro"e "estabelecimento". Já o glossário da Lei Modelo sobre Transferências de Crédito contém, no seu artigo 2, um glossário de 13 itens. Finalmente, a "Lei Modelo da UNCITRAL sobre o Comércio Eletrônico", um de seus mais recentes documentos, cuja adoção se recomenda aos Estados membros da ONU, e que foi aprovada na sua 605ª sessão, de 12 de junho de 1996, no seu artigo 2 - Definições - explica o que se deve entender pelas expressões "mensagem eletrônica", "intercâmbio eletrônico de dados","remetente", "destinatário", "intermediário"e "sistema de informação".

Um contrato internacional do comércio, redigido com as cautelas aqui recomendadas, oferecerá aos contratantes condições de multiplicar os seus negócios, com sucesso, mesmo no aguardo do moroso processo de implementação do Mercosul.

2.5. BIBLIOGRAFIA

ALMEIDA, João Carlos Moutinho. *Direito Comunitário - A Ordem Jurídica Comunitária - As Liberdades Fundamentais na CEE*. Lisboa: Publicações do Ministério da Justiça,1985.

ARAUJO, Nádia de. *Contratos Internacionais*, Rio de Janeiro: Ed. Renovar, 1997.

BADAN, Didier Opertti, e AGUIRRE, Cecilia Frenedo de. *Contratos Comerciales Internacionales*, Montevidéu: Ed. Fundación de Cultura Universitária, 1997.

BÄRMANN, Johannes. *Les Communautées Européennes et le Rapprochement des Droits*, in Revue Internationale de Droit Comparé, 12º ano, Jan/Mar, 1960.

CAPELLI, Fausto. *Le Direttive Comunitarie*, Milano: Giuffrè, 1983.

CORREA, A. Ferrer. "A Convenção de Roma e os Contratos Internacionais", in *Revista Brasileira de Direito Comparado*, Instituto de Direito Comparado Luso-Brasileiro, nº 9, 1990.

FARIA, José Ângelo Estrella. *O Mercosul, Princípios, Finalidades e Alcance do Tratado de Assunção*, Brasília: Ed. Ministério das Relações Exteriores, 1993.

FARIA, Werter. "Harmonização Legislativa no Mercosul", in Estudos da Integração, 8º vol., Brasília: Ed. Senado Federal, 1995.

GARCIA, Ricardo Alonso. *Derecho Comunitário, Derechos Nacionales y Derecho Común*.

GOURION, Pierre Alain; PEYRARD, Georges. *Droit du Commerce International*. Paris: Ed. Librairie Générale de Droit et Jurisprudence, 1994.

HARGAIN, Daniel; MIHALI, Gabriel. *Circulación de Bienes en el Mercosur*, Buenos Aires: Ed.Julio Cesar Faira, 1998.

JACQUET, Jean Michel; DELEBECQUE, Philippe. *Droit du Commerce International*, Paris: Dalloz, 1997.

MOLINA del POZO, Carlos Francisco. *Manual de Derecho de la Comunidad Europea*, 3ª ed. Madri: Trivium, 1997.

RODAS, João Grandino. (Coordenador) *Contratos Internacionais*, São Paulo: RT, 1985.

STRENGER, Irineu. *Contratos Internacionais do Comércio*, 2ª Ed. São Paulo: RT, 1993.

———. *Direito do Comércio Internacional e Lex Mercatoria*, São Paulo: Ed. LTr., 1996.

DIVERSOS AUTORES:

Direito Internacional no Terceiro Milênio, Coordenadores: Luiz Olavo Baptista e José Roberto Franco da Fonseca, São Paulo: Ed. LTr, 1998.

Integração Jurídica Interamericana, Coordenadores Paulo Borba Casella e Nádia de Araújo, São Paulo: Ed. LTr, 1998.

Contratos Internacionais e Direito Econômico no Mercosul, Coordenador Paulo Borba Casella, São Paulo: Ed. LTr, 1996.

3. Múltiplos de cidadania: o modelo da neojurisdição comunitário-européia

Jorge Fontoura

Doutor em Direito Internacional Público pela Universidade de Parma, Itália, e pela Universidade de São Paulo, Consultor Parlamentar da Comissão de Relações Exteriores do Senado Federal e Membro Consultor da Comissão de Relações Internacionais do Conselho Federal da Ordem dos Advogados do Brasil. Professor-visitante do Curso de Doutorado em Direito da Universidade Federal do Paraná.

Sumário: 3.1. Introdução; 3.2. Prestação Jurisdicional e hipertrofia da cidadania européia; 3.3. A jurisprudência comunitária e a cidadania múltipla. 3.3.1. O Acórdão Costa/ENEL: a primazia a favor do indivíduo; 3.3.2. O Acórdão Van Geend en Loos: empresa versus Estado; 3.4. O direito comunitário de segunda geração: o Acórdão Francovich; 3.4.1. A natureza da caso Francovich como exercício da cidadania múltipla; 3.5. Conclusões; 3.6. Bibliografia.

3.1. INTRODUÇÃO

O portentoso fenômeno da construção de blocos econômicos, paradoxal marco de paz do final do século XX, o mais belicoso século de toda história, dentre todo o turbilhão de novidades que traz, inova e surpreende também com os inauditos espaços jurisdicionais comunitários.

Tais espaços, impensáveis há um átimo de tempo, ainda mais sob a ótica "estatólatra" do Direito, passam, a partir dos prodígios de renovação jurídica trazidos pelos ventos e marés da União Européia, a constituir-se em um mundo de todo novo também para o jurista. E não há como tergiversar diante da *débacle* de certezas jurídicas sedimentadas, fulminadas pela hegemonia das idéias que preside à construção de blocos econômicos, derivada do querer coletivo e coordenado de Estados Nacionais, receptivos à autolimitação soberana e de subordinação à ordem comunitária.

Nas novas clivagens trazidas pelo direito comunitário europeu, celeremente construído sobre os escombros de uma pletora de convicções seculares pretensamente dogmático-jurídicas, são inúmeros os exemplos do inexorável choque entre o que corajosamente deve ser feito e o que claramente precisa ser mudado, prosaica síntese da dialética da evolução. A forma como se deu a acomodação do princípio de direito inglês da supremacia do Parlamento ao *mandamus* comunitário de primazia e efeito direto de suas normas é, neste sentido, um significativo e rutilante exemplo.

A assimilação do efeito direto das normas comunitárias deu-se de forma lenta, porém incisiva. O direito inglês, conforme vimos, especialmente, foi obrigado a prodígios de criatividade e incomum desprendimento, no sentido de viabilizar juridicamente a adesão do Reino Unido às, então, Comunidades Européias. Para tal propósito, o *European Communities Act*, de 17 de outubro de 1972 (... Art. 2.1) "All such rights, powers, liabilities, obligations and restrictions from time to time created or arising by or under the Treaties, and all such remedies and procedures from time to time provided by or under Treaties, or as in accordance with Treaties, are without further enactement to be given legal effect or used in the U.K. shall be recognised and available in law, and be enforced, allowed and followed accordingly ..."), concebeu uma inventiva fórmula de compromisso para conciliar o ancestral dualismo britânico com as ingentes necessidades da integração. Nos termos de seu art. 2, § 1, supra, através de um ato do Parlamento, incorporava-se não só o direito comunitário então existente, como ainda conformava-se uma espécie de adesão antecipada a todas as normativas comunitárias futuras, sem precedentes em qualquer ordenamento jurídico e mesmo na lógica jurídica, concedendo uma efetiva "carta branca" à Comissão Européia para legislar a *autrance*. De certa forma, foi somente no recente episódio das "vacas loucas" que a opinião pública britânica pôde efetivamente compreender o significado e a abrangência institucional do *European Communities Act*.

A construção de um direito não-estatal, no sentido de gerado além das instâncias internas de *municipal law* e não proveniente da negociação estatal soberana e expressa, pelo viés do tratado internacional, ou mais remotamente pelo consentimento tácito com *opinio juris*, na forma do costume, conforme vem se construindo o direito comunitário europeu, é prática inusitada e extravagante sob o ponto de vista do direito internacional público clássico, por excelência soberanófilo. Nesse sentido, seu ineditismo e atipia têm sido objeto de críticas de grande densidade doutrinária, com o trabalho de interpretação construtiva e aplicação interativa das normativas comunitárias européias pela Corte de Justiça das Comunidades Européias, no Luxemburgo, sendo considerado por muitos juristas como o colapso branco da velha democracia iluminista, com a imprecação de ter a União Européia se construído à revelia dos parlamentos, sob a égide ilegítima da magistratura comunitária, em uma inaceitável *Europe des juges*.

Não há como se negar, de fato, a substancial natureza pretoriana da construção do direito comunitário, cujos princípios basilares vêm sendo deduzidos a partir da jurisprudência luxemburguesa, proferida por quinze juízes que formal e materialmente não representam seus Estados, senão o compromisso apátrida da consolidação e do aprofundamento comunitários. Os quinze juízes e os nove advogados gerais que compõem a Corte são nomeados de comum acordo pelos governos, por seis anos renováveis por mais seis. De fato, cada um dos Estados-Membros designa um juiz, e os cinco maiores países - Alemanha, França, Itália, Reino Unido e Espanha - dispõem cada um de um advogado-geral permanente, estabelecendo-se um sistema de rodízio para os quatro demais postos. Contando com três assessores pessoais, *les référendaires*, os magistrados comunitários usam o Francês como idioma de trabalho, com a cultura jurídico-comunitária impondo-se de forma a não identificá-los como representantes ou prepostos nacionais.

O aperfeiçoamento das relações políticas, econômicas e culturais dos Estados comunitários europeus tem sido, com efeito, rigidamente conduzido por uma neonata ordem jurídica, de todo inovadora em seus princípios e propósitos. A maciça adesão ao processo de integração européia que se tem verificado, o seu inexorável sucesso político, recomendam, no entanto, dentro de uma concepção da Ciência do Direito como dúctil caudatária dos influxos sociais, antes que inflexível e dogmática condutora das sociedades, que à *Europe des juges* se contraponha a idéia correlata, porém distinta em essência, de *Europe du Droit Communautaire*.

A novicidade e atipia do fenômeno de integração de Estados soberanos com o objetivo de formar blocos econômicos, surgido a partir do Tratado de Paris, de 18 de abril de 1951, e substancialmente sofisticado com o Tratado de Roma, que instituiu as Comunidades Européias, em 25 de março de 1957, determinaram a imediata criação do Direito Comunitário Europeu. Tomando por referencial o modelo adotado, que poderia grosso modo ser seguido em análogos processos de integração, o ordenamento jurídico comunitário comportaria três grupos de normas jurídicas, diferenciados a partir de suas fontes.

Cumpre assinalar que, nesse sentido, um dos fatores complicadores para o entendimento jurídico da integração reside, em nosso

País, no pouco estudo que temos dedicado ao direito internacional público, considerado por significativa parte da comunidade jurídica como "perfumaria" de pouca ou nenhuma utilidade. Celso de Albuquerque Mello registra, com muita propriedade, no prefácio da 8ª Edição de seu antológico Curso de Direito Internacional Público, Editora Renovar, o surrealismo da propalada abertura do Brasil para o mundo, em oposição à carência quase que absoluta de conhecimentos jurídicos para a empreitada. Em verdade, ainda era possível, até há bem pouco tempo, o bacharelado jurídico em prestigiosas faculdades brasileiras, sem cursar-se a disciplina de direito internacional público, meramente facultativa ou mesmo "não oferecida".

Destinado a aplicar-se em um espaço jurisdicional inusitado, envolvendo os territórios dos Estados-Partes, o direito comunitário europeu tem o condão de conformar, em relação aos súditos dos quinze Estados comunitários, um formidável desdobramento das prerrogativas da cidadania.

A abordagem mais direta e atual que se poderia dar ao tema da cidadania européia parte da exegese dos artigos 17 a 22 do Tratado de Amsterdã. Aqui considera-se o vasto *acquis communautaire* já constituído, através do *status civitatis* conferido pela cidadania da União.[1] Ao estipular que "... é cidadão da União qualquer pessoa que tenha a nacionalidade de um Estado-membro. A cidadania da União é complementar da cidadania nacional e não a substitui", como está previsto no art. 17 do Concerto de Amstderdã, deu-se vazão à nítida *mens legis* de querer atribuir à cidadania comunitária natureza aditiva em relação àquela nacional, inteiramente ao sabor do que se pode expressar como *múltiplos de cidadania*. Ademais, é também o que celebra o precedente Tratado de Maastricht em seu artigo 8º, ainda que sem estipular de forma expressa que a cidadania da União é complementar à nacional e não a substitui.[2]

No âmbito do presente trabalho, preferi, também, deixar de lado os instigantes e neonatos institutos da Petição ao Parlamento Europeu e ao Provedor de Justiça, nos termos do art. 21 do Tratado de Amsterdã. Abandonei, ainda, o fascinante tema de dimensão po-

---

[1] Moura Ramos, Rui Manuel de. Maastricht e os Direitos do Cidadão Europeu, Curso de Estudos Europeus da Faculdade de Direito, Coimbra, 1994.

[2] Embora o tema se revista de uma flagrante modernidade, haja vista o tratamento recente como *lege lata* e mesmo dos estudos doutrinários, o *acquis communautaire* pró-cidadania comum é um velho e recorrente tema no inconsciente coletivo europeurista. Erigir as Comunidades Européias não exclusivamente com o espírito de mera integração econômica, dando-lhe feição política e, fundamentalmente, social, é um compromisso claramente onipresente na história e mesmo na pré-história da integração. A propósito, cumpre compulsar o premônico verbete *cittatinanza*, de autoria de Rolando Quadri, publicado em 1959, no Novíssimo Digesto Italiano.

lítico-jurídica da neocidadania múltipla, como a inaudita capacidade eleitoral ativa e passiva, art. 19 do Tratado de Amsterdã, corolário da irrestrita liberdade de circulação e permanência.

Da mesma forma, não centrei meu estudo na questão da identidade externa que se tem buscado forjar como *acquis communautare*, inclusive pela inovadora atribuição alargada da proteção diplomática, nos termos do artigo 20 do Tratado de Amsterdã, o que em certa medida já tinha sido elaborado jurisprudencialmente no caso Boukhalfa *versus* República Federal da Alemanha, Processo C-214/94, Acórdão de 30 de abril de 1996.

A abordagem que preferi dirigiu-se à cidadania múltipla derivada da capacidade para a propositura de ações atribuída indistintamente a todos os jurisdicionáveis. Inédita sobre todos os prismas, nomeadamente em se tratando de uma ação proposta pelo súdito contra seu próprio Estado patrial, ainda que pelos inefáveis meandros de representação via Comissão Européia, em alguns casos, feitos de tal cariz são hoje comuns no dia-a-dia da Justiça Européia e projetam-se como o motivo condutor do presente trabalho.

A ampliação da *facultas agendi* e da *norma agendi* do cidadão comunitário, imbuído de direitos e deveres perante a ordem jurídica comunitária, configura uma dinâmica não de direito internacional, porém de direito interno e de aplicação pelos próprios juízes locais. A legitimidade *ad causam* conferida aos indivíduos, que podendo atuar *in pectore*, sem os tradicionais mecanismos de representação do "direito das gentes" (o filtro político da representação diplomática), conforma um novo matiz do exercício clássico da cidadania, atrelada ancestralmente a uma necessária ordem estatal, contra a qual nem a tutela internacional dos direitos humanos ousou atentar. Verifique-se que a previsão de salvaguardas como a da "exaustão dos remédios locais", antes do emprego dos limitados e retóricos instrumentos dos quais a tutela internacional dos direitos humanos dispõe, é forma elegante de referir e preservar incólume a soberania estatal.

3.2. PRESTAÇÃO JURISDICIONAL E HIPERTROFIA DA CIDADANIA EUROPÉIA

A eficácia e efetividade da prestação jurisdicional comunitária, estendida também aos indivíduos, a proliferação do sentimento de cidadania européia, enfatizada por uma série de programas políticos de grande profundidade, como a eleição direta para os membros do Parlamento Europeu (não se trata mais de grupos de representação de Parlamentos nacionais, a partir de 1979, e sim de representação direta da cidadania-européia), a capacidade eleitoral difusa ativa e passiva, e o prestigiamento das regiões dos Estados-Membros, muitas vezes em detrimento dos poderes centrais, com as autoridades locais, prefeitos, chefes de governos regionais, relacionando-se diretamente com a Comissão Européia, projeta e acendra o exercício de cidadania derivada. A hipertrofia da cidadania comunitária, revelada de forma intensa, inclusive em uma série de emblemáticas decisões do Tribunal de Justiça das Comunidades Européias, determinou mesmo o avanço político da própria Europa de instituições comuns.

À parte da Corte Européia de Direito Humanos, em Estrasburgo, alheia ao estrito âmbito da União Européia, por não dizer respeito a sua estrutura funcional, referindo-se a um processo paralelo de tutela internacional dos direitos humanos, fundamentada no direito internacional público clássico, portanto, a Corte de Justiça das Comunidades Européias, no Luxemburgo, tem em sua original atuação promovido sobremaneira o *status civitatis* comunitário, que ao contrário de elidir ou restringir a cidadania originária, dá-lhe inteireza e funcionalidade; em especial tratando-se de demanda contra o próprio Estado patrial. Agora, nas novas relações do direito comunitário, os Estados podem ocupar o pólo passivo da relação processual, *sub judice* não somente em relação a seu Poder Judiciário, mas como réu potencial na Justiça Comunitária, o que quer significar, como veremos, um espectro bem mais amplo do que a mera jurisdição estatal.

Em que pese estarmos há poucas décadas do início e ainda em pleno processo de consolidação e aprofundamento da Europa de instituições comuns, já é no entanto possível asseverar que a construção comunitária é fundamentalmente um processo de construção jurídica. E também é a experiência recente que tem demonstrado a vitalidade e a oportunidade da jurisprudência, diante do silêncio obsequioso dos tratados em relação a matérias vitais ou politicamente indesejáveis em um determinado momento histórico, o que não vincula a posterior faculdade decisória de uma instância judicial supranacional.

As características originárias do direito comunitário europeu, deduzidas a partir do Tratado de Roma, têm sido identificadas como *autonomia, obrigatoriedade* e *uniformidade de aplicação e interpretação*. O modelo seguido pelo direito europeu, para conformar tal uniformidade, foi surpreendente: valendo-se do instituto que se constitui na chave-mestra ou válvula estabilizadora de todo o direito comunitário, os juízes nacionais, que são, em última análise, seus efetivos aplicadores, podem, sempre que a matéria permita, consultar por via "pré-judicial", a Corte do Luxemburgo, para que esta pronuncie a correta interpretação aplicável ao caso concreto. O ineditismo de tal julgamento, bem como os princípios de independência e livre convicção do juiz que adotamos, seguramente nos distanciam em muito de tal solução. O julgamento com a consulta prévia feita pelo juiz singular (facultativa), ou colegiado de última instância (obrigatória), em busca de um *prius logico* que, conforme a sentença, por mais extraordinário que possa parecer, já é aplicado corriqueiramente na União Européia, nos termos do emblemático art. 177 do Tratado de Roma, 234 na versão de Amsterdã, assim redigido oficialmente na língua portuguesa:

"O Tribunal de Justiça é competente para decidir a título prejudicial:
a) sobre a interpretação do presente Tratado;
b) sobre a validade e interpretação dos actos adoptados pelas Instituições da Comunidade;
c) sobre a interpretação dos estatutos dos organismos criados por um acto do Conselho, desde que estes estatutos o prevejam.
Sempre que uma questão desta natureza seja suscitada perante qualquer órgão jurisdicional de um dos Estados-membros, esse órgão pode, se considerar que uma decisão sobre essa questão é necessária ao julgamento da causa, pedir ao Tribunal de Justiça que sobre ela se pronuncie.
Sempre que uma questão desta natureza seja suscitada em processo pendente perante um órgão jurisdicional nacional cujas decisões não sejam susceptíveis de recurso judicial previsto no direito interno, esse órgão é obrigado a submeter a questão ao Tribunal de Justiça".

Certamente a parte final do dispositivo, que constrange à via pré-judicial em casos de julgamentos nacionais de última instância ("... *talle giurisdizione è tenuta* ... ", no texto original do Tratado de Roma), é a que mais estupefaz e intriga a nossa visão latino-americana e logo iberogênica de exercício da jurisdição. Definitivamente, há muito de novo sob o sol.

3.3. A JURISPRUDÊNCIA COMUNITÁRIA E A CIDADANIA MÚLTIPLA

Às características originárias, subsumidas da interpretação literal do Tratado de Roma e de seus complementos institucionais, têm-se somado aquelas que, forjadas na jurisprudência luxemburguesa, apresentam-se como *sine quibus non* à efetividade da integração contida no projeto europeu, a saber: a *primazia* do direito comunitário sobre os ordenamentos jurídicos internos e o seu *efeito direto*, sem os mecanismos de incorporação aos direitos estatais. Pelo seu caráter inusitado, estas inovadoras e surpreendentes clivagens têm sido designadas como direito comunitário de primeira geração, distinguindo-se do segundo grande passo jurisprudencial dado pela Corte de Luxemburgo, ao afirmar o princípio da responsabilidade do Estado pela violação do direito comunitário, ainda que em relação aos seus próprios jurisdicionados, deduzido a partir do Acórdão Francovich, de 19 de novembro de 1991, e que vem sendo considerado direito comunitário de segunda geração.³

3.3.1. O Acórdão Costa / ENEL: a primazia a favor do indivíduo

No silêncio dos tratados institutivos das então Comunidades Européias quanto à hierarquia das normas comunitárias em relação aos ordenamentos jurídicos internos (o que seguramente foi deixado pelo legislador comunitário para ser construído pela tessitura inquestionável dos fatos, em uma insuspeita inspiração de *common law*),⁴ já na primeira metade dos anos 60 a Corte do Luxemburgo constrói e prolata o princípio da primazia do direito comunitário. Com isso, consolida-se o entendimento de que normas internas posteriores não poderiam revogar o direito comunitário, fosse ele originário ou derivado, em que o contribuinte demandava o Estado italiano, por não observância do Direito Comunitário.

Tratou-se do histórico Acórdão Costa/Enel, em reenvio procedente da Itália, proferido em 15 de julho de 1964, que definiu o particularismo do direito comunitário em relação ao direito internacional clássico: "... le transfert opéré par les États, de leur ordre juridique interne au profit de l'ordre juridique communautaire, des droits et obligations correspondant aux dispositions du traité, entaî-

---

³ Ainda que não devidamente elaborado doutrinariamente, em muito devido a sua total novicidade, a obrigação de o juiz nacional aplicar "de ofício" o direito comunitário, independendo da invocação das partes, passa a constituir-se no mais recente desdobramento jurisprudencial do direito comunitário europeu, a partir dos Acórdãos Jeroën Von Schijndel" (Processos C-430/93 e C-431/93) e Peterbroeck (Processo C-312/93). Prolatados em 14 de dezembro de 1995, os dois rumorosos acórdãos projetam-se como a mais recente e instigante questão jurídico-comunitária, fadada a transportar-nos a um hipotético direito comunitário de novíssima ou terceira geração.

⁴ "Sans doute, les fondateurs des communautés ont voulu faire prouve de prudence politique et les Traités de Paris et de Rome ne contiennent aucune dispositions expresse du type allemand: "bundesrecht britchts landesrecht", le droit federal brise le droit local – consacrant la primauté. Mais l'absence d'une règle explicite sur ce point sur les traités ne préjuge évidemment pas de souhait implicite des pères fondacteurs de l'Europe de voir consacré la supériorité du droit communautaire", BERRANGER, Thibaut de, Constitutions Nationales et Construction Communautaire, Paris:Librairie Générale de Droit et Jurisprudence.

ne donc une limitation définitive de leurs droits souverains contre laquelle ne saurait prévaloir un acte unilatéral ultérieur incompatible avec la notion de communauté."[5]

Dando contornos mais definitivos à característica da primazia, o Aresto Simmenthal, de 9 de março de 1978, sobre questão "pré-judicial" proveniente do Tribunal de Susa, na Itália,[6] em causa da Amministrazione delle Finanze contra S.p.a. Simmenthal, determinou que o juiz nacional encarregado de aplicar, no âmbito da sua competência, a disposição de direito comunitário, tem a obrigação de garantir a plena eficácia de tais normas, deixando de aplicar por iniciativa própria qualquer disposição contrastante da legislação nacional, ainda que posterior, sem solicitar ou esperar a prévia modificação legislativa ou mediante qualquer outro procedimento constitucional."[7]

Considerada a característica mais sacrílega do direito comunitário, sob o ponto de vista da concepção clássica do Direito, a primazia do ordenamento jurídico comunitário acabou por incorporar-se pacificamente à cultura jurídica européia, tendo a jurisprudência comunitária recebido o respaldo de interpretações benignas de alguns textos constitucionais de Estados comunitários, como ocorreu na França, onde a arraigada concepção cartesiana de soberania foi suplantada pela intelecção pró-integração do art. 55 da Constituição da V República.[8]

Também merece destaque o caso da Itália, onde reiterados arestos da Corte de Cassação consagraram o primado do direito comunitário, apoiados na interpretação extensiva do art. 11 da Constituição de 1946, historicamente destinado a permitir a adesão da República Italiana às Nações Unidas, no delicado contexto do segundo pós-guerra.[9]

---

[5] Processo nº 6/64, Recueil, pág. 1141, CJCE.

[6] Processo nº106/77, Recueil, pág. 629, CJCE.

[7] "Il giudice nazionale incaricato di applicare nell'ambito della propria competenza le disposizioni di diritto comunitario há l'obbligo di garantire la piena efficacia di tali normi, disaplicando all'occorenza, di propria iniziativa, qualsiase disposizione contrastante della legislazione nazionale, anche posteriore, senza dovere chiedere o attendere la previa remozione in via legislativa o mediante qualsiasi altro procedimento costituzionale". POCCAR, Fausto, Lezioni di diritto delle comunità europee, Milano: Giuffrè Editore, 2ª Edição, 1979.

[8] "Art. 55 – Les traités ou accords régulièrment ratifiés ou approuvés ont dès leurs publication une autorité superieure à celle des lois sous reserve, pour chaque accord ou traité, de son application par l'autre."

[9] "Art. 11 - L'Italia repudia la guerra come strumento di offesa alla libertà degli altri popoli e come mezzo di resoluzione delle controversie internazionali; consente, in condizioni di parità con le altre Stati, alle limitazioni di sovranità necessarie ad un ordinamento che assicure la pace e la giustizia fra le Nazioni; promuove e favorisce le organizzazioni internazionali rivolte a tale scopo".

Vale considerar, quanto à questão da primazia, que o direito comunitário suscita *insights* totalmente novos para um dos mais tradicionais temas debatidos no direito público clássico e que diz respeito às relações de potencial conflito entre o direito interno e o direito internacional, ou, dialeticamente, apenas não-interno na contingência do direito comunitário europeu. Diante dos novos quadros que se verificam na União Européia, tendentes a aplicarem-se em virtuais direitos comunitários de blocos econômicos que à imagem e semelhança da Europa se pretendam mercados comuns, as tradicionais doutrinas do monismo e do dualismo, bem como as antológicas teses de Tripel e Anzziloti, parecem irremediavelmente superadas por demandas inconcebíveis há apenas poucas décadas.

3.3.2. O Acórdão Van Geend en Loos: empresa *versus* Estado

O histórico processo Van Geend en Loos, julgado em 5 de fevereiro de 1963, e que define jurisprudencialmente os termos do efeito direto do direito comunitário europeu, tem sido curiosamente considerado em doutrina, em que pese seu anterior julgamento em relação ao caso Costa/Enel (15 de julho de 1964), como corolário e decorrência inelutável da primazia.

Não expressamente previsto como princípio geral no Tratado de Roma, a dispensa da passagem do direito comunitário derivado (não contido nos tratados institutivos e seus eventuais protocolos adicionais) pelos tradicionais mecanismos de incorporação e recepção do direito interno, o efeito direto logo se consagrou na cultura jurídica comunitária, implementado pela jurisprudência do Luxemburgo.

Em verdade, o art. 189, "c", do Tratado de Roma, ao estipular que os regulamentos comunitários eram diretamente aplicáveis no ordenamento jurídico interno, deixou um imenso hiato em relação a todas as demais normativas comunitárias, em especial as diretivas, o que conduziu a Corte do Luxemburgo a realizar uma efetiva construção pretoriana do efeito direto. O ponto de partida, o caso Van Geend en Loos, estabeleceu a faculdade que os particulares têm de invocar o direito comunitário de qualquer natureza, já perante suas jurisdições nacionais, independendo da eventual incorporação que se lhe tenha conferido através dos trâmites constitucionais ordinários.

Como clara decorrência doutrinária da primazia, o efeito direto recebeu definição mais acabada também pelo viés jurisprudencial, nos termos do Acórdão Simmenthal, prolatado em 9 de março de 1978: "... a aplicabilidade direta significa que as regras de direito comunitário devem operar a plenitude de seus efeitos de uma maneira uniforme em todos os Estados-membros, a partir de suas entradas em vigor e durante todas as suas vigências; da mesma forma, tais disposições são uma fonte imediata dos direitos e obrigações para todos, quer se tratem de Estados-membros ou particulares que sejam partes em relações jurídicas relevantes de Direito Comunitário. Tal efeito concerne ainda a todo magistrado, que no âmbito da competência da qual é investido, possui enquanto órgão do Estado-membro, a missão de proteger os direitos conferidos aos particulares pelo Direito Comunitário".[10]

3.4. O DIREITO COMUNITÁRIO DE SEGUNDA GERAÇÃO: O ACÓRDÃO FRANCOVICH

Ao julgar o processo C-6/90, firmando o acórdão de 19 de novembro de 1991 ("Andrea Francovich e outros" *versus* "República Italiana"), a Corte de Justiça das Comunidades Européias decidiu que "o direito comunitário impõe o princípio segundo o qual os Estados-membros são obrigados a reparar os prejuízos causados aos particulares pela violação de direito comunitário que lhes sejam imputáveis...".[11]

A responsabilidade do Estado pelos prejuízos causados aos particulares, compreendidas as pessoas físicas ou jurídicas, não está prevista em nenhuma disposição dos Tratados de Roma ou Maastricht, ou mesmo no Ato Único Europeu, ou em qualquer outro documento convencional da União Européia. Pelo mecanismo tradicional, a ação de incumprimento, solução que se depreende da intelecção dos artigos 169, 170 e 171 do Tratado de Roma, constituía-se em remédio ineficaz, já que se resolvia com pouca convicção a questão das sanções a serem aplicadas a um Estado comunitário faltoso. Diante da ação ou omissão estatal em relação ao direito comunitário, tal Estado deveria tão-somente tomar as medidas necessárias à execução do Acórdão decorrente, em uma típica atitude de *soft law*, ou seja, a redação retórica e pouco eficaz que se pode utilizar em tratados, dentro do espírito de coordenação ínsito ao direito internacional público. Se no entanto o Estado nada fizesse, poderia apenas sofrer como conseqüência ou uma nova ação por incumprimento, desta vez baseada no acórdão não cumprido, ou uma ação de natureza política, levada a cabo pelos Estado-membros insatisfeitos, o que poderia

---
[10] Processo nº 106/77, Recueil 1978, pág. 629, CJCE.

[11] Processo nº C-6/90, Recueil, pág. I-573, CJCE.

ocorrer ou não, em função das peculiaridades do caso objetivamente considerado. A propósito, Marta Chantal da Cunha Machado Ribeiro afirma, em sua tese de doutoramento, na Universidade de Coimbra, em 24 de novembro de 1995, que: "... tomando em consideração este panorama, a única conclusão possível era a de que o cumprimento do direito comunitário e o próprio sucesso da construção comunitária dependia só e exclusivamente da vontade ilimitada dos Estados-membros. Fenômeno de direito internacional ainda que dotado de características próprias, o direito comunitário padecia aqui de uma mesma fraqueza, mais concretamente, ausência de uma sanção eficaz para a violação do princípio *pacta sunt servanda*".[12]

Por outro lado, Joël Rideau lembra que as ações ou inações dos Estados sempre tiveram a possibilidade de constituir violação do direito comunitário, suscetíveis de engajar suas responsabilidades,[13] tendo inclusive a Corte de Justiça Comunitária se manifestado expressamente, conforme ocorreu no Acórdão Humblet, de 16 de dezembro de 1960.[14]

Também a revisão do Tratado de Maastricht, ao introduzir modificações no art. 171 do Tratado de Roma, criando sanções financeiras aos Estados inadimplentes do direito comunitário, com intuito meramente dissuasório, não chegou, no entanto, a viabilizar efetivas indenizações em relação a prejuízos sofridos por jurisdicionáveis comunitários, comprometendo o exercício da cidadania derivada, esta de natureza européia.

A Corte do Luxemburgo permaneceu, a propósito, por longo tempo silenciosa sobre a efetivação da responsabilidade estatal, aparentemente deixando à discrição dos Estados e de seus ordenamentos jurídicos uma eventual responsabilização do poder público. Tratava-se a toda evidência de matéria altamente polêmica e que trazia a lume o delicado contexto da remanescente autoridade do Estado, *vis-à-vis* o crescente espaço de poder granjeado pela "Europa Comum".

Conforme observou Denys Simon, desde sua cátedra na Universidade Robert Schuman, em Estrasburgo, o pano de fundo para a construção do princípio da responsabilidade do Estado pela violação do direito comunitário em relação a particulares, através do eficaz *iter* da elaboração jurisprudencial, já havia sido adrede lançado, com a adoção dos princípios da primazia e do efeito direto.

---

[12] RIBEIRO, M.C.C.M. Da Responsabilidade do Estado pela Violação do Direito Comunitário, Coimbra, Livraria Almedina, 1ª Edição, 1996.

[13] RIDEAU, Joël. *Droit Institutionnel de l' Union et des Communautés Européennes*, Paris: Librairie Générale de Droit et de Jurisprudence, 2ª Edição, l996.

[14] Processo nº C - 6/60, Recueil 1128, CJCE.

Ao julgar o Caso Francovich, em verdade e mais amplamente, também o caso "Bonifaci e outras" *versus* "República Italiana", contemplando uma diretiva sobre tutela de empregados em caso de falência do empregador, e inatendida pela Itália, a Corte do Luxemburgo deu o terceiro e decisivo passo na construção jurisprudencial do direito comunitário europeu.

3.4.1. A natureza do caso Francovich como exercício da cidadania múltipla

Em janeiro de 1990, deram entrada na Secretaria da Corte de Justiça das Comunidades Européias, por despachos *a quo* de 9 de julho e 30 de dezembro de 1989, os processos C-6/90, Tribunal de Vicenza, Itália, e C-9/90, Tribunal de Basano del Grapa, Itália, para efeitos de reenvio pré-judicial, nos termos do art. 177 do Tratado de Roma, trazendo à mesa judicial comunitária a questão da correta interpretação do artigo 189, § 3º, do mesmo Tratado de Roma, bem como a Diretiva 80/987 CEE do Conselho, de 20 de outubro de 1980.[15] Tal norma comunitária derivada referia-se à harmonização legislativa dos Estados-Membros no que concerne à proteção dos trabalhadores assalariados, em caso de insolvência do empregador, no sentido de constituírem-se fundos imediatamente disponíveis para a pronta e efetiva tutela econômica dos cidadãos abruptamente desempregados.

O primeiro dos processos, C-6/90, referia-se à demanda do Senhor Andrea Francovich contra a República da Itália, fundado na seguinte *causa petendi*: o autor tinha trabalhado para a empresa CDN Elettronica S.n.C., em Vicenza, de 11 de janeiro de 1983 a 7 de abril de 1984, tendo apenas recebido pagamentos esporádicos por conta de seu salário, pelo que demandou o empregador no Tribunal de Vicenza, que condenou a empresa, por decisão de 31 de janeiro de 1985, a pagar ao reclamante a quantia de 6 milhões de Liras italianas.

Na fase de execução da sentença, o oficial de justiça certificou a negativa de penhora, estando o estabelecimento fechado, dilapidado e abandonado, pelo que invocou então Andrea Francovich o direito de obter as garantias contempladas pela Diretiva comunitária que não havia sido cumprida pelo Estado italiano.

O processo C-9/90, que foi poucos meses posterior ao caso Francovich, era totalmente análogo e dizia respeito à ação proposta por Danila Bonifaci e outras contra a empresa Gaia Confezioni S.r.L., que foi declarada em situação falimentar em 5 de abril de 1985, sem

---
[15] Jornal Oficial das Comunidades Européias, JOCE, nº L 253, 20 de outubro de 1980, p. 23.

possibilidades de indenizar as reclamantes. Da mesma forma pleiteou-se então junto à Justiça italiana, no Tribunal de Basano del Grapa, diante da insolvência da ré, a responsabilização da República Italiana por não ter obedecido a diretiva 80/987, violando desta forma o direito comunitário. Tal *status quaestio* levou o juiz italiano a suspender a instância, até que a Corte do Luxemburgo decidisse, a título "pré-judicial", a efetiva natureza da responsabilidade do Estado, diante da pretensão dos particulares destinatários do dano.

Com o reenvio pré-judicial à Corte do Luxemburgo, procedido pela Justiça italiana, suspendeu-se o julgamento até 19 de novembro de 1991, quando da publicação do Acórdão Francovich, fadado historicamente a marcar a mais importante evolução instrumental do direito das comunidades européias e significativamente vinculado ao exercício do direito de petição, apenas que projetado a uma nova órbita jurisdicional, agora de natureza comunitária.

Nos anos que se seguiram, inúmeras causas análogas às demandas italianas foram trazidas à Corte Européia, com a responsabilidade do Estado sendo detalhadamente construída e lapidada a partir da violação do direito comunitário, em especial nos Acórdãos "Brasserie du Pêcheur" (Processo nº C-46/93).[16] Referindo-se não mais a indivíduos como vítimas de prejuízos materiais e sim a empresas, tivemos, no primeiro caso, uma cervejaria francesa demandando a República Federal da Alemanha por danos sofridos diante de barreiras não-tarifárias que impediram a livre circulação de seu produto, em flagrante violação do artigo 30 do Tratado de Roma, tendo o reenvio pré-judicial procedido da Suprema Corte Federal alemã. No segundo caso, originário da High Court, Reino Unido, havia uma demanda proposta por armadores espanhóis da empresa Factortame, que, tentando operar no Reino Unido, foram impedidos, haja vista uma série de exigências nacionais de domicílio e residência de proprietários de navios, totalmente extravagantes ao bom direito comunitário.

---

[16] "L'importance de l'arrêt rendu par la Cour de Justice de 5 mars 1996 dans ces affaires mérite sens aucune doute une appréciation à souligner le souce d'élaborer un systéme complet de protection du particulier dans l'ordre juridique communautaire. En effet il compléte de manière decisive la construction par le juge communautaire d'une veritable théorie de l'action en responsabilité fondée sur la violation du droit communautaire par les autorités nationales, malgré le contexte lui aussi particuliére, dans lequel s'inscriviaent les deux litiges au principal. Dans les deux cas en effet, la violation du droit communautaire, à l'origine du préjudice allegué par les requerentes, trouvait sa source dans une omission ou une action du législatuer national". RIGAUX, Anne, "L'Arrêt "Brasserie du Pêcheur – Factortame III: Le roi peut mal faire en droit communautaire", Strasbourg: Editions du Juris, Europe, Mai, 1996.

3.5. CONCLUSÕES

De toda a sorte, o princípio da responsabilidade estatal deduzido a partir do caso Francovich, o mais importante aperfeiçoamento instrumental do direito comunitário europeu, consagra-se como indiscutível conseqüência inerente ao sistema de tratados de construção e consolidação da Europa de instituições comuns. De resto, o aporte que traz ao exercício da cidadania européia parece ser definitivo.

No momento em que o Mercosul decididamente supera sua fase de decisões seminais, para como marca internacionalmente vencedora afirmar-se na qualidade de efetiva terceira união aduaneira de toda a História (o *Zollverein*, do processo de unificação alemã, e o Tratado de Roma das comunidades européias são os dois outros casos efetivamente relevantes), e diante do inexorável aprofundamento das relações entre os países signatários do Concerto de Assunção de 26 de março de 1991, a reflexão concernente aos aspectos aqui abordados, a saga da construção do direito comunitário europeu projeta-se com grande significado e interesse. Neste passo, é importante considerarmos os chamados *deficits* institucionais de que padece o Mercosul, criteriosamente elencados nos estudos de Jorge Grandi, recentemente publicados em Madri.[17]

É certo que nos processos de integração não há modelos e cada projeto é um conjunto próprio de circunstâncias políticas, históricas e mesmo geográficas. Como asseverou Fausto de Quadros em conferência proferida em Brasília, no Encontro Internacional sobre Questões Jurídicas da Integração, promovido pelo Centro de Estudos Judiciários do Conselho Federal de Justiça, em 29 de novembro de 1996, "... a História até pode ser uma versão, mas a Geografia será

---

[17] Jorge Grandi, "Los siete desafios y los siete déficts de la intregación para America Latina", Síntese nº 24, Madrid, 1996. "... Se analizan dos de las asignaturas pendientes que registran gran parte de los procesos de integración y los nuevos regionalismos: el déficit democrático y el muy íntimamente asociado déficit social. En Europa estas asignaturas han llegado a afectar la credibilidad de un proceso exitoso con más de cuarenta años de existencia. En el TLCAN, en el ALCA - así como en el MERCOSUR y la Comunidad Andina - estas cuestiones generan creciente preocupación e interés por parte de los actores socio-económicos y políticos.
En América Latina estos temas han sido tímidamente abordados y poco estudiados a pesar que el binomio participación-cohesión social y económica constituye el cimiento esencial de todo proyecto común interestatal como es la integración. Frente a una ambiciosa integración múltiple y simultánea llena de desafíos, riesgos y oportunidades como la que viven las Américas - y el mundo en general - estos déficit generan alta tensión. El estudio reflexiona sobre la necesidad de romper el círculo vicioso y transformalo en virtuoso mediante la coordinación de un buen grado de direccionalidad, gestionabilidad y gobernabilidad; en suma, de institucionalidad para hacer funcionar en forma permanente un conjunto de interacción humana tan complejo como es el que se genera en un proceso de integración.

sempre e necessariamente um fato". Não serão a imagem e a semelhança do modelo europeu de integração que irão garantir o sucesso da construção de blocos econômicos, como as imensas dificuldades que vêm sendo enfrentadas pela Comunidade Andina parecem demonstrar com clareza solar. Como, no entanto, na feliz expressão do professor e historiador Estevão Chaves de Rezende Martins, "... ninguém nasce em um mundo vazio de História",[18] é imperioso que, lançando os olhos para a experiência européia, dela saibamos, com desassombro e discernimento, haurir o que há de boa lição.

A conquista de direitos auferidos pela cidadania européia, através do direito comunitário, é notável. Conforme vimos, a legitimidade *ad causam*, ainda que contra seu próprio Estado patrial, não mais tão-somente à luz do direito nacional, conduz a cidadania a prodígios nunca dantes verificados. A considerar que a conquista de tais direitos, contra o querer desmedido dos déspotas e depois do próprio Estado nacional moderno foram, desde sempre, um formidável marco do triunfo da civilização contra a barbárie, resta tão-somente destacar o grande momento ora vivenciado pela Europa de instituições comuns.

Vale, por último, consignar, conforme as valiosas lições de Antônio Remiro Brotóns, catedrático de direito internacional público da Universidade Autônoma de Madri, em seu memorável curso para o diploma de estudos avançados de integração (CEFIR - Centro de Formación para la Integración Regional, Grupo do Rio/União Européia, Punta del Este, Uruguai, 1998), que apesar de seus múltiplos sucessos, o processo de integração européia carece sempre e cada vez mais de uma visão crítica e reflexiva.

Almejamos, dentro de tal perspectiva, que com a mesma prudência política a com a mesma energia criadora e coragem em direção ao futuro, a Europa saiba conduzir, doravante, o difícil dilema que se criou como inevitável subproduto das conquistas de sua própria cidadania. Trata-se da ingente questão da exclusão social extracomunitária, verdadeiro hiato de prática democrática, espaço no qual perdura ainda, infelizmente, todo um caminho a construir.

3.6. BIBLIOGRAFIA

BERRANGER, Thibaut de. *Constitutions Nationales et Construction Communautaire.* Paris: Librairie Générale de Droit et Jurisprudence, 1997.

---

[18] Correio Braziliense, Estudos, fls.38, edição de 14 de novembro de 1995.

FONTOURA, Jorge. "A Construção Jurisprudencial do Direito Comunitário Europeu", *Revista de Informação Legislativa*. Brasília: Senado Federal, ano 35, nº 140, Out/Dez/98.

——. "Lineamentos para um direito comunitário", *Boletim de Integração, nº 7*, Brasília: Ministério das Relações Exteriores, Itamaraty, 1993.

GRANDI, Jorge. *Los Siete desafios y los siete déficts de lá integración para America Latina*, Síntese, nº 24, Madrid, 1996.

MOURA RAMOS, Rui Manuel. *Maastricht e os direitos do cidadão europeu*, Curso de Estudos Europeus da Faculdade de Direito, Coimbra, 1994.

POCAR, Fausto. *Lezioni di diritto delle Comunità Europee*. Milano: Giuffrè, 1989.

QUADRI, Monaco et alii. *Trattato istitutivo della Comunità economica europea. Commentario*. Milano: Giuffre, 1970.

QUADROS, Fausto de. *Direito das Comunidades Europeias e Direito Internacional Público*. Lisboa: Teses Almedina, 1991.

RIBEIRO, M.C.C.M. *Da Responsabilidade do Estado pela Violação do Direito Comunitário*, Coimbra: Livraria Almedina, 1996.

RIDEAU, Joel. *Droit Institutionnel de l' Union et des Communautés Européennes*. Paris: Librairie Générale de Droit et de Jurisprudence, 2ª Edição, 1996.

RIGAUD, François. *Droit Publique et Droit Privé dans les Relations Internationales*. Paris: Pedone, 1976.

RIGAUX, Anne. *L'Arrêt Brasserie du Pêcheur – Factortame III: Le roi peut mal faire en Droit communautaire*. Strasbourg: Editions du Juris, Europe, Mai, 1996.

SCHWARCENBERGER, George. *International Law and Order*. London: Steves and Sons, 1971.

SCOVAZZI, Tullio et alii. *Corso di diritto internazionale publico*, 2 volumes. Milano: Giuffrè, 1992.

VISSCHER, Charles de. *Théories et Réalités en Droit International Publique*. Paris: Pedone, 1970.

ZANINI, Gustavo. "Reflejos del derecho comunitario sobre el derecho nacional", *in Revista da Faculdade de Direito/USP*, vol. LXV, São Paulo, 1970.

4. Aspectos teóricos do sistema de solução de divergências nas instituições de integração, com referência ao Mercosul

Luiz Olavo Baptista

Professor Titular de Direito do Comércio Internacional, Faculdade de Direito da Universidade de São Paulo. Membro da Corte Permanente de Arbitragem (Haia) Arbitro designado pelo Brasil para o sistema de solução de controvérsia do Mercosul.

Sumário: 4.1. Introdução; 4.2. Sistema para solução de controvérsias: modalidades; 4.2.1. O padrão tradicional para solução pacífica de controvérsias; 4.2.1.1. O modelo tradicional: elementos tradicionais; 4.2.1.2. Introdução do elemento econômico: a evolução dos modelos; 4.2.2. Eficácia relativa dos modelos; 4.2.2.1. Posição tradicional - critério jurídico; 4.2.2.2. Critério político; 4.2.2.3. Posição moderna - critério juseconômico; 4.2.2.4. Posição de síntese; 4.3. Aspectos políticos dos processos de integração; 4.3.1. Os objetivos das partes; 4.3.2. O Mercosul; 4.3.2.1. Características do Mercosul; 4.3.2.2. Eficácia do modelo Mercosul; 4.4. Conclusão.

Mais étant mon intention d'écrire choses profitables à ceux qui les entendront, il m'a semblé plus convenable de suivre la vérité effective de la chose que son imagination. (Niccoló Machiavelli, Il Principe, Cap. XV (Oeuvres complètes, Paris, Gallimard, Bibl. de la Pléiade, 1952, p. 289)

4.1. INTRODUÇÃO

Estamos vivendo tempos de globalização, com predomínio da ideologia liberal.[1] Ao mesmo tempo, numa dicotomia importante, assistimos a um processo de fragmentação, em que o crescimento

---

[1] O registro do fenômeno não contém juízo de valor, positivo ou negativo, mas é necessário para a compreensão do tema que vamos estudar, o da solução de disputas.

das organizações regionais pode ser visto como um movimento que opõe globalização a regionalismo. Também o ressurgir das nacionalidades opondo-se aos Estados - como o demonstram de modos diversos a extinção de alguns países do Leste Europeu e como está ocorrendo na África -, contém outra dessas contradições.

É preciso acentuar, todavia, que a chamada globalização atinge dimensões maiores nos setores financeiro e das comunicações, em relação aos demais. As empresas transnacionais de caráter industrial têm papel proeminente nesse movimento, que poderia ser ligado (é matéria para uma tese, quiçá) ao advento de um novo modo de produção modular, em que a linha de montagem de Henry Ford e a fábrica destinada a fazer determinados produtos são substituídos pelo conceito de montagens de conjuntos (*block assembly*) e da fábrica programável (*multipurpose plant*).

Por outro lado, como reverso da mundialização, movimentos de integração regional começaram a proliferar em várias partes do globo. Aquelas iniciativas que, na primeira metade do século, constituíam experiências tímidas e prenhes de indagações sobre seu futuro sucesso, proliferaram na segunda metade. Proliferaram baseadas no espírito de imitação - do sucesso das experiências européias - e na necessidade de aumentar a dimensão dos mercados. Na América Latina, a CEPAL foi a matriz ideológica desse movimento, tendo orientado a criação da ALALC, sucedida depois pela ALADI. Esta já abria as portas para a criação de regimes de integração sub-regionais, que como ela, se colocariam sob a Cláusula XXIV do GATT.

Dentro desse panorama, movidos pelas imposições da economia mundial, e visando a seus objetivos de crescimento e desenvolvimento econômico, quatro países ibero-americanos criaram o Mercosul.

Marcados profundamente pelas culturas jurídicas francesa e italiana,[2] mais do que pela ibérica, seus sistemas jurídicos, na classificação já tradicional de René David,[3] pertencem à família romano-germânica. No processo de ocupação de seus territórios, durante o período colonial, esses países foram arrancados, quase sempre pela força das armas e pela superioridade tecnológica, das mãos dos autóctones, o que ensejou que neles se criasse uma cultura de fronteira.[4] Ao mesmo tempo, os "mores" do absolutismo ibérico

---

[2] Esta influência tem início antes da independência do Brasil, Argentina e Uruguai, mas se acentua no curso do século XIX, e no início deste, conformando os modelos jurídicos criados - ou mesmo copiados - com pitadas do pensamento jurídico alemão.

[3] Les grands systèmes de droit, 4ª ed. Paris: Dalloz, 1971.

[4] Este processo foi, como ressaltava Manoel Bonfim, a continuidade do movimento da Reconquista, que ocorreu na Península Ibérica visando à expulsão dos Mouros. É de se registrar a

ali implantados, persistiram depois da independência, preservados pela série de ditadores que pontilharam a sua história.

A construção do direito dos Estados do Mercosul veio então a se fazer sob os signos do formalismo e do europeísmo. Com efeito, as influências predominantes - inglesa no âmbito econômico - e francesa no cultural - produziram o modo de pensar das elites. Neste, a aparência como a consciência eram de modernidade, mas a essência e o inconsciente preservavam o comportamento tradicional.

O resultado pode ser exemplificado por Pedro II, sua resistência à abolição, em sua relutância diante da modernização e da industrialização preconizadas por Mauá. Todavia, é o mesmo monarca que mantém correspondência com Victor Hugo e dá subsídios a Graham Bell para desenvolver o telefone. Modernidade, sim, mas de discurso à distância; aqui, senzalas e Poder Moderador...

Esse tipo de esquizofrenia intelectual ainda persiste em nossos dias, com personagens e temas diferentes, mas com a mesma postura estrutural de resistência do arcaico ao novo, do tradicional ao moderno, da reação dos cristalizados no passado contra os que vivem os seus dias, reagindo a dados da realidade, e não a fantasmas.

Estas variáveis, econômica e cultural, deformam o mundo do direito na região, fazendo dele, em certas circunstâncias, uma abstração[5] inatingível para os que não dispõem de poder efetivo. O processo tende mais a se inspirar na obra de Kafka do que a realizar sua missão[6] democrática.

Isso ocorre em diferentes graus, considerando cada país ou situação, mas obedece ao mesmo modelo de comportamento. Isso explica a atitude dos governantes, que se acham situados acima do direito (ou de serem eles, e não a vontade dos povos a sua fonte), a das elites intelectuais que - na direita ou na esquerda - pretendem saber melhor que o povo o que lhe convém. A isso se contrapõe, pelas razões sociológicas apontadas e pela cultura de torre de marfim da academia, a visão dogmática e formalista da democracia e do sistema jurídico como meio de afirmar o estado de direito e a garantia dos direitos individuais.

---

coincidência da queda de Granada com a descoberta da América por Cristóvão Colombo. A Reconquista era uma cruzada, porque se queria também converter os autóctones, ao mesmo tempo em que os territórios ocupados passavam a ser do Rei que os havia trazido para o Cristianismo. Era uma ocupação territorial, uma expansão das fronteiras.

[5] Quiçá isto explique a interpretação que alguns dão ao positivismo kelseniano, ou o apego de outros a escolas de direito natural já arquivadas no textos de história por parte de outros.

[6] Estas circunstâncias - e certamente outras que não cabe discutir aqui - fizeram com que no Brasil se chegasse a uma valorização do consensualismo e do pragmatismo.

Foi nessa perspectiva que se engendrou, equilibrando-se em constante malabarismo, a construção dos sistemas jurídicos dos Estados que compõem o Mercosul.

Surpreendentemente, é sob a ótica do pragmatismo que o Mercosul vem sendo construído como uma proposta de regionalização, na era da globalização. Não foi criado como oposição a esta, mas como veículo para uma inserção mais adequada e meio de evitar relação de dependência e marginalidade (ou reduzi-la) que, isoladamente, os seus integrantes talvez não alcançassem.[7]

Entretanto, as características culturais da região acima referida informam as interpretações e a avaliação de muitos sobre o sistema para solução de divergências que aí se instituiu. Será preciso então que se tenha em mente - e cada um deve procurar fazer esse exercício por si mesmo - quais os interesses nacionais que melhor são atendidos por este ou aquele modelo, levando em conta não só os dados da atual realidade, como, também, por inevitáveis, os históricos.

Para isso é preciso saber com que elementos - dada a inspiração predominantemente européia dos sistemas jurídicos da região e a formação de seus operadores - se contou. Ou seja, que experiências havia e quais os precedentes, vividos na experiência ocidental, se utilizaram como modelos. A seguir, impõe-se refletir sobre como o aproveitamento desses dados permitiu o enfoque pragmático, e qual a validade e as perspectivas deste.

4.2. SISTEMAS PARA A SOLUÇÃO DE CONTROVÉRSIAS: MODALIDADES

A humanidade, no curso da história, desenvolveu várias modalidades de sistemas para solução pacífica de controvérsias internacionais,[8] cujas características tentaremos extrair, para, depois, examinar o impacto que tiveram sobre a escolha feita pelo Mercosul, visando a determinar quais os elementos políticos que levaram à escolha do modelo, em seus tratados institutivos.

Várias são as modalidades de sistema para solução pacífica de controvérsias internacionais, as quais se desenvolveram, nos tempos modernos, mais mediante processos de integração, por razões de

---

[7] Cf. Kym Anderson e Richard Blackhurst, (org) Regional integration and the Global Trade System, Harvester Wheatsheaf, Hemel Hampstead, 1993, p. 21 e ss.

[8] O termo controvérsias será empregado neste texto no seu sentido mais amplo correspondente ao de "differend" ou "litige" em francês ou na terminologia de Carnelutti, "lide". Também anoto que é usado como noção pré-jurídica, embora descreva situação juridicamente relevante.

ordem política e econômica. Foram estas que levaram a que o objetivo de alguns dos mecanismos consistisse em resolver controvérsias nas quais um desses aspectos predominava sobre os demais. Entretanto, não podemos esquecer que a concepção e a escolha dos modos, pacíficos ou não, para solução de controvérsias é sempre política, já que esta, ao final das contas, está presente mesmo nas divergências econômicas. Por isso, há que destacar o papel da soberania. Ela constitui o principal personagem - há quem diga obstáculo - nos sistemas para solução de controvérsias internacionais, já que os personagens são os Estados.[9]

Para ordenar a exposição, recordo brevemente essas origens, já que a noção de soberania está na raiz das disputas internacionais e das formas para solucioná-las.

O conceito de soberania foi desenvolvido principalmente a partir dos escritos de Machiavelli, Jean Bodin e seus contemporâneos,[10] e serviu para modelar o Estado moderno (cuja origem tradicionalmente se convenciona datar na Paz de Westphalia, de 1684, onde se situa também usualmente a origem do direito internacional moderno[11]), não admitia nenhum poder superior ao do soberano.

Por outro lado, a expansão colonial iniciada por Portugal e Espanha, com a conquista de "novos mundos", levou à invenção do mundo como mercado,[12] dando origem a uma concepção de Estado cuja fundação política foi pensada por Hobbes, que introduz o povo como fonte da legitimidade.[13] É Hobbes quem exprime a idéia do contrato social, depois recuperada, em outros termos, por Rousseau.

A idéia da fraternidade, entretanto, sempre persistente no pensamento dos filósofos[14] e nos ensinamentos religiosos, foi retomada

---

[9] Entretanto, é bom ter presente que atores privados cada vez mais vão conquistando espaços neste campo, deixando de ocupar o lugar modesto que lhes reservava o sistema de proteção diplomática. No campo dos direitos humanos, por exemplo, há um acesso bastante amplo para que se diga existente o direito de as pessoas recorrerem a tribunais internacionais, ainda que estes sejam na maioria de caráter regional, como a Corte Européia de Direitos Humanos, ou o Tribunal de S. José da Costa Rica. No âmbito econômico, como se verá, algumas organizações internacionais começas a abrir as portas de sistemas nos quais os particulares podem opor-se a Estados, internacionalmente, como se verá.

[10] V. Gérard Mairet. *Le principe de souveraineté Histoires et fondements du pouvoir moderne*. Paris, Gallimard, 1996, passim.

[11] Cf. por exemplo, R. Redslob, *Histoire des Grands Principes du Droit des Gens*, Paris, 1923, p. 213. "on peut dire qu'en 1648 apparaît pour la première fois dans le monde du droit des gens, une conscience universelle. La vision nouvelle qu'un statut mondial doit être établi et corroboré par la volonté commune de tous les peuples, voici la conception qui se fait jour à l'issue de la guerre des 30 ans".

[12] G. Mairet, op. cit. p. 44.

[13] Léviathan, Cap. XVII.

[14] Recorde-se Espinosa e Kant.

pelos pensadores do Iluminismo e da Revolução Francesa[15] que lhe associaram a razão, cujo papel ressaltaram, como fundamento das ações humanas. Ao mesmo tempo, ocorria a associação da idéia de Nação ao de Estado, a partir de Sieyès, que anuncia a *soberania nacional*, em seu libelo datado do começo de 89, noção que será adotada pela "Declaração dos direitos do homem e do cidadão", incorporando a idéia herdada do Ancien Régime,[16] cuja forma definitiva, na era moderna, se consolida pela Constituição francesa de 1791:

"La souveraineté est une, indivisible, inaltérable et imprescriptible. Elle appartient à la nation".

Esses conceitos vão influenciar, poderosamente, a formação do direito internacional moderno, dando origem à "Era das Nações" e à territorialização da soberania. Constituía-se esta era o poder incontestado do Estado, sobre o território ocupado pela nação, devendo ambos viver fraternamente, segundo o pensamento dos iluministas.

Se o processo de criação ou individualização de territórios nacionais (não mais domínios pessoais) tem início no Renascimento, é a guerra entre os Estados Nações nascentes que o conclui. Pode-se dizer que o estado de guerra é um corolário da soberania, ou uma conseqüência desta, pois é o meio de afirmá-la. A soberania então só existe quando é incontrastada, o que só pode ocorrer dentro de um território, e caberia ao direito fazer com que cada Estado pudesse exercer sua própria soberania sem interferir no exercício da dos demais.[17]

O que ocorre então é uma atividade de coordenação entre sistemas jurídicos que deu causa à existência do direito internacional privado, ao lado de regras, desenvolvidas pelo costume e pela prática, e depois pelos tratados. Mediante tais regras, os Estados visavam a proteger as respectivas esferas de soberania, que constituirão o moderno direito internacional público.

É então que, na esteira da segunda etapa da Revolução Francesa, o pensamento da paz é posto em novos termos por Kant, cujo *"Projeto para a paz perpétua"*, de 1795,[18] leva à idéia de que uma

---

[15] Veja-se a Declaração dos direitos de deveres dos Estados do Abbé Grégoire, apresentada à convenção em 1795.

[16] No discurso de Luiz XV ao parlamento de Paris, em 3 de março de 1766, na sessão chamada da "flagellation", ele enuncia a idéia de nação para se opor aos desejos dos integrantes dos parlamentos de Rennes e de Pau.

[17] Daí porque, por exemplo Ihering no seu "A luta pelo Direito" toma como exemplo, clássico, o fato de que um Estado não pode ceder um centímetro sequer de seu território, ou os tratados de direito internacional dedicavam tanto espaço ao navio de guerra, à extraterritorialidade das embaixadas, etc.

[18] Emanuel Kant, *Oeuvres Complètes*, Paris, Gallimard, Bibl. de La Pléiade, 1986, tomo III, p. 343 e ss.

situação de fato pode conduzir a uma situação jurídica e ao reconhecimento da necessidade de se buscarem soluções pacíficas, e não bélicas, para as divergências entre os Estados. A paz passa a ser uma idéia reguladora que tira as Nações do estado de natureza. Assim, na mesma linha do *abbé* de Saint Pierre, passando por Rousseau, Kant introduz a noção de que o domínio do direito se situa também no exterior dos Estados, permitindo fundar no direito a possibilidade da paz.

A idéia do pensamento clássico - de que a paz era o conteúdo da política - é atacada por Clausewitz, para quem a paz depende da capacidade que tem uma Nação de obrigar outra, ou outras, a obedecer à sua vontade. A concepção que propõe não é mais a da paz fundada no acordo de vontades, mas, na eliminação de uma delas. A guerra passa a ser uma modalidade da vontade soberana:

"La guerre d'une communauté de nations entières et notamment de nations civilisées, surgit toujours d'une situation politique et ne résulte que d'un motif politique. Voilà pourquoi la guerre est un acte politique".[19]

Paradoxalmente, é a partir dessa concepção de soberania, absoluta, que surge um esforço para se elaborarem procedimentos que permitam aos Estados proceder a uma valoração política e, depois, jurídica, que os leve a concretizar a solução da controvérsia de modo pacífico.

Isso se fazia pelos meios que representavam a menor interferência na soberania, ou seja, pela ordem, a negociação, a mediação de terceiros cujos bons ofícios fossem aceitos e, último recurso, pela arbitragem, ressuscitada.[20] Se nada disso desse resultado (ou se houvesse a certeza da vitória) pela via bélica.

No suceder das idéias, Hegel e Marx empreendem a destruição do conceito de Nação; para Marx, foi substituído pelo de classe.

Essa obra leva à erosão do conceito de soberania até então vigente, que passou a se configurar em nosso século de outra forma.

Como bem apontou Hannah Arendt, no seu *Origens do Totalitarismo*, este conceito abalou a comunidade humana no que ela possuía de mais fundamental, a idéia do que há de comum entre um ser e outro, a qual funda a possibilidade da *res publica*, que foi destruída pela experiência totalitária.

---

[19] De la Guerre, Trad. Naville, Paris, Ed. De Minuit, 1955, p. 66.

[20] Há freqüente menção à arbitragem entre as cidades-estado gregas nos textos de direito internacional. Historicamente, porém, há poucos registros. O mesmo ocorreu nos tempos dos romanos. Para uma visão crítica, ver B.M. Taube, *Les origines de l'arbitrage international. Antiquité et Moyen Age*. RCADI, T.42 (1932 IV) 1-115.

Sua reconstrução recomeça com a Carta das Nações Unidas, que incluiu uma obrigação jurídica, mais que moral, de buscar a solução pacífica das divergências, retomando o fio do pensamento que Kant havia desenvolvido. O que se fazia antes, desordenadamente, passa-se agora a fazer de modo regrado.

Dessa forma, a cada idéia desenvolvida no curso da história - de Nação, de Estado, de soberania - corresponderam concepções diferentes de formas para a solução de disputas, embora os instrumentos adotados tivessem formalmente alguma semelhança. As diferenças eram, são e serão decorrentes da maneira como se concebem os personagens, e das causas que dão origem às disputas. Estas, que haviam sido predominantemente dinásticas e territoriais, perderam o caráter dinástico - que foi substituído pelo ideológico ou político - abandonam o caráter territorial, para adquirir o econômico. Simultaneamente, a obra de séculos de direito internacional, associada às mutações tecnológicas e políticas, erodem o conceito tradicional de soberania externa. Este, entretanto, resiste, pois o conceito de soberania interna lhe proporciona o reforço de que necessita para ir resistindo.

É sobretudo nos mecanismos para solução de disputas que a soberania se afirmou, e é neles que evolui para um novo conceito, que visa a assegurar a paz e o comércio entre as nações. Vejamos então, abandonando as digressões históricas, quais são os modelos, presentes neste século, de sistemas para solução de divergências entre Estados, e as finalidades a que se destinaram, assinalando que podem ser classificados em dois padrões: o tradicional, de alcance maior e em que predomina o político, e o econômico, de menor alcance.

4.2.1. O padrão tradicional para solução pacífica de controvérsias

Ao falar em modelos, estaremos focalizando sistemas, que incluem várias modalidades ou métodos, para se alcançar a solução pacífica de divergências entre Estados, e que foram criados pelo direito internacional. Não é o caso de nos aprofundarmos na história. Podemos começar com o século ora que se vai extinguindo.

O sistema precursor, na era contemporânea, é o da Convenção da Haia de 1899.[21] Ela foi revista em 1907, na segunda Conferência da Paz, também realizada em Haia, de que resultou um novo tratado,

---

[21] Veja-se para uma curta história do direito internacional, inclusive deste período, José Luiz Fernandes Flores, *Derecho Internacional Público*, Madrid, Editoriales de Derecho Reunidas, 1980, p. 731 e ss.

na esteira do primeiro, ambos devendo ser considerados como uma unidade.

4.2.1.1. O modelo tradicional: elementos tradicionais

Este modelo entroniza oficialmente a solução pacífica de disputas como regra de direito internacional, pois, no dizer de um autor, cria "un 'derecho de la paz' para cuyo mantenimiento se recurrió a medios como el arbitraje".[22]

Como se disse, o direito internacional evoluíra, até então, partindo do ser, essencialmente, o direito da guerra, para outras concepções. É interessante que, embora o modelo fosse destinado a resolver questões de conteúdo predominantemente político, foi nos tratados de comércio que se buscaram as regras, - construídas pouco a pouco, - para serem integradas no direito internacional. É aí que, a partir do século XVIII, se vai buscar a arbitragem, quase esquecida nos séculos anteriores, para dar-lhe relevo no sistema que se criava. Com efeito, o fato de caber aos soberanos a escolha de resolver a disputa por árbitros, de indicá-los e de fixar os limites de sua atuação casava-se plenamente com a noção então vigente de soberania. Ao mesmo tempo, as negociações, a conciliação e outras fórmulas diplomáticas também se encaixavam nesse contexto.

Com as convenções da Haia, acima referidas, esta fórmula para solução de controvérsias recebe uma consagração definitiva como método para solução pacífica de controvérsias internacionais, sendo sistematizada.

Lamentavelmente, as Conferências da Paz não conseguiram evitar que, poucos anos depois, fosse deflagrado um terrível conflito. O choque que a humanidade sofreu, com a barbárie e a extensão da I Grande Guerra, gerou a Sociedade das Nações, em 1919, e, como dizia Miaja de la Muela,[23] com ela "se abre un periodo en la evolución del Derecho de las Gentes radicalmente distinto a los anteriores".

Criou-se, no segundo tratado, a Corte Permanente de Justiça Internacional, preservada a Corte Arbitral Permanente, mantendo-se o modelo para solução de divergências de 1899, dividido em fases diplomática (negociações) e jurisdicional (arbitragem e submissão à CPJI).

A característica do modelo era - preservando a liberdade inerente à concepção de soberania dos Estados, então vigente - tornar

---
[22] Id., p. 749.

[23] Adolfo Miaja de la Muela, *Introducción*, Madrid, 1979, 7ª ed. Segunda Parte, p. 563.

as questões objeto de negociações diplomáticas e, na impossibilidade de uma solução através destas, submeter a terceiros à determinação do direito. Com isso, queria-se levar os Estados a aceitarem a jurisdição da CPJI ou de um tribunal arbitral internacional. Mas essa fórmula apresenta o defeito fundamental de não ser vinculante para aqueles a quem se aplica, e, ademais o de não ter sanções eficazes.

Novamente uma guerra de grandes proporções sucedeu ao colapso da Liga das Nações, e ao seu término a humanidade procurou, outra vez, reassegurar princípios que a levem à paz e à solução pacífica das controvérsias entre os Estados.

Assim é que, na Carta das Nações Unidas, vamos reencontrar a idéia para solução pacífica das divergências, mas convertida em dever de todos os Estados. O seu artigo 33 estabelece essa obrigação e os procedimentos a seguir. Estes se apresentam como forma de cumprimento da referida obrigação: negociações, inquérito, mediação e conciliação. O artigo 36 dá ao Conselho de Segurança a faculdade de recomendar o procedimento mais adequado, procurando evitar impasses resultantes da dificuldade de comunicação, mas também levando em conta o dado político de que no Conselho tinham assento permanente as maiores potências da época.[24]

O primeiro desses procedimentos (que recordaremos muito sumariamente), o mais elementar, e, ao mesmo tempo, o mais difícil e complexo, é o *acordo*, que nasce das *negociações*. Ele cria uma nova situação política e jurídica.

As negociações, como decidiu a CPJI,[25] são um

"méthode légale et régulière d'administration suivante lequel les gouvernements, dans l'exercice de leur pouvoir incontestable, poursuivent leurs rapports mutuels et discutent, ajustent et règlent leurs différends"

Como se vê, a Corte ressalta o aspecto da soberania, mesmo nas negociações, lembrando que os governos nelas se engajam "dans l'exercice de leur pouvoir incontestable".

Do ângulo político, o acordo é uma solução ou fórmula que satisfez às partes e, do ponto de vista do direito internacional público, resulta na *criação de uma norma de conduta*, ainda que aplicável tão-só às partes envolvidas no caso.

---

[24] O fato é que apesar de todos estes tratados e regras continua-se a recorrer a atividades belicosas. Quiçá foi por isso que se decidiu na Assembléia Geral da ONU, em 24 de outubro de 1970, aprovar uma declaração relativa aos princípios do direito internacional relativos às relações amigáveis e à cooperação entre os Estados.

[25] Caso Mavrommatis, Série A, n°. 2, p. 62.

A dificuldade do acordo levou à busca de fórmulas que o facilitassem: são os *bons ofícios e a mediação*, procedimentos que foram vistos como iguais, mas que variam quanto à sua intensidade. No primeiro caso, há apenas a transmissão de informações e propostas, visando a facilitar a compreensão do problema e a reaproximação das partes; o segundo implica um esforço consciente para que se chegue ao acordo, um conteúdo persuasivo que não parece presente nos bons ofícios.[26]

A *conciliação*, figura próxima, costuma ser desenvolvida por órgãos criados para esse fim, as comissões de conciliação. Estas podem ser *ad hoc* ou institucionais, existindo no seio de algum organismo internacional. Sua função é preparar um relatório no qual propõe os termos para a solução da controvérsia, onde se combinam aspectos políticos e jurídicos.

Aparentada a esta fórmula situa-se, também, a comissão de inquérito, cuja função é examinar os fatos ou o fato, e, a partir desse exame, apresentar suas conclusões, determinando a realidade, que supostamente as partes não teriam conseguido ver.

Tanto no relatório da comissão de conciliação como na de inquérito, não há obrigatoriedade. Uma propõe solução para a controvérsia, outra para um ponto de fato, o que permitiria às partes chegar à solução de sua divergência. Ambas dependem de atos de vontade dos envolvidos, que consistem em aceitar a instauração da comissão e a proposta feita por esta. Essa fórmula repousa na concepção de soberania vigente, de que os Estados são livres e decidem de acordo com os próprios interesses (os quais, como é obvio, incluem a existência de um estado de direito) e valores.

O acordo é, pois, a solução a que se vai chegar através da intervenção das comissões de conciliação ou de inquérito.

Mas a eliminação da divergência pode vir de um fato ou ato jurídico diferente do acordo: a sentença internacional.[27]

A sentença internacional nasce da aceitação prévia, pelos Estados envolvidos, de uma norma de direito internacional - multilateral, plurilateral, ou bilateral, - criada mediante um acordo de vontades, o tratado em que se delega a um terceiro a solução da controvérsia, e em que a decisão deste encontra seu fundamento jurídico último.

---

[26] Esta descrição é sumária, e deixa de lado detalhes e variantes doutrinárias de concepção.

[27] Alguns autores como G. Morelli, *Soluzione Pacifica delle controversie internazionali*, Napoli, Ed. Scientifiche Italiane, p. 53 e ss. entendem que a sentença é fato jurídico; outros, que seja ato. Não é o caso de discutir aqui este ponto.

Assim, na *essência*, a sentença de um tribunal internacional não difere de um laudo arbitral internacional. As diferenças são de *forma e procedimento*.

Tanto o árbitro como o juiz internacional não têm poder, pois não há um órgão de que este possa emanar, assim como não há um superestado, ou organismo, superior aos Estados, que possa aplicar sanções. Também estas nascem do acordo, pelo qual os Estados as admitem.

Esse aspecto da sentença internacional - oriunda de um tribunal ou de um árbitro - tem causado muita confusão quando se ignora o direito internacional e tenta-se raciocinar em termos do ordenamento interno, aplicando àquele as regras deste.

Se, no interior dos sistemas jurídicos nacionais, o Estado *tem o poder jurídico de decidir* sobre as controvérsias (*jurisdictio, potestas judicandi*), poder este que lhe permite admitir que os particulares derroguem à regra geral, elegendo a solução arbitral, no sistema internacional, por inexistir esse poder, o juiz e o árbitro internacional estão em pé de igualdade, pois não há poder superior ao dos Estados nem existe regra geral para ser derrogada.

Em suma, no direito internacional, são os próprios sujeitos do direito que outorgam a ambos, juiz e árbitro, pela mesma via dos tratados, a *potestas judicandi*. Com efeito, como acentua o antigo brocardo, *pars inter parem nem habet jurisdictio*, ainda é característica da soberania a igualdade formal de todos os Estados.

Esse modelo clássico foi aplicado às disputas de natureza política, mas, com o aumento do conteúdo econômico comercial das relações internacionais, sofreu mudanças que atenderam às novas realidades. Estas, por vezes, seguiram essa mesma fórmula, com poucas alterações, como ocorreu no caso do Benelux. Em outros casos, enveredaram por fórmulas que procuraram desenvolver o aspecto político, para criar um ente supra-estatal, como ocorreu na União Européia.

a) *A variante do Benelux.*

No caso do Benelux, nas linhas gerais, seguiu-se o modelo clássico, modificado apenas para alcançar maior eficácia relativa, pois era preciso apressar a solução dos problemas. Não se desejou inovar, mas adaptar. Ademais, os problemas que poderiam surgir eram tanto políticos quanto econômicos, e convinha, em certos casos, dar-lhes conteúdo jurídico.

À fase de negociações seguem-se as demais, terminando pelo recurso à arbitragem, feita por uma corte permanente. O conceito clássico de soberania é cuidadosamente preservado pelo modelo, em cada uma das suas fases.

A fase arbitral, entretanto, constituiu objeto de maior cuidado quanto à regulamentação. Competiu à instância arbitral estabelecer a interpretação do tratado no tocante às regras convencionais comuns a todas as partes, e avaliar a legalidade de sua aplicação no interior de cada país.

O Capítulo 7 do tratado Benelux cuida do colégio arbitral atribuindo-lhe a missão de

> "régler les différends qui pourront s'élever entre les Hautes Parties contractantes en ce qui concerne l'application dudit Traité et des dispositions conventionnelles relatives a son objet".[28]

Estabelece, ademais, que as decisões são definitivas e sem recurso, assim como o é a jurisdição da corte arbitral (art. 46 de Tratado Benelux).

Ficou aberta, entretanto - em decorrência do conceito de soberania vigente à época -, a possibilidade de não-execução. Com efeito, o tratado não prevê - o que, como sabemos, é elemento importante - a obrigação de cumprimento automático da decisão em determinado prazo, tendo as partes se submetido, automática e obrigatoriamente, à jurisdição da CIJ para julgar esse caso de responsabilidade internacional (art. 50 do tratado Benelux, art. 36, II do Estatuto da Corte).

Não há acesso dos particulares ao sistema, como explica o *Comentaire Commun*:

> "A défaut de contact direct entre les institutions de l'Union et les populations des trois pays, il n'y aura en pratique sur le plan international aucune matière à litige autre que des différends entre États. Aussi le Traité organise-t-il un arbitrage du type classique".[29]

Como vemos, não se deu aos particulares acesso direto, mas, conservando a tradição do direito internacional, eles o têm indiretamente, pela via da proteção diplomática.

A impossibilidade de acesso dos particulares, ou melhor, o fato de que só os Estados podem ser partes, o que também existe no GATT, tem sido objeto de críticas, aqui e acolá, em razão do modo pelo qual se desenvolveu a internacionalização da economia.

---

[28] F. Dummon. *La Cour de Justice Benelux*, Bruxelas, Bruylant, 1980, p. 31.

[29] Jacques Karelle et Fritz de Kemmeter. Le Benelux Commenté. Bruxelles. Ets. E. Bruylant, 1961. p. 104.

A obtenção da proteção diplomática, como nós sabemos, é difícil, embora haja ocorrido com relativa freqüência.[30] De qualquer modo, tem por conseqüência - pouco agradável aos particulares - o predomínio do interesse público sobre o privado.

As variantes do modelo apresentam graus diferentes de efetividade, mas têm um defeito comum: a possibilidade de ocorrerem dificuldades na execução da decisão arbitral em razão da resistência dos Estados.

No Benelux a previsão é de recurso à CIJ em caso de os Estados se recusarem a cumprir a decisão arbitral. Mas, a quem recorrer no caso de descumprimento de decisão da Corte? Assim, não há, nesse modelo, nem automatismo nem sanção efetiva para a obrigatoriedade da decisão. Quanto a esse último aspecto, pouco se evoluiu nesta órbita, preservando-se os problemas existentes no âmbito político, embora haja ocorrido melhoras no panorama jurídico.

Entretanto, é esse ainda o padrão dominante na prática internacional, devendo-se registrar que foram sendo criados mecanismos paralelos, para certos tipos de problemas e divergências.

Em nossos dias, utilizam-no, ainda com esse perfil tradicional, o CIRDI, o NAFTA,[31] os acordos entre Chile e Estados Unidos, os acordos entre o Chile e a APEC, e assim como o próprio tratado da APEC. Isso, para não falarmos dos acordos comerciais passados pela União Européia com outros países.[32] Todos esses acordos estabelecem as duas fases: diplomática e arbitral. Esta vai ganhando mais precisão e relevo nos diferentes casos.

Variam, entretanto, os detalhes, o tempo e os prazos, assim como o modo de escolha dos árbitros ou peritos, mas não se modifica a estrutura básica, que se mantém sempre a mesma - a arbitragem sucede a uma fase negocial, e só ocorre quando esta falhou. As formas da soberania são preservadas, quando não seu conteúdo.

Um modelo, todavia, que seria inexato chamar de internacional, foi desenvolvido de modo inovador: o da integração européia, onde se instituíram órgãos supranacionais para reger um processo de integração que se desejava ver levado ao grau mais avançado: o da união política.

---

[30] Veja-se, a relação de casos apresentados por Jean Combacau, na sua obra conjunta com Serge Sur, *Droit International Public*, Paris, Montchrestien, 2a. ed. 1995, p. 621 e ss.

[31] É importante ressaltar que no caso dos acordos Canadá-EUA, assim como no caso do NAFTA, vamos ver que o modelo tradicional persiste sem grandes modificações para aquelas matérias de conteúdo predominantemente político, mas apresenta diferenças no caso de outros tipos de divergência, como se verá.

[32] Cf. Jean Victor Louis, Marc André Gaudissart e Lode van den Hente, "Les clauses de règlement de différends dans les accords passés par l'Union Européenne", in *l'Arbitrage et le Droit Européen*, Bruxelles: Bruylant, 1997, p. 146 e ss.

b) *Das Comunidades à União Européia: a supranacionalidade: evoluindo para uma estrutura federativa.*

O modelo que foi inaugurado pela Comunidade Européia do Carvão e do Aço (CECA), e que mais tarde se estendeu às Comunidades Européias, reproduz a estrutura dos sistemas existentes no interior dos países organizados como federação (ainda que a competência dos tribunais superiores destes possam ter mais amplitude de competência que o europeu). Ali a semente foi a CECA, onde o conteúdo das questões era técnico e econômico, e a delicadeza da situação aconselhava a jurisdicizar as questões, para esvaziar o seu lado político.

Criou-se no seio da organização um órgão supranacional com poderes judicantes, que é o Tribunal.[33] O modelo deste é um híbrido entre CIJ e as cortes constitucionais dos países europeus - pela sua origem, pela independência dos juízes e por outros elementos - mas apresenta diferenças substanciais em relação à primeira, aproximando-se, sem maiores limitações, das últimas.

A matéria de sua competência é ligada ao comércio e a integração, mas encontra o limite de operar no interior de uma zona, a do mercado comum europeu. Além disso, a submissão dos Estados é automática e obrigatória. É a corte que interpreta a norma comunitária que foi erigida em nível hierárquico superior aos direitos nacionais.[34] Nisso, são evidentes as semelhanças com um tribunal federal superior.

As ações cabíveis têm natureza declaratória, e não executiva, em matéria de direito comunitário. Podem ser a ação declaratória incidental de caráter prejudicial (na qual os juízes nacionais pedem ao tribunal que interprete as regras de direito comunitário que irão aplicar), os recursos de anulação e carência (que visam a assegurar o controle da legalidade dos atos ou omissões das instituições) e a exceção de ilegalidade. Os últimos permitem o controle direto; o primeiro, o controle indireto.

O sistema tem, ainda, competência executória nas ações para a apuração da responsabilidade civil extracontratual das Comunidades, e nas reclamações dos funcionários comunitários.

---

[33] Posteriormente à sua fundação o Tribunal teve dividida sua competência entre o Tribunal de Justiça e o Tribunal de primeira instância.

[34] É importante anotar que essa superioridade hierárquica opera tão-só em determinadas matérias, e o entendimento da doutrina tem sido de que a norma comunitária, no seu âmbito, supera o direito constitucional dos países que integram a União Européia. Poder-se-ia dizer também que ela integra o seu regime constitucional, o que daria no mesmo resultado prático. Não cabe aqui discutir este ponto, que é complexo e foge ao nosso tema.

Finalmente, o sistema pode incluir competência arbitral, quando esta lhe é assegurada por cláusula compromissória.

Não há a necessidade de proteção diplomática nos casos em que os particulares têm direito de agir. Pode, assim, ocorrer o acesso dos particulares, de plano. A eficácia das sentenças, nos casos de competência do Tribunal, é similar à das oriundas dos juízes nacionais, em razão do que dispõem os tratados instituidores das Comunidades e os direitos nacionais.

Entretanto, como bem acentua Combacau "c'est là une des pièces principales d'un système juridique fédéral dont les ressorts sont pour l'essentiel étrangers au droit international".[35] Por essa razão, estamos diante de um sistema que seria imprudente chamar de internacional, e onde o jurídico prima sobre o econômico e o político.

É sua semelhança com o direito interno que faz com que juristas que não têm formação especializada em direito internacional sejam levados a imaginar a possibilidade de sua transplantação para outros sistemas, de caráter nitidamente internacional, sem atentar para as diferencias de propósito que cercaram a construção de cada um desses modelos, e que são justamente o que lhes conferem validade.

4.2.1.2. Introdução do elemento econômico: a evolução dos modelos

Concebido para a solução de conflitos de natureza eminentemente política (embora o econômico estivesse subjacente), o modelo que descrevemos poderia servir de fundamento para o que é adotado por instituições internacionais de caráter econômico, em especial pelo GATT, em 1947, em que o elemento preponderante era a natureza comercial do objeto da divergência. Com efeito, nele foram buscar os instrumentos para o sistema que se construiu.

Tratava-se, no caso do GATT, não de assegurar a paz resguardando a soberania, mas, sobretudo, de dar cumprimento às normas livremente acordadas entre as partes sobre o seu comércio exterior, assim como a aplicação a princípios daí decorrentes. É claro que a problemática da soberania se encontrava presente, assim como a relutância, que decorre dessa concepção, de aceitar que terceiros resolvessem os litígios. A necessidade de se atender a esses dois objetivos leva sempre a soluções de compromisso, em que a perfeição ideal nunca é atingida, mas sempre sacrificada no altar do pragmatismo.

O modelo que vai surgir caracteriza-se pela flexibilidade; suas regras são complexas e não foram elaboradas de acordo com proce-

---

[35] *Opus cit*. p. 624.

dimentos jurídicos. Elas constituem, isso sim, fruto de uma construção consensual em que, em lugar de se buscar a maior precisão, procurou-se, ao contrário, dar-lhes latitude e vagueza, para que pudessem ser aceitas por todos; cada qual interpretando os termos como lhe convinha.

Isso fez com que conceitos pouco usados no direito internacional - como o de "razoabilidade", por exemplo - passassem a ter um papel importante.[36] De outro lado o conceito de "cooperação", valorizado pela ONU e presente em sua Carta, além de abundante em seus documentos, permeia esse tipo de acordo e os mecanismos para solução de disputas que utilizam.

a) *O Modelo do GATT e o tradicional*
As diferenças aparecerão nesses dois casos, tanto nos objetivos - que já referimos - como nos efeitos da intervenção dos terceiros (eis que os procedimentos de negociação formalmente não se alteram[37]) e em suas conseqüências.

Do ponto de vista substancial, é importante ressaltar que as dimensões econômica e comercial são diferentes da política, e independem desta apenas sob um ponto de vista relativo. Isto se reflete nas disputas e seus efeitos.

O peso militar da população é substituído pelo do mercado, enquanto o treinamento e a belicosidade dos exércitos têm seu lugar, nos cálculos dos políticos, ocupado pela preparação tecnológica da força de trabalho e pela capacidade de produção. A poupança acumulada faz as vezes de arsenal, e os sistemas de informação visam mais aos segredos industriais e comerciais que aos militares. As diferenças vão daí para fora, e refletem-se no poder relativo dos países dentro do contexto internacional, o qual não corresponde diretamente ao seu poderio militar. Essa afirmativa é exemplificada pelo Japão.

Por isso, foi necessário elaborar novas fórmulas para solução de controvérsias, modificando e adaptando as existentes, e visando a dar-lhes efetividade, mas preservar a soberania.

As variantes desenvolvidas partem do modelo do GATT e se afastam, em alguns aspectos, do modelo tradicional. Nelas, fica clara a predominância da natureza econômico-comercial do objeto das disputas visadas pelos modelos, refletindo-se e essa preocupação

---

[36] Cf. Jean J. A. Salmon, *Le concept du raisonnable en droit international public*, Mélanges offerts à Paul Reuter, *Le droit international: unité et diversité*, Paris: Pédone; também Robert Legros, L'invitation au raisonnable, Revue régionale de droit, Namur-Luxembourg, 1976, I, p. 6 e ss.

[37] Embora, como disse, o papel da cooperação seja aí importante.

nas sanções e na natureza das decisões tomadas pelos terceiros convidados a intervir na solução das controvérsias.

b) *Solução de controvérsias no GATT*
Com efeito, foi anotado com inteligente acuidade que:[38]

"A vida econômica no mercado caracteriza-se pela conjuntura e pelo aleatório, que podem alterar a reciprocidade dos interesses - sobretudo porque se trata de uma reciprocidade derivada da equivalência das vantagens e não da identidade das trocas. ... (*omissis*) ... A consulta na elaboração do direito, leva a normas que têm mais a característica de um *standard* jurídico que o da tipificação rígida das condutas, posto que a tipificação não capta a mutabilidade da vida econômica".

Assim, a solução de disputas no seio do GATT começa com a obrigação de consultar (art. XXII, mas presente em muitos outros artigos do tratado).

As consultas constituem a oportunidade para as partes ventilarem os fatos sob vários ângulos, cada qual podendo avaliar o interesse da outra. É, também, a ocasião da avaliação das suas respectivas posições jurídicas. Desse conhecimento e julgamento subjetivo por cada qual é que pode nascer a conciliação. Trata-se, aí, na essência, de uma fórmula de apuração de fatos.

O painel, etapa subseqüente, é mais uma comissão de inquérito que um tribunal arbitral,[39] o direito aparecendo ou sendo explicitado à luz do fato econômico. Sua função, como explicita documento do GATT[40] é de:

"review the facts of a case and the applicability of GATT provisions and to arrive at objective assessment of these matters"

As conclusões do painel, quando eram assumidas pelas Partes Contratantes, transformavam-se em recomendação a ser proposta, ou deliberação (*ruling*), conforme o caso (art. XXIII, 2 do GATT). As opiniões dos peritos, os *reports*, têm *efeito de recomendação*, mas essa poderia ser recusada pelo Conselho, e seria inaplicável se não ocorresse unanimidade. Alcançada esta, a decisão seria obrigatória.[41]

---

[38] Cf. Celso Lafer, na conferência citada, p. 17 e ss.

[39] V. a propósito Pierre Pescatore, *Drafting and Analizing Decisions in Dispute Settlement*, reimpressão do Handbook of WTO/GATT Dispute Settlement, New York Transnational Publishers, 1995, p. 17.

[40] Agreed Description of Customary Practice of the GATT in the field of Dispute Settlement (art. XXIII-2) *in GATT Analitical Index*, p. 589.

[41] Essa e outras características mudam com o advento da OMC.

Embora aumentada a efetividade, quando em confronto com o sistema tradicional, e despeito de haver sanções para o descumprimento, ainda sim elas não alcançavam um grau ótimo (as diferenças relativas de volumes de comércio e importância dos países também contribuíam para esvaziar o significado das sanções).

Os acordos elaborados na década de 90 - dentre eles o Mercosul e o Acordo Canadá-EUA - introduzem novidades no modelo do GATT. Essas são uma evolução no sentido de criar mecanismos especiais para determinados tipos de matérias.

c) *O Acordo EUA-Canadá e o NAFTA: Diversidade de modelos*

Criado por tratado de 17 de dezembro de 1992, que entrou em vigor em 1º de janeiro de 1994, o NAFTA representa uma expansão do acordo EUA-Canadá,[42] tal como o Mercosul foi sucessor de acordos entre Argentina e Brasil.

O NAFTA, como é conhecido o Acordo de Livre Comércio da América do Norte, repousa no GATT. É construído com base na autorização dada pela cláusula XXIV deste, como foi ressaltado desde logo pelo comunicado conjunto em que os presidentes Bush e Salinas de Gortari anunciaram sua intenção de negociar o tratado.

Embora repousando nos princípios do GATT (agora da OMC), o NAFTA tenta ser mais do que aquele, abordando novos temas, justamente os que sempre preocuparam a diplomacia norte-americana quando da negociação do Uruguai Round. Com efeito, tanto o acordo Canadá-EUA, como o NAFTA vão além dos dispositivos típicos de uma zona de livre comércio, incluem regras sobre direito da concorrência e sobre investimentos. Contém - e nisso consiste sua originalidade sob o prisma da solução de disputas - procedimentos especializados para o caso dos investimentos, dos direitos compensatórios e do *anti-dumping*.

Entretanto, apenas o capítulo 20 do tratado, que cuida das diferenças entre Estados, será mencionado, porque representa a busca de novas fórmulas nesse campo.

A primeira e mais importante das novidades é a *obrigação de consultas*, expressa como dever dos membros, no seio da Comissão de Livre Comércio. Outra é a orquestração, por esta, dos procedimentos para solução de disputas, que promove uma certa jurisdicização dos mesmos, e, em que há caminhos que as partes devem percorrer obrigatoriamente, concebidos que foram para permitir-lhe chegar a soluções mutuamente satisfatórias (procedimentos esses, portanto, diplomáticos).

---

[42] Celebrado em 1988, e tendo entrado em vigor em 1º de janeiro de 1989, foi substituído pelo NAFTA.

O *locus* da solução de divergências no NAFTA é a Comissão do Livre Comércio, órgão central que deve proceder à aplicação do tratado.[43] Ela é, assim, mais uma conferência diplomática do que uma instituição permanente autônoma. Reúne-se no mínimo uma vez por ano em sessão ordinária,[44] mas suas atividades são asseguradas pelos governos dos Estados-Partes, através de funcionários que compõem os diferentes comitês e grupos de trabalho instituídos pelo acordo. A Comissão é composta por representantes de nível ministerial ou seus delegados, sendo partes os Ministros ou secretários do Comércio dos três países, designados por cada um.

Os membros da Comissão constituem a interligação entre as Partes e o acordo, e, designados por seus próprios países, são subordinados aos respectivos governos, e sem qualquer autoridade sobre estes. Decidem por consenso e agem segundo instruções dos respectivos países.[45]

Ao criar a Comissão, os Estados-Partes visaram diretamente a fazer-se ouvir, mas sem dúvida, também a ouvir os demais. Pode-se dizer, então, que as relações dos membros da Comissão serão diferentes segundo cuidem do funcionamento do acordo ou de conciliar diferenças de opinião ou divergências entre as Partes. Neste último caso, os membros da Comissão deveriam agir com independência.[46]

É importante notar que, a despeito do detalhamento das regras, no tocante ao modo de proceder da Comissão para conduzir as consultas, não há procedimento fixo, apenas dá-se ao Presidente a atribuição de conduzir o entendimento e exprimir o consenso.[47]

Quase ao mesmo tempo surgia o Mercosul, o qual, por sua vez, propunha outras novidades.

d) *O modelo do Mercosul - internacionalidade atenuada, eficácia reforçada*

O modelo do Mercosul, embora derivando diretamente dos modelos acima examinados, envolve uma evolução que introduz diferenças substanciais.

Vejamos como é configurado hoje, após o Protocolo de Ouro Preto, já que sua primeira fase foi chamada, com razão, de provisória, e serviu para gestar o modelo vigente.

---

[43] Arts. 2001 e seguintes.
[44] Arts. 2001-5.
[45] Arts. 2001-4.
[46] Arts. 2007-5.
[47] Esse é aliás o procedimento no julgamentos coletivos nos EUA, o repórter, em geral o juiz cuja opinião predominou, deve procurar exprimir o pensamento da maioria que o apoiou.

Nele, o procedimento⁴⁸ tem três fases: da *negociação diplomática*, da *intervenção do Grupo Mercado Comum*, que faz uma recomendação (com caráter de recomendação em conciliação ou de comissão de inquérito, conforme o caso); na hipótese de a negociação não prosperar ou a recomendação não ser aceita, passa-se à terceira fase, contenciosa, da *arbitragem*. Nisso não inova grandemente. As diferenças são de detalhes e procedimentos.

Tal como ocorre no NAFTA, inovou-se, em relação ao modelo clássico, introduzindo prazos para cada uma das fases e a obrigatoriedade das consultas.

Se a primeira fase, de negociação e de intervenção do Grupo Mercado Comum, repete o modelo tradicional do Direito Internacional Público, tal como ocorre no caso do NAFTA, a última, da arbitragem, apresenta, sob vários aspectos, todos eles muito importantes, uma evolução interessante.

Essa evolução repousa em três fatores, novos, sob o ângulo da efetividade:

Primeiro, a *submissão obrigatória* dos Estados à arbitragem, no curso do procedimento.

Segundo, pelo fato de que *o laudo é obrigatório* - introduzido que foi no sistema jurídico de cada um dos países, juntamente com o Tratado - deve ser cumprido pelas autoridades locais como se fora lei.⁴⁹

Terceiro, porque há *normas processuais obrigatórias*. Assim as partes não podem mais ver no tribunal arbitral uma sua criatura, pois a submissão preexiste ao litígio. O comportamento deste é predeterminado pela existência de regras processuais. A diferença da arbitragem tradicional é sutil, mas prenhe de conseqüências.

Há aí, por isso, mais do que na Corte Arbitral Permanente da Haia, da qual, Combacau dizia que "elle n'est donc nullement un tribunal permanent, mais une réserve d'arbitres pour des tribunaux *ad hoc* que des États parties viendraient à constituer".⁵⁰

A outra evolução, importante, em que a proposta do Mercosul difere do modelo tradicional, é que *as pessoas privadas têm acesso, direto*⁵¹ *ou indireto*, ao sistema para solução de disputas, conforme previsto pelo Protocolo de Ouro Preto.

---

⁴⁸ Na realidade depois de Ouro Preto passaram a ser dois procedimentos: um endereçado à Comissão de Comércio do Mercosul, e outro ainda nos moldes originais do Protocolo de Brasília, passando pelo Grupo Mercado Comum. Entretanto, estruturalmente são iguais.

⁴⁹ Há quem, na Argentina, entenda que o laudo não é obrigatório. No direito brasileiro não resta dúvida de que é.

⁵⁰ Combacau e Sur, opus cit. nota 25, p. 589.

⁵¹ Antes de ser criada a Comissão de Comércio do Mercosul e modificando o sistema de solução de disputas pelo Protocolo de Ouro Preto, havia apenas a hipótese de acesso indireto. Agora há casos de acesso direto ao sistema.

Finalmente, sem inovar, o modelo se distingue pela competência, específica à aplicação das normas do Mercosul, e no âmbito deste; isto é, só podem ser partes pessoas residentes ou estabelecidas no Mercosul e os quatro países-membros.

4.2.2. Eficácia relativa dos modelos

A avaliação da eficácia relativa dos modelos jurídicos usualmente se faz, visando ao objeto do sistema, sob três enfoques.

Um, o tradicional, em que a avaliação é feita apenas sob o ângulo da dogmática jurídica. Outro, que se lhe opõe, utiliza um critério político-econômico. Finalmente, uma terceira posição, eclética, estabelece um balanço entre os aspectos jurídicos, econômicos e políticos.

4.2.2.1. Posição tradicional - critério jurídico

A posição tradicional, dogmática, baseia-se na estrutura formal do modelo estudado. É, sem sombra de dúvida, uma visão abstrata. Ela abstrai o aspecto político e econômico, e supondo que o direito exista independentemente da realidade que pretende regular ou que nasça fora da história.

Nela, a eficácia relativa do modelo é aferida pela facilidade de acesso ao sistema, e pela certeza de execução das sentenças, sob o ponto de vista dos países envolvidos.

Duas questões, em geral, são propostas: Há acesso dos particulares? Há automatismo na aceitação da jurisdição do órgão?

Havendo necessidade da proteção diplomática para o acesso dos particulares, o modelo recebe uma pontuação baixa, sob esse critério dogmático. Essa se deve à dificuldade e aleatoriedade do acesso ao mecanismo para solução de disputas causada pela discricionariedade do ato do Estado de conceder a proteção diplomática. Aí, pretende-se abolir a soberania, e, eliminando o papel do Estado enquanto árbitro de interesses, substituí-lo pelo interesse privado.

A aceitação da jurisdição, entretanto, como vimos, depende sempre, no direito internacional clássico, da vontade do Estado, e a implementação do laudo será aleatória, pois tem conotações políticas.

Com efeito, a doutrina tradicional do Direito Internacional Público entende que o laudo é aplicável na medida em que coincide com o interesse político do país, que, por isso, pode-se recusar a cumpri-lo.[52] (Novamente a pontuação desce em razão da incerteza jurídica, aí presente, para os critérios dogmáticos).

---

[52] Cf. Gaetano Morelli. *Soluzione Pacifica delle controversie internazionali*, Napoli, Ed. Scientifiche Italiane, 1991, *passim*.

Por isso mesmo, o modelo das Convenções da Haia e o antigo modelo do GATT, embora apresentando diferentes graus de eficácia, são criticados sob um prisma dogmático, pelo seu conteúdo político, eis que foram concebidos para afetar o mínimo possível a soberania dos Estados.

4.2.2.2. Critério político

Este foi justamente o predominante para aceitação de jurisdição e para implementação dos laudos. É por isso que a estrutura do primeiro modelo das Convenções da Haia serviu de base para o do GATT, em que houve apenas os aperfeiçoamentos cabíveis em razão da especialização da matéria. Foi ele o adotado tanto nos modelos clássicos quanto nas evoluções destes, quando há envolvimento de interesses gerais, em especial de caráter político ou político-econômico. Somente quando se desejou trazer a questão para o âmbito da discussão entre particulares, mas em ambiente internacional, foi que se enveredou, como no caso dos procedimentos "anti-dumping" no NAFTA, para procedimentos de outra natureza.

Queria-se, de todas as formas, com a fórmula tradicional, que sempre se repete, preservar a autonomia e a soberania dos Estados. Estes acatariam as decisões segundo que melhor lhes parecesse ou atendesse aos seus interesses.

O raciocínio predominante era ainda político (embora com fortes conotações econômico-comerciais), tanto no modelo do GATT, 1947, como no Benelux, ou no caso do Capítulo 20, Seção B, do NAFTA. Por isso, a conseqüência acabou sendo a de afastar a certeza jurídica e a obrigatoriedade.

A decisão política se fazia presente até mesmo na avaliação das posições das partes, associada embora a critérios econômicos, e o aspecto jurídico tinha papel muito limitado. Como acentuou Morelli,[53] a aceitação das sentenças e laudos estrangeiros constitui decisão que envolve um juízo de conveniência, portanto político, por parte do Estado.

Por essa mesma razão, como bem acentua Celso Lafer, no caso do GATT,

> "os *findings, recommmendations, rulings*, dos painéis .... (*omissis*) ... [s]ão, enquanto tal, um parecer, ou como diria Bobbio, um conselho dotado de *vis directiva*, e não um comando com *vis cogendi*, conselho cujo cumprimento requeria o consenso do destinatário - no caso, as Partes Contratantes, que tinham ex-vi do art.

---

[53] Op. cit. nota 52.

XXIII os *quasi judicial powers*. Precisamente porque são conselhos, e não comandos, os panel reports são, nas palavras de Pierre Pescatore, *persuasive not descriptive documents*"[54]

O painel, no sistema do GATT, tem papel similar ao do árbitro ou do juiz internacional.

É um terceiro que indica qual a solução adequada. Isso dá à sua aceitação, pelos Estados, como se disse, um conteúdo político. Este aparece também no momento do cumprimento de seu relatório, laudo ou sentença, pois ambos os atos implicam, para o Estado que deverá obedecer, abdicar de parcelas da sua soberania.

Assim, é a autorização das partes - decorrente da decisão, eminentemente política, de acatá-la, e não de imposição legal - que legitima a intervenção do terceiro. O produto dessa atuação deságua em duas vertentes: a da arbitragem (e da decisão de alguma corte internacional), onde há um pronunciamento de direito e de fato associado a um comando, e a do relatório do painel, onde ocorre, apenas, um parecer, ato declaratório e não executivo.

Paradoxalmente, a decisão de submeter o problema a um terceiro, apesar desse conteúdo político, tem o condão de despolitizar a questão, circunscrevendo-a e tornando-a suscetível de avaliação racional, jurídica. Sai-se do âmbito da soberania e passa-se imperceptivelmente, mas efetivamente, para o plano material dos interesses comerciais em jogo.

Por isso mesmo, os sistemas para solução pacífica de disputas, de caráter econômico-comercial, foram tendendo, historicamente, a ritualizar o procedimento, regulamentando-o.

O aperfeiçoamento, dentro deste sistema, orientou-se numa linha mais fiel à tradição, no modelo do Benelux, e na inovação representada pela banalização das questões na proposta do GATT (1947), que, embora diminuindo o seu conteúdo jurídico, as despolitizou, reduzindo-as ao ângulo comercial.[55] É nos organismos de integração mais recentes que vamos encontrar os sinais da continuidade desta evolução.

4.2.2.3. Posição moderna - critério juseconômico

No curso da evolução histórica, o conteúdo cada vez mais econômico das relações internacionais fez com que fosse preciso adotar

---

[54] Celso Lafer, *op. cit.*, nota 38, referindo-se a Norberto Bobbio, *Studi per una teoria generale del diritto*, Torino Giachipelli, 1970, p. 49-78, e Pierre Pescatore, *Drafting and Analising Decisions on dispute settlements*, cit. p. 17.

[55] Essas concepções dominaram os três primeiros quartéis do nosso século. Sucedeu-lhes, como que numa evolução natural, o modelo da OMC, em que se alinham o jurídico e o econômico.

um modelo em que o fundamento econômico encontrasse o apoio do jurídico, visando a despolitizá-lo tanto quanto possível. Com isso, alcançou-se maior eficácia, e contribui-se para a paz.

Como bem apontado por Celso Lafer, em sua brilhante conferência sobre o sistema para solução de controvérsias da OMC, "cabe lembrar a importância atribuída ao comércio internacional como uma das condições para uma humanidade pacífica".[56]

Dessa forma, sendo o comércio modo de desenvolver a paz, os sistemas para solução pacífica de controvérsias nela inseridas adquiriram importância e sofisticação.[57] Por isso, o modelo do GATT evoluiu para o da OMC, na busca de maior eficácia e certeza.

Aplicou-se nessa evolução o preceito da Resolução 37/10 da Assembléia Geral da ONU, de que os Estados deverão escolher os meios pacíficos apropriados em função das circunstâncias e da natureza da controvérsia.

A proposta era a de que variassem os modos de resolução das lides, de acordo com o conteúdo destas.

Isso já ocorre na OMC, em que o lado jurídico é acentuado pelo conjunto de disposições adotadas (sem que os painéis tenham, ainda, perdido totalmente o seu caráter de comissões de inquérito e continuem a fazer, numa ótica independente, o *fact finding*, que já foi ou deveria ter sido feito pelas partes nas consultas).

Nesse sentido, o Acordo sobre Solução de Disputas (em inglês DSU) representa uma evolução baseada na experiência adquirida e na construção do consenso. A tônica dessa evolução é a crescente formalização e jurisdicização dos mecanismos para solução de divergências.[58]

À medida que ocorre o aperfeiçoamento da instituição, o elemento jurídico vai crescendo, sobrepondo-se progressivamente ao econômico e ao político. É por que ele acrescenta uma certeza maior e uma objetividade que o econômico e o político, sozinhos, não têm nem podem dar.

Entretanto, o sistema GATT/OMC ainda é de direito internacional público e não deixa de ser, na linha proposta na Resolução 37/10, uma mutação especializada do modelo clássico, que há pouco examinamos.

---

[56] Publicada em português pelo Instituto Roberto Simonsen, *in Documentos Debates Estudos 3*, S. Paulo, 1997, p. 7.

[57] Veja-se o trecho de Cordell Hull citado por Celso Lafer na referida correspondência.

[58] Um sinal dessa tendência está no fato de que alguns países pretendiam se fazer representar por advogados no órgão de solução de disputas da OMC.

4.2.2.4. Posição de síntese

A análise desses critérios permitirá estabelecer um balanço entre o jurídico e o político-econômico. Este balanço se faz no estabelecimento das sanções e na sua eficiência.

Como sabemos, em direito internacional as sanções podem ser jurídicas ou econômicas.

As econômicas têm maior eficácia relativa. Isso, porque apresentam um problema fundamental, que é o do poder ou peso relativo dos Estados. A sanção econômica, quando aplicada contra um Estado de grande poder relativo, tem pequena eficácia. A sanção econômica aplicada contra um Estado depende do poder do(s) Estado(s) que a impõe(m) para que seja eficaz. Uma sanção interposta por um Estado poderoso (França), por exemplo, contra outro de grande poder (Alemanha), pode ter grande eficácia. Mas depende também do tipo de sanção: um pequeno Estado como o Chile pode impor uma sanção importante ao Japão, se restringir sua exportação de cobre para este país.

Isto leva a que a *efetividade das sanções* não seja a mesma em todos os casos. Com isso, a sanção econômica, por si só, não representa progresso nem é meio definitivo para implantar a solução dada a qualquer disputa. Varia de caso a caso, deixando pois a desejar como padrão.

Sob o ângulo jurídico, constatamos que as sanções nos organismos regionais são a exclusão e a condenação.

Esta tem efeitos morais e jurídicos. Morais, pela censura que se faz ao comportamento do Estado infrator. Jurídicos, porque o Estado infrator incorre numa responsabilidade internacional.

Mas, os efeitos das sanções desta natureza são limitados.

Elas atingem seu efeito máximo na exclusão do Estado da organização internacional que o sancionou. Entretanto, muitas vezes, o ato criticado em si mesmo contém a exclusão. A infração consiste no ignorar as regras da organização, como se o infrator dela não fizesse parte, o que é um ato de auto-exclusão (ao menos em relação às obrigações). O infrator é privado dos benefícios decorrentes da pertença à organização, mas certamente terá pesado as conseqüências de seu ato e considerado que as vantagens da auto-exclusão superam as vantagens da continuidade. Em alguns casos, é como alguém que deixa de comparecer às seções de um círculo literário porque acha que as conferências ou reuniões não mais lhe interessam. Nada tem a perder com a sua exclusão, por que já a havia escolhido. Noutros casos, a decisão de descumprir a decisão pode decorrer de necessidades políticas ou outras, internas. A escolha recaiu na opção menos onerosa, o que não quer dizer que os efeitos das sanções internacionais não sejam sentidos.

Por isso mesmo, esta sanção é de efeito limitado.

O peso relativo do Estado produz um efeito imunizante quanto às sanções. Aquele que representar, numa organização econômica ou de integração, o maior mercado, sendo dela excluído, não terá prejuízo tão grande quanto terão os demais, aplicadores da sanção. Isso fará com que estes, temerosos das perdas que podem vir a sofrer, hesitem quanto ao rigor das exigências que formularão. Mesmo no campo político, a ausência de uma grande potência pode levar à dissolução um organismo internacional, como bem ilustra a história da saída dos Estados Unidos da Sociedade das Nações

Outro ângulo da avaliação é da eficácia relativa dos sistemas para solução de controvérsias no que tange à qualidade das respostas que podem dar aos problemas colocados.

Em primeiro lugar, quanto mais veloz a decisão, melhor a solução. No Brasil, o juspublicista Rui Barbosa forjou uma frase lapidar: *justiça tarda é injustiça qualificada*. A frase define o problema. Isto é, uma decisão que não chegue a tempo deixa de produzir o efeito necessário.

Realmente, nos modelos de integração econômica, a solução para uma divergência que só venha a ser obtida em prazo muito longo significa que o Estado, os Estados, ou pessoas que foram vítimas da infração sofreram danos que não poderão mais ser reparados ou que se agravaram com ocorrer do tempo.

Do outro lado, a medida ocorre em relação à eficácia do mecanismo, isto é, se o mecanismo tem a possibilidade de avaliar o problema e dar a ele solução adequada. Evidentemente, a medida da eficácia é relacionada com a eficácia da sanção, mas não se esgota nela.

A eficácia vai mais longe.

A eficácia passa, forçosamente, pela adequação da solução à natureza da disputa e ao ambiente em que esta se situa. Aí não se trata de dogmatismo, mas de uma interpretação construtiva que leve em conta os dados e realidade, para obter a resposta ao problema, o que é reforçado pelo fato de que há uma avaliação política.

4.3. ASPECTOS POLÍTICOS DOS PROCESSOS DE INTEGRAÇÃO

Entre os aspectos políticos dos processos de integração, existem duas considerações que são fundamentais para nossa reflexão. Uma consiste em considerar quais são os objetivos que as partes se fixaram. A outra, qual o impacto do ambiente sobre o projeto. Ambas são determinantes na escolha e na medida de eficácia dos sistemas para solução de controvérsias.

4.3.1. Os objetivos das partes

Um processo de integração pode orientar-se para um dos modelos tradicionais, previstos inclusive no GATT 47: uma zona de livre comércio, uma zona aduaneira comum, um mercado comum. Acrescentam-se a essa duas outras formas mais intensas de integração: a união econômica e a confederação.

Evidentemente, ao estabelecer seu objetivo, as partes, no processo de integração, também fixam os parâmetros que regulam a construção do seu mecanismo para solução de disputas.

Este, para atingir a eficácia possível e ter a velocidade adequada, depende de dois fatores: integrar-se no projeto das partes, facilitando o trajeto até a consecução da meta de integração desejada, e responder bem à situação que é vivida naquele momento pelo processo.

Com efeito, não teria sentido, por exemplo, numa zona de livre comércio, a construção de um tribunal supranacional, porque nas zonas de livre comércio não existem normas supranacionais que devam ser aplicadas. Tampouco caberia facultar o acesso de particulares ao sistema, pois as relações existem tão-só de Estado a Estado.

Já no caso de uma zona aduaneira comum, a existência de mecanismos de defesa da concorrência que devem atuar no conjunto do mercado levaria a uma solução nos moldes da utilizada pelo NAFTA. O mesmo se diria em matéria de proteção dos investimentos.

A criação de uma confederação ou ente confederativo implica naturalmente a existência de um tribunal supranacional, pois está-se criando uma nova entidade que, soberana, primará sobre as demais.

Cada um desses modelos, ou cada uma dessas fases, implicará, pois, uma estrutura diferente para a solução de disputas.

No caso da internacionalidade, as relações que existem são unicamente entre os Estados e destes com os seus súditos. O mecanismo deverá orientar-se no sentido de que um Estado possa cobrar do outro o cumprimento do avençado, de acordo com o espírito do Tratado. O problema é eminentemente político.

Nós, internacionalistas, temos a tendência de, acreditando na fraternidade do gênero humano, desenvolver o *wishful thinking* de querer vê-la aplicada nas relações internacionais. O que não ocorre.

Os Estados agem mais por interesse que por motivos ou razões de elevada ordem moral. Até mesmo quando defendem teses do mais intenso conteúdo ético, certamente as entrelinhas têm um propósito político.

Um dado de realidade nos mostra que a vida dos Estados, como a das pessoas, sofre influências externas. Além disso, o modo de ser e os interesses vão mudando e se adaptando ao desenvolvimento e ao ambiente externo. Isso faz com que eles tenham que ir reagindo aos impactos das mudanças internas e da evolução do ambiente econômico ou geopolítico. Isto pode afetar, de modo direto ou indireto, e às vezes importante, os interesses dos parceiros nos movimentos de integração. Surgirão então conflitos de interesses.

Tais conflitos podem evoluir para divergências, de maior ou menor gravidade.

É aí que o modelo escolhido deve atuar. Deve ser desenhado para responder no nível em que os conflitos de interesse ocorrem, e de modo a resistir às pretensões.

No caso dos organismos de integração que tenham caráter de internacionalidade, o modelo deve ser predominantemente político. Será político porque o relacionamento é político[59] e entre os Estados.

Não é possível permitir que um particular possa impedir uma ação de governo destinada a satisfazer o bem comum e o interesse geral. Nesse caso, o bem comum e o interesse geral devem ter primazia sobre os interesses individuais, cabendo ao indivíduo ou corporação privados reclamar perante o Estado onde atuam, se cabível, o remédio para o prejuízo sofrido. Este tipo de conflito, entre o bem comum e o interesse individual, deve ser composto dentro do Estado em que ocorre a reclamação.

Esse Estado é que responderá, de acordo com sua própria sistemática, pelo impacto que seus súditos ou as pessoas nele estabelecidas tenham sofrido, em razão das mudanças ocorridas.

No pólo oposto, ao termos um organismo de integração de conteúdo confederativo, como ocorre com a União Européia, sem sombra de dúvida, como lembrado por Jean Combacau, em conceito que atrás citamos, lá trata-se "d'un système juridique fédéral dont les ressorts sont pour l'essentiel étrangers au droit international". Por isso mesmo é que na União Européia há uma Corte de Justiça como meio para solução de divergências.

Assim, os objetivos do modelo de integração têm importante efeito quanto à escolha do sistema para solução de controvérsias que está subordinado a estes.

Evidentemente, a escolha de um objetivo ambicioso - como a criação de uma união econômica ou uma confederação, em que todos

---

[59] Muito embora o conteúdo das questões possa ser econômico ou técnico.

os demais aspectos da integração foram alcançados e se fundem no político - implicou a opção por um modelo da supranacionalidade.

Por isso, digo que o direito de integração é um direito transitório, um processo pelo qual as normas migram do Direito Internacional Público para o Direito Constitucional à medida que o processo de integração se vai adensando. Evidentemente, pode ocorrer uma interrupção nesse processo, ou os objetivos das partes serem mais limitados, não sendo alcançados os graus mais elevados de integração.

Ele é Direito Internacional Público enquanto predominam as regras da supranacionalidade. Começa a ter pretensões a vir a ser Direito Constitucional, embora ainda fique no âmbito do Direito Internacional, quando o processo de integração adquire uma ou outra faceta de supranacionalidade. Finalmente, converte-se em Direito Constitucional quando o processo de integração adquiriu tal substância, que se torna uma união política, sob forma federal ou confederal.

Na medida em que se intensifica o aspecto da supranacionalidade, o crescente caráter constitucional faz com que, pelo menos em determinadas áreas de competência, ou de jurisdição, seja preciso uma solução a que todos tenham acesso.

Nesse caso, é a concepção do modelo integracionista que acarretará necessidade de uma participação não só do Estado como do particular, mas também do próprio organismo de integração que tenha porventura editado normas de caráter supranacional.

Este tem o dever de fazer sua própria construção. Terá, para isso, as faculdades que lhes tenham sido outorgadas pelos Tratados organizativos, e precisa de mecanismos para solução de divergências, instrumentos que lhe permitam curvar a vontade dos recalcitrantes, forçando-os a cumprir as regras que editou, tanto quanto aquelas a que se obrigou.

Colocados estes parâmetros, seria o caso de examinarmos o Mercosul.

4.3.2. O Mercosul

Devemos encarar o Mercosul sobre um duplo eixo. O primeiro é o da originalidade do seu modelo; o segundo, o da sua eficácia.

O modelo do Mercosul apresenta uma originalidade, no sentido de que ele é único, sob o aspecto de sua organização e dos países que o compõem e, também, pelo modo como ocorreu esta organização. Vejamos, primeiro, as características do Mercosul.

4.3.2.1. Características do Mercosul

O Mercosul apresenta duas características. Vejamos a primeira. Os países constitutivos do Mercosul têm todos a matriz ibérica. Partilham duas línguas muito próximas: o português e o espanhol. A comunicação é fácil. A matriz jurídica é ibérica, com influências italianas, francesas e alemãs, e o sistema legal pertence à grande família do sistema romano-germânico, na classificação de René David. Apenas nos tempos mais recentes, em determinados ramos do Direito, ocorreu uma influência desigual, nos quatro países, do sistema norte-americano.

Por isso, a harmonização do Direito, nesses países onde ela não existe, é relativamente simples.

Do ponto de vista político, os países que compõem o Mercosul têm histórias semelhantes. Nelas divergem da matriz européia, e foram levados a organizar-se de modo diferente.

Em épocas próximas, tiveram regimes ditatoriais e democráticos alternadamente. Em épocas próximas, também, sofreram as mesmas crises econômicas. Enfim, o comportamento da região foi muito uniforme, sendo as semelhanças entre esses países maiores do que seus habitantes habitualmente crêem; em conseqüência, as diferenças são menores do que em geral se imagina.

O fato de que os regimes sejam presidencialistas e concentrarem um grande poder no Executivo, faz com que a condução da política externa esteja nas mãos do Executivo, ao contrário do que ocorre com a matriz do sistema presidencialista, os Estados Unidos.

O Congresso tem um poder meramente sancionador, pois as decisões fundamentais e a condução da política externa constituem incumbência ao Poder Executivo. Também a este compete a iniciativa orçamentária e uma série de outras funções importantes, inclusive o poder de iniciativa legislativa.

A faculdade de nomeação de funcionários, inclusive internacionais, é sempre do Poder Executivo.

Essas características conduzem a algumas conseqüências que pesam na sua atitude diante de um processo de integração econômica.

Como sabemos, nos regimes parlamentares, o Poder Executivo é exercido por delegados diretos do Parlamento, cuja confiança devem manter. Isso faz com que as normas que editem, assim como os demais atos que pratiquem, sejam, de algum modo, emanados do próprio Parlamento. Quando o gabinete nomeia embaixadores, representantes em organismos internacionais e outros funcionários, fá-lo, em geral, representando a maioria parlamentar. Ainda que o presidente, como na França, possa ser virtualmente quem conduz a política externa, é o Parlamento que escolhe seu ministro das relações exteriores. Assim, a maioria governamental atua diretamente na política externa, que reflete seu programa e pontos de vista.

Nos regimes presidencialistas, o fato de que há uma separação marcada dos poderes do Executivo e do Legislativo leva a uma atitude dos congressos, quando não decorre de norma constitucional, negativa à delegação de poderes normativos. Isto significaria, na prática, uma renúncia, em favor do Executivo, do poder de legislar. Implicaria uma perda insuportável de função.

De outro lado, outra característica política importante do Mercosul é o fato de que sua construção se fez num binário de gradualismo e pragmatismo. Isto é, dentro do Mercosul, a construção é feita passo a passo, e as respostas jurídicas, pragmáticas, decorrem dos fatos.

Existe sempre uma resposta aos fatos.

Não há, no Mercosul uma projeção real para o futuro do sistema jurídico. A leitura dos instrumentos constitutivos e das Decisões, Resoluções e Diretrizes nos mostra, claramente, que o Mercosul legisla *ex post facto* e não *pró-facto*.

Assim, haverá sérias resistências quando se falar em supranacionalidade na elaboração normativa.

Por outro lado, as dissimetrias econômicas, geográficas e demográficas, que adiante comentaremos, não permitem chegar a uma fórmula adequada de representatividade sem que os parceiros menores fiquem em nítida desvantagem diante dos maiores.

a) *Características das partes*

No que concerne às partes, temos outro aspecto característico do Mercosul.

Em nenhuma das instituições de integração há tamanhas diferenças de extensão territorial, economia e população como a que ocorre entre os países que participam do Mercosul. Apenas para recordar, a população do Brasil ultrapassa 155 milhões de habitantes, a da Argentina fica ao redor de 33 milhões, e Paraguai e Uruguai, juntos têm ao redor de 7,7 milhões.

Entre o maior, Brasil, e o menor, Uruguai, há uma diferença de território e população de mais ou menos 50 vezes.

Se verificarmos os dados econômicos, as dissimetrias continuam: a Argentina apresentou um PIB de 260 bilhões de dólares; o Brasil, de 600 bilhões; o Uruguai, 11,4; e o Paraguai, 6,8 bilhões.

A ocorrência dessa dissimetrias envolve, como é obvio, não só projetos nacionais e políticas econômicas diferentes, como, também - isso importa muito para o tema que focalizamos -, o fato de que qualquer fórmula de representação democrática, seja a criação de um Parlamento do Mercosul, seja a criação de um órgão que, indiretamente representativo, pudesse legislar, encontre dois obstáculos: ou a sub-representação da população brasileira ou o desaparecimento dos países menores.

Esses dados fazem com que haja a necessidade de buscar uma fórmula que permita aos mais fracos igualar-se aos mais fortes. Essa foi a do consenso, e se refletiu na formulação das estruturas do Mercosul.

b) *Originalidade relativa do modelo do Mercosul*

O Mercosul, em razão dessas peculiaridades, desenvolveu características, em seu modelo, que são originais em relação aos paradigmas da integração.

Isso ocorre de modo marcado no que concerne às fontes do seu direito e à competência dos seus órgãos.

Isso igualmente sucede pela opção por construir um modelo onde o político e o econômico primam sobre o jurídico, o que repercutiu em seu sistema para solução de disputas.

O mais perfunctório exame, feito pelo mais bisonho dos observadores, mostra que o Mercosul não reproduz o modelo da União Européia. Este, como sabemos, foi copiado, quase que *ipsis literis*. pelo Pacto Andino. As adaptações feitas à matriz, na experiência andina, não foram muitas.

No Mercosul, entretanto, a estrutura é diferente.

As fontes de direito são de Direito Internacional Público. A criação das normas também obedece a esse padrão. As regras emanadas da organização internacional, como acontece na OIT, têm que ser admitidas pelos sistemas jurídicos de cada país.

A competência dos órgãos, ainda que dita executiva, é limitada à execução de algumas atividades previstas pelos tratados.

A solução de disputas, assim, obedeceu ao padrão genérico do Direito Internacional Público. Entretanto, constitui-se em modelo para vários acordos posteriores firmados no seio da ALADI,[60] nos quais sempre há a negociação direta entre as partes, depois a intervenção (com algumas diferenças de modalidade) do órgão de administração do tratado, e por último, se não ocorreu acordo, a arbitragem internacional. Em todos esses casos, como ocorre no Mercosul, a competência é para casos ligados à interpretação, aplicação

---

[60] Acordo de Complementação Econômica Argentina Chile de 2 de agosto de 1991; ACE Chile México de 22 de setembro de 1991; ACE Chile Venezuela de 2 de abril de 1993; ACE Bolívia Chile de 6 de abril de 1996, e ACE Colômbia Chile de 6 de dezembro de 1993.

e descumprimento do acordo ou de outros atos jurídicos a eles vinculados.

4.3.2.2. Eficácia do modelo Mercosul

Tendo em vista estes aspectos, examinemos, agora, qual o grau de eficácia relativa alcançado pelo sistema para solução de controvérsias do Mercosul, sob os prismas do Direito Internacional Público, de um lado, e por ser este aplicável, do Direito Constitucional, do outro lado. O exame será rápido, pois os limites que nos foram impostos não permitem alongar esta exposição.

a) *Sob o ângulo do D. I. Público*

Como vimos, a eficácia dos modos e dos sistemas para solução de controvérsias difere, sendo aferido, tanto no direito interno como no internacional, por dois ângulos: o da rapidez e o da efetividade da solução.

Do ponto de vista da rapidez, no Mercosul temos uma velocidade de decisão das questões muito maior que a existente nos judiciários de qualquer dos países-membros.

Assim, a fase negocial tem prazo de 15 dias,[61] o Grupo Mercado Comum deve pronunciar-se em 30 dias[62] e, escolhidos, os árbitros devem decidir em 60 dias[63] prorrogáveis por mais 30, a partir da designação do Presidente do Tribunal. A sentença deve ser cumprida em 15 dias. Entretanto - é da natureza dos documentos diplomáticos - há uma fórmula para escapar à rigidez dos prazos, e que é o comum acordo das partes. É justamente nesse ponto que poderá vir a ocorrer a demora na solução de algum caso, em razão de entendimentos que os Estados possam manter, diretamente, por fora do sistema, e que os levem a pedir adiamentos. Mas nesse caso, evidentemente, está-se atendendo ao interesse das partes.

Cabe também a possibilidade de medidas provisórias a serem decretadas pelos árbitros, e que permitirão dar efeito mais rapidamente a alguma decisão ou antecipar sua aplicação.

Sob este ângulo, a velocidade é satisfatória, e não deve ficar a dever à da solução de controvérsias nos demais sistemas de integração, NAFTA, Comunidades Européias, etc.

Entretanto, há que considerar outro obstáculo ao decurso dos prazos. Eles começam a ser contados a partir do momento em que um dos países divergentes comunica a existência da controvérsia ao

---

[61] Protocolo de Brasília, art. 3º, § 2º.
[62] Protocolo de Brasília, art. 6º.
[63] Protocolo de Brasília, art. 20.

Grupo Mercado Comum. Isso pode levar a demoras, segundo o interesse relativo dos governos pela matéria (que pode ter-se originado de reclamação de particulares) e sua apreciação da urgência da mesma.

O outro critério de eficácia é o do cumprimento das decisões. O sistema prevê a obrigatoriedade da decisão arbitral, e, ao contrário do que ocorre nos demais acordos examinados, a execução é obrigatória, não sendo a desobediência prevista senão indiretamente, com a inclusão de sanções para esse comportamento.[64]

A decisão é irrecorrível, salvo o pedido de esclarecimentos sobre o seu conteúdo,[65] que não constitui recurso, no sentido estrito da palavra, pois não permite a mudança do teor daquilo que foi decidido, mas apenas da forma como se exprimiu a decisão.

A obrigatoriedade da implementação da decisão, entretanto, dependerá fundamentalmente do sistema jurídico de cada país; portanto, do que dispuser seu direito constitucional. Isso se manifesta claramente nas apreciações que são feitas pelos comentaristas, que parecem supor a liberdade de decisão por parte dos estados signatários como se fora o mecanismo clássico. Isso só pode ocorrer a partir do papel que um tratado desempenha ao produzir efeitos no interior de cada país, pois o cumprimento de um laudo emanado de tribunal arbitral criado por acordo internacional deve ser visto como obrigação que nele se integra.

b) *Sob o ângulo do D. Constitucional*

Para evitar imprecisões, falarei apenas do que ocorreria no Brasil.

Os tratados institutivos do Mercosul foram aprovados pelo Congresso Nacional e promulgados pelo Presidente da República. São, assim, lei no país. Contêm diretrizes que devem ser cumpridas pelos integrantes do Poder Executivo tais como se fossem emanadas de lei ordinária, tendo em vista o princípio da legalidade dos atos da administração

O Protocolo de Brasília prevê a obrigação de execução imediata da sentença arbitral,[66] no seu artigo 21. O tratado, inclusive, emprega a expressão "terão efeito de coisa julgada", a propósito do laudo.

No sistema constitucional brasileiro, a administração se submete, entre outros, como disse, e repito, ao princípio da legalidade. Este significa que o Executivo deve fazer *o que a lei determina*. A prática de atos discricionários é uma exceção e deve ser prevista na lei, sob

---

[64] Protocolo de Brasília, art. 23.
[65] Protocolo de Brasília, art. 22.
[66] As expressões *laudo* e *sentença arbitral* são sinônimas no direito brasileiro.

pena de funcionário cometer ato ilícito. O mesmo ocorre quando deixa de cumprir providência determinada pela lei.

Caso ocorresse, por hipótese, uma decisão do sistema para solução de controvérsias do Mercosul e o Poder Executivo não a cumprisse no prazo, qualquer prejudicado poderia recorrer ao Poder Judiciário, pela via do mandado de segurança, para obter satisfação. E se seu direito for líquido e certo, com certeza a terá, de imediato.

Assim, temos a certeza jurídica da efetivação da solução para a divergência. A sanção prevista no Protocolo de Brasília serve - no caso - apenas para hipótese de algum dos governos dos demais países não desejar submeter a questão a um juiz nacional do Brasil, o que certamente não ocorrerá se houver interesses privados em causa (estes agirão prontamente, e sem dificuldades).

4.4. CONCLUSÃO

Nestas breves reflexões, foi possível detectar alguns problemas e examinar, ainda que de modo muito rápido, as características dos sistemas para solução de controvérsias.

Uma conclusão nos parece óbvia: cada sistema foi criado para uma circunstância específica, e todos procuraram preservar, de todas as maneiras, a soberania. A exceção foi a União Européia, onde o projeto era e continua sendo de unificação política.

No caso do Mercosul, a característica de pragmatismo de suas instituições auspicia a possibilidade de uma evolução constante, o que lhe permitirá adaptar-se às novas realidades.

Sou francamente favorável a esse tipo de enfoque, que me parece mais fundado na realidade e de molde mais a facilitar que a impedir o desenvolvimento de relações harmônicas e duradouras entre os parceiros. Como diz o velho brocardo, "o ótimo é inimigo do possível". Se queremos prosseguir com a integração, busquemos o possível.

5. Desenvolvimentos recentes na União Europeia: o Tratado de Amesterdão

Maria João Palma

Pós-graduada em Estudos Europeus pelo Instituto de Estudos Europeus da Faculdade de Direito de Lisboa (1993); Mestre em Direito Comunitário pelo Colégio da Europa, Brugge (1996); Mestre em Direito Comunitário pela Faculdade de Direito de Lisboa (1998); Docente Universitária da Faculdade de Direito de Lisboa (Direito Comunitário); Consultora Jurídica em Lisboa.[1]

Sumário: 5.1. O Tradado de Amesterdão; 5.1.1. Principais alterações; 5.1.2. Principais lacunas; 5.2. Em especial, a cooperação reforçada; 5.2.1. A cláusula geral; 5.2.2. As cláusulas especiais; 5.3. Conclusões finais; 5.4. Anexo.

5.1. O TRATADO DE AMESTERDÃO[2]

5.1.1. Principais alterações

A Conferência Intergovernamental, oficialmente aberta em Turim a 29 de Março de 1996, seria encerrada por altura da reunião do Conselho Europeu de Amesterdão, que decorreu entre 16 e 17 de Junho de 1997. No âmbito desta reunião seria aprovado um projecto de Tratado que, após ter sido retocado em alguns dos seus aspectos pelo Secretário Geral do Conselho, seria assinado em Outubro de 1997, em Amesterdão. Para entrar em vigor, este novo Tratado de-

---

[1] Para a elaboração deste trabalho, agradecem-se os contributos da Dra. Alexandra Trincão, do Centro de Documentação Europeia da Faculdade de Direito de Lisboa.

[2] *Vide*, Jean Victor Louis. "Le Traité dAmsterdam. Une occasion perdue?", *in Revue de Marché unique européen*, 2, 1997, p. 5; Franklin Dehousse. "Le Traité dAmsterdam, reflet de la nouvelle Europe", *in Cahiers de droit européen*, nº 3-4, p. 265; Claude Blumann. "Le Traité dAmsterdam. Aspects institutionnels", *in Revue Trimestrielle de droit européen*, 33 (4), oct.-déc. 1997, p. 721 e Massimo Silvestro e Javier Fernandez-Fernandez. "Le Traité dAmsterdam. Une évaluation critique", *in Revue de Marché commun et de lUnion européenne*, nº 413, décembre, 1997, p. 662.

verá ser ratificado pelos 15 Estados-Membros, de acordo com as respectivas regras constitucionais.³

Pese embora o facto de, em aspectos cruciais, o Tratado de Amesterdão ter ficado aquém das expectativas (*infra*), são porém de salientar as seguintes *alterações:*

- Embora tenha sido mantida a estrutura de pilares, o que significa que continua a vigorar a dicotomia integração/cooperação na metodologia rectora do Tratado da União Europeia (adiante T.U.E.), o Tratado de Amesterdão operou à passagem de algumas matérias do terceiro pilar (Cooperação no domínio da Justiça e dos Assuntos Internos, ou C.J.A.I.) para o primeiro pilar,⁴ passando aquele, doravante, a designar-se, por menos abrangente, *Cooperação Policial e Judiciária em matéria penal* (adiante C.P.J.P). As matérias alvo de tal remissão foram a imigração e o asilo.⁵ Em relação a estas matérias os Estados continuam, porém, a decidir através da regra da unanimidade (art. 67º T.C.E.). O Tribunal de Justiça (adiante TJ) passa a poder pronunciar-se, a título prejudicial, relativamente a estas questões (art. 68º T.C.E),⁶ com excepção das medidas tomadas no quadro do acordo de Schengen e que respeitem à protecção da ordem pública.

O conteúdo do segundo pilar (*Política Externa e de Segurança Comum*, adiante P.E.S.C.) é mantido. Contudo, também no âmbito deste pilar há alterações a assinalar. Por um lado, a União passa a poder celebrar acordos externos neste domínio (artigo 24º T.U.E);⁷ o Secretário Geral do Conselho passa a ser o alto representante para a

---

[3] Até ao presente momento, Agosto de 1998, ratificaram o Tratado os seguintes países: a Alemanha, a 7 de Maio de 1998; a Suécia, a 15 de Maio de 1998; o Reino Unido, a 15 de Junho de 1998; a Dinamarca, a 24 de Junho de 1998; a Finlândia, a 15 de Julho de 1998; a Áustria, a 21 de Julho de 1998 e a Itália, a 24 de Julho de 1998.

[4] Ou pilar comunitário, composto pelas três comunidades: Comunidade Europeia, C.E.C.A e Euratom.

[5] Embora o Reino Unido e a Irlanda mantenham a possibilidade de proceder a controlos de identidade nas suas fronteiras internas.

[6] Sublinhe-se, todavia, que a possibilidade de colocar questões prejudiciais ao T.J., no âmbito deste matéria, assiste apenas aos tribunais nacionais que julguem de última instância, em derrogação ao art. 234º 2 T.C.E. (ex-art. 177º 2 T.C.E.) que determina que qualquer tribunal nacional, quer julgue ou não de última instância, pode accionar o mecanismo das questões prejudiciais. No entanto, em sintonia com o art. 234º 3 T.C.E., aqueles ficam obrigados a fazê-lo sempre que a questão seja necessária ao julgamento da causa.

[7] A possibilidade que o art. 24º do T.U.E. concede à União Europeia (adiante U.E.), através do Conselho, de celebrar acordos externos é tida, por alguma doutrina, como indicativa da admissão da personalidade jurídica da U.E. Neste sentido pronunciou-se Fausto de Quadros no seminário de Direito Institucional Comunitário do curso de Mestrado, F.D.L., ano lectivo 1997/98. Em sentido contrário, *vide* Jean Victor Louis, op. cit., p. 9.

PESC (art. 26º T.U.E.);[8] o número de casos em que se prevê o recurso à votação por maioria qualificada é aumentado (art. 23º nº 2 T.U.E.);[9] sendo ainda de referir que a intervenção do TJ passa a ser possível neste domínio, embora condicionada à aceitação individual dos EM, art. 35º T.U.E.

Importa, ainda, referir as alterações operadas no âmbito do primeiro pilar. Na sequência do Tratado de Maastricht que intentou dotar a Comunidade Europeia de fins não puramente económicos,[10] o novo art. 152º T.C.E. (ex-art. 129º) possibilita a adopção de medidas veterinárias e fitossanitárias destinadas a proteger a *saúde pública*; por outro lado, a protecção dos *consumidores* é acentuada (art. 153º T.C.E., ex-art. 129º) e os EM passam a dispor de uma maior margem de manobra para adoptar normas nacionais destinadas à protecção do *ambiente* (art. 95º T.C.E.).

As preocupações sociais são reveladas não só pela integração do protocolo social de Maastricht no T.C.E.,[11] como também pela introdução, no T.C.E., de um *capítulo sobre o emprego* (título VIII), passando a ser possível a condenação de políticas nacionais que desrespeitem as orientações do Conselho (art. 128º) e a adopção, por maioria qualificada, de medidas de incentivo a favor do emprego (art. 129º).

O *Parlamento Europeu* vê a sua participação reforçada ao nível do processo decisório.[12] O processo de co-decisão é simplificado[13] e

---

[8] Tal facto repercute-se, porém, ao nível da representatividade da Comissão na cena internacional.

[9] São, no entanto, mantidas válvulas de escape. Em primeiro lugar, porque o Conselho só pode decidir por maioria qualificada depois de o Conselho Europeu ter aprovado, por unanimidade, as estratégias comuns. Por outro lado, porque os Estados-membros (adiante EM) podem bloquear as decisões tomadas por maioria qualificada invocando *"importantes e expressas razões de política nacional"*, o que reenvia a medida a tomar ao Conselho Europeu, que decidirá de acordo com a regra da unanimidade (art. 23º nº 2, 2).

[10] Recorde-se que após Maastricht a Comunidade Económica Europeia (C.E.E.) passaria a ser designada apenas Comunidade Europeia (C.E.).

[11] O que se tornaria possível após a mudança de atitude do Reino Unido.

[12] De acordo com *Massimo Silvestro e Javier Fernandez-Fernandez*, op. cit., p. 664, outras pretensões do Parlamento Europeu ficam, contudo, por satisfazer, *inter alia*:
a) a necessidade de obtenção de parecer obrigatório vinculativo em sede de revisão do Tratado, no âmbito do art. 308º T.C.E. (ex-art. 235º) e em matéria de recursos próprios;
b) a abolição, em matéria orçamental, da distinção entre despesas obrigatórias e despesas não obrigatórias;
c) a extensão do voto por maioria qualificada;
d) a aplicação da co-decisão à totalidade das matérias.

[13] A simplificação consiste no facto de passar a ser possível aprovar o acto legislativo a partir da primeira leitura pelo Parlamento Europeu, desde que este não apresente nenhuma emenda, ou apresentando-a, o Conselho a aprove. Depois, ao nível da segunda leitura, o Parlamento Europeu pode rejeitar imediatamente a posição comum do Conselho, sem ter de enfrentar o Comité de Conciliação (art. 251º nº 2, 2 b)). Por fim, a terceira leitura é eliminada (nº 6).

o seu campo de aplicação é estendido.¹⁴ De salientar, ainda, que o Parlamento Europeu passa a aprovar a nomeação do Presidente e demais membros da Comissão e não apenas a dar o seu parecer (art. 214º nº2).

Por último, em matéria de *Direitos fundamentais*, o art. 6º do T.U.E. (ex-art. F) comum aos três pilares, substituiu a referência aos sistemas de governo fundados em princípios democráticos por uma referência mais abrangente aos princípios da liberdade, da democracia, do respeito pelos direitos do Homem e pelas liberdades fundamentais, assim como pelo Estado de Direito. Na expectativa do alargamento,¹⁵ o respeito por tais princípios passa a constituir, expressamente, uma condição de adesão (art. 49º, ex-art. O). Por outro lado, o novo artigo 7º do T.U.E.¹⁶ prevê um *procedimento sancionatório* para os Estados que não respeitem estes princípios. Tal procedimento pode, verificada a existência de uma *"violação grave e persistente"*, acarretar, *in extremis*, a *suspensão do direito de voto*¹⁷ do Estado-membro inadimplente.¹⁸

5.1.2. Principais lacunas

A principal crítica que pode tecer-se em relação às "lacunas" do Tratado de Amesterdão diz respeito ao adiamento de questões essenciais para a preparação dos futuros *alargamentos*. Na verdade, ficam em *stand by, inter alia*, a questão do número de comissários na

---

[14] Em todos os casos onde se previa o recurso ao processo de cooperação passa a prever-se o recurso ao processo de co-decisão, com excepção do capítulo dedicado à União Económica e Monetária (adiante U.E.M.). Nas palavras de Claude Bluman: "Cette 'bizarrerie' sexplique par le parti pris initial de la Conférence intergouvernementale de considérer lUEM comme un acquis du traité de Maastricht et de ne toucher à rien la concernant, y compris donc dans ses aspects normatifs ...", op. cit., p. 737.

[15] *Vide* o parecer favorável da Comissão à adesão à União Europeia da Hungria, Polónia, Eslovénia, Estónia, República Checa na Agenda 2000 (Bol. UE 7/8 1997). A candidatura do Chipre obteve, anteriormente, parecer favorável da Comissão.

[16] O Tratado CE passou a conter uma disposição idêntica: o art. 236º.

[17] A exclusão de um EM não foi prevista como sanção. Segundo Jean Victor Louis, tal deve-se à irreversibilidade da participação na U.E., op. cit., p. 8.
A questão da irreversibilidade da participação na U.E. não é pacífica na doutrina. Embora condenando a denúncia *ad nuntum*, Fausto Quadros defende a possibilidade de denúncia unilateral em caso de desnaturação da U.E. Neste sentido, *vide*, do autor, *Direito das Comunidades Europeias (Sumários desenvolvidos, ano lectivo de 1982-83)*, ed. A.A.F.D.l., 1983, p. 78, e os esclarecimentos prestados aos alunos do 5º ano do Curso de Direito, na disciplina de Direito Comunitário, F.D.L., ano lectivo de 1990/91.

[18] Este preceito, inspirado no art. 34º nº 3 do Projecto de Tratado apresentado pelo Parlamento Europeu, em 1984 (Tratado de Spinelli), tem em consideração a diversidade da futura Europa alargada, mas, também, as experiências do passado (nomeadamente a ditadura dos coronéis na Grécia, na década de 60). Assim, Jean Victor Louis, *idem*.

Comissão e a ponderação de votos no Conselho.[19] Por outro lado, a Declaração de Joanina (*infra*) sobre o voto maioritário e a minoria de bloqueio, acordada para vigorar provisoriamente até à revisão do Tratado, é mantida até ao primeiro alargamento.[20]

Além destas questões relacionadas com os futuros alargamentos, cumpre referir que o T.U.E. continuará a padecer, no que concerne ao primeiro pilar, de deficiências, sendo de sublinhar as que respeitam ao *acesso dos particulares ao TJ*. Com efeito, este continua a ser extremamente complicado ou mesmo impossível em pelo menos duas situações:

a) quando se esteja perante um regulamento ou uma directiva ilegal (mormente quando esteja em causa a *violação de direitos fundamentais*) o particular não tem *locus standi* para a interposição de um recurso de anulação, nos termos do art. 230º 4, ex- art. 173º 4;

b) perante uma situação de recusa ilegal de accionamento do mecanismo das questões prejudiciais por parte do juiz nacional, o particular continua a não ter acesso directo ao TJ, tal como fora sugerido por este, nas *Reflexões sobre a União Europeia* em 1975.

5.2. EM ESPECIAL, A COOPERAÇÃO REFORÇADA[21]

A consagração de um mecanismo dinamizador e regulador de "cooperações reforçadas", permitindo a alguns EM avançarem em

---

[19] *Vide* o Protocolo relativo às Instituições na perspectiva do alargamento da União Europeia, onde pode ler-se: "À data da entrada em vigor do primeiro alargamento da União ... a Comissão será composta por um nacional de cada Estado-membro, desde que, nessa data, a ponderação dos votos no Conselho tenha sido alterada, através de uma nova ponderação dos votos ou de uma dupla maioria, de forma aceitável por todos os Estados-membros, tendo em conta todos os elementos pertinentes, nomeadamente compensando os Estados-membros que prescindam da possibilidade de designar um segundo membro da Comissão". E mais à frente: "O mais tardar um ano antes da data em que a União Europeia passar a ser constituída por mais de vinte Estados-membros, será convocada uma Conferência de representantes dos Governos dos Estados-membros, a fim de se proceder a uma revisão global das disposições dos Tratados relativas à composição e ao funcionamento das Instituições". A este propósito F. Dehousse tece o seguinte comentário: "... la Conférence Intergouvernementale de 1996 prend fin ... en annonçant déjà deux Conférences nouvelles. Deux CIG pour le prix dune: cest peut-être un bon slogan commercial, mais aussi lindice dun mauvais bilan politique", op. cit., p. 271.

[20] *Vide* a Declaração respeitante ao Protocolo relativo às Instituições na perspectiva do alargamento da União Europeia, onde se determina que "Até à data da entrada em vigor do primeiro alargamento, fica acordado que a decisão do Conselho de 29 de Março de 1994 (Compromisso de Joanina) será prorrogada ...".

[21] *Vide* Jean Victor Louis, op. cit., p. 16 e 17; Claude Blumann, op. cit., p. 743; Dehousse, op. cit., *passim*; Henry Labayle "Amsterdam ou lEurope des coopérations renforcées", *Europe*, mars, 1998, p. 4 e Vlad Constantinesco. "Les clauses de "coopération renforcée". Le protocole sur lapplication des principes de subsidiarité et de proportionnalité", *Revue Trimestrielle de droit européen*, 33 (4), oct.-déc., 1997, p. 751.

detrimento de outros, constitui, quanto a nós, uma das principais inovações do Tratado de Amesterdão.[22] [23] Na verdade, tal mecanismo significa a *aceitação de uma construção diferenciada na Europa*.

Em abono da verdade deve, porém, dizer-se que a admissão de tal diferenciação surge implicitamente, no Tratado de Maastricht com a aceitação da exclusão do Reino Unido e da Irlanda, do acordo sobre a política social e com a possibilidade concedida à Dinamarca e ao Reino Unido de *opting out* na passagem à terceira fase da União Económica e Monetária (adiante U.E.M.).[24] Por outro lado, a própria estruturação do Tratado em pilares, subordinados a diferentes métodos de actuação (integração/cooperação), apontaria nesse sentido.[25]

De qualquer modo, pelo menos de forma expressa, deve sublinhar-se que o mecanismo em apreço vem, *prima facie*, pôr em causa os dogmas do direito comunitário: a unidade e a uniformidade na aplicação do direito.[26] As razões que terão estado por detrás de tal aceitação prendem-se, no essencial, com a impossibilidade de manutenção, no futuro, do modelo herdado dos seis Estados fundadores, perante a perspectiva dos próximos alargamentos.[27] Os postulados

---

[22] No mesmo sentido, Henri Labayle, op. cit., p. 4.

[23] Trata-se, segundo F. Dehousse, de uma verdadeira "révolution copernicienne dans l'histoire de l'intégration européenne", *in Les resultáts de la Conférence intergovernemental*, CRISP, *Courrier hebdomadaire*, 1997, nº 1565-1566, citado por Vlad Constantinesco, op. cit., p. 752.

[24] A este propósito, Pitta e Cunha afirma existir não uma Europa a duas velocidades mas a três, distinguindo a situação dos "países que querem e podem participar na moeda única, países que desejariam participar mas não o podem fazer e ainda países que, mesmo satisfazendo as exigências de convergência, se recusam a aderir" - "Reflexões sobre a União Europeia" *in Separata da Revista da Faculdade de Direito*, Lisboa, 1992, p. 15.
A terceira fase da U.E.M., caracterizada, no essencial, pela adopção de uma moeda única e a instituição de um Banco Central Europeu, avançará a 1 de Janeiro de 1999 com a participação de onze EM. Ficam de fora o Reino Unido e a Dinamarca, pelas razões apontadas, e a Grécia e a Suécia por não terem cumprido os critérios de convergência nominal plasmados no T.U.E. Sobre os critérios de convergência para aceder à terceira fase da U.E.M. *vide* o nosso estudo "Os critérios de convergência nominal e real no Tratado da União Europeia", ed. A.A.F.D.L., 1997, onde defendemos que a própria previsão e regulação da situação de um *Estado em derrogação* (i.e., o estatuto de um Estado que não reuna os pressupostos para aceder à terceira fase da U.E.M.) implica a aceitação, pelo T.U.E., de uma Europa a duas velocidades, p. 33.

[25] Assim, Henry Labayle, op. cit., p. 6.

[26] Nas palavras de Henri Labayle: "Unité du droit et uniformité des engagements des États membres constituaient donc la pierre angulaire de la construction communautaire, symbolisée par des concepts tels que l acquis communautaire opposé à tous les nouveaux arrivants et signifiant que tous les progrès réalisés étaient irréversibles", op. cit., p. 4.

[27] Segundo Vlad Constantinesco, "Lidée de départ qui a conduit à la 'coopération renforcée' reside dans la constatation devidence - qui ne pourra que se confirmer avec lelargissement à venir de lUnion européenne - que tous les Etats membres ne partagent pas exactement les mêmes vues quant à la signification, à lintensité, et au devenir du processus dintégration", op. cit., p. 753.

da unidade e da uniformidade tiveram, assim, de ser remodelados, sob pena de a União Europeia ser, supostamente, condenada ao ritmo dos menos comunitaristas.

De forma sumária, este mecanismo, cujos princípios gerais se encontram plasmados no título VII (art. 43º a 45º do T.U.E.), permite, a um número que não poderá ser inferior a 8 Estados membros (art. 43º nº 1, al. d)), avançar, quer no pilar comunitário (art. 11º do T.C.E), quer em matérias pertencentes ao foro do terceiro pilar (C.P.J.P.),[28] desenvolvendo acções conjuntas sem que os outros Estados aí participem.

5.2.1. A cláusula geral

Como vimos *supra*, as condições gerais para a actuação da "cooperação reforçada" encontram-se vertidas nos vários números do Título VII.[29]

Enfatize-se, desde logo, que se trata de um mecanismo de *cariz subsidiário*: nos termos do art. 43º nº 1, al. c) do T.U.E. só é possível accioná-lo quando não seja possível actuar no âmbito dos processos previstos no Tratado. Se por um lado se pode afirmar que este mecanismo foi instituido para desbloquear situações de impasse, servindo, por esse facto, os propósitos integracionistas, por outro lado, na medida em que conduz a regulamentações parciais, deve, em nome dos princípios da unidade e da uniformidade, funcionar apenas como *ultima ratio*.

Trata-se, ainda, de um dispositivo aberto a todos os Estados membros, podendo, qualquer EM, optar por participar *ab initio*, ou por associar-se posteriormente (al. g), possibilidade esta que encerra, quanto a nós, uma manifestação da técnica de *spill over*.[30]

---

[28] Note-se que a "cooperação reforçada" não se aplica ao domínio da P.E.S.C. Segundo Vlad Constantinesco, op. cit., p. 754, o mecanismo das abstenções construtivas, previsto no art. 23º do T.U.E., terá sido considerado suficiente na medida em que possibilita a adopção de decisões que não se aplicarão ao Estado que se tenha abstido, o qual é suposto não actuar de forma a colidir com a referida decisão.

[29] *Vide* Anexo.

[30] A técnica de *spill over* é referida pela doutrina a propósito da criação da Comunidade do Carvão e do Aço (C.E.C.A). Tal método alicerçava-se na expectativa de que a integração de um sector económico (*in casu* o do carvão e do aço) se alastrasse, paulatinamente, a outros sectores económicos e/ou políticos, contrapondo-se a uma integração global, de cariz federalizante. O método global chegaria a ser tentado, na Europa, sendo posto em causa com a recusa de aprovação para ratificação da Comunidade Europeia de Defesa (C.E.D) por parte da Assembleia Nacional Francesa em 1954, pondo, assim, definitivamente em causa o Projecto de criação de uma Comunidade Política, verdadeira União Federal, gizado na altura. Para maiores desenvolvimentos sobre a contraposição entre o método de *spill over* e o método global *vide* Mota Campos, Direito Comunitário, O Direito Institucional, Vol. I, 7ª ed., ed. Caloustre Gulbenkian, Lisboa, 1998, p. 74 a 85 e 86 a 91.

Tal mecanismo só pode ser accionado para a prossecução dos objectivos da União (al. a), devendo envolver, pelo menos, a maioria dos EM (al. d), com respeito pelos princípios da União,[31] no quadro institucional da mesma (al. b), i.e., o Parlamento e a Comissão conservam o seu papel, de acordo com a base jurídica utilizada).

Saliente-se, por fim, que nos termos da al. c) do art. 46º do T.U.E., o Tribunal de Justiça é competente para controlar a verificação destes pressupostos.

5.2.2. As cláusulas especiais

Vimos *supra* que a "cooperação reforçada" pode ser accionada em dois domínios específicos: no âmbito do pilar comunitário (artigo 11º do T.C.E.[32]) e no âmbito da C.P.J.C. (art. 40º do T.U.E.[33]), pelo que, aos requisitos genéricos enunciados no artigo 43º do T.U.E., deverão adicionar-se os requisitos específicos ali explicitados.

Na essência, estamos perante dois pilares diferentes, o primeiro assente numa metodologia de cariz integracionista, o segundo mero pilar de cooperação. Tal facto justifica as diferentes preocupações na concepção de ambos os regimes que nortearam os revisores do Tratado. Um regime mais exigente no primeiro caso, mais aligeirado no segundo.[34]

Em relação ao primeiro campo de actuação da cooperação reforçada, podemos alinhavar as seguintes considerações de substância:

1ª - o artigo 11º do T.C.E afasta, desde logo, a possibilidade de accionamento deste mecanismo no que concerne matérias da competência exclusiva da Comunidade (i.e., aquelas onde apenas os órgãos comunitários estão habilitados a intervir[35]);

---

[31] Entre eles o respeito pelo adquirido comunitário (al. e). Em relação aos princípios da unidade e uniformidade com os quais a "cooperação reforçada", aparentemente, colide, diga-se que ressalta do regime em apreço que essa colisão se tem como indesejável, o que resulta não só do carácter subsidiário do mecanismo, mas também do desejado efeito de *spill over*, expresso, como vimos, na alínea g).

[32] *Vide* Anexo.

[33] *Vide* Anexo.

[34] No que respeita o primeiro pilar, consideramos mais correcta a utilização da expressão "integração diferenciada" ao invés de "cooperação reforçada". Integração porque os EM se servem, aí, de instrumentos próprios de integração, como sejam o regulamento ou a directiva (cfr. remissão do art. 11º, nº 4 para o art. 249º, ex- art. 189º). Diferenciada, porque alguns EM avançam mais do que outros. Em sentido próximo, Vlad Constantinesco, op. cit., p. 752, nota 5, defende preferir as expressões *"integração reforçada"* ou *"integração mais estreita"* sem distinguir, todavia, o campo de actuação em causa, o que não nos parece correcto, na medida em que no âmbito do terceiro pilar não se trata, manifestamente, de qualquer fenómeno de integração mas tão só de cooperação.

[35] Sobre a *vaexata questio* da determinação do que sejam matérias exclusivas da Comunidade vide MARIA LUÍSA DUARTE - *A teoria dos poderes implícitos e a delimitação de competências entre a União Europeia e os Estados-membros*, Lex, Lisboa, 1997, p. 319 e 320.

2ª - não poderá pôr em causa o adquirido comunitário, quer na sua dimensão retrospectiva, quer evolutiva;
3ª - não poderá dizer respeito à cidadania, nem estabelecer discriminações entre os nacionais dos EM;
4ª - deverá respeitar o princípio da especialidade[36] (i.e., a cooperação reforçada não pode funcionar como forma de revisão dos Tratados);
5ª - não deverá, ainda, implicar repartições do mercado interno, nem traduzir-se em vantagens comerciais para os participantes.

Em termos processuais, sublinhe-se que os Estados (no mínimo 8, *vide* o art. 43º, nº1, al. d)) que decidam avançar para a "cooperação reforçada" devem, previamente, obter uma autorização do Conselho. Este decidirá, por maioria qualificada, sendo que, no âmbito deste pilar, a Comissão detém o monopólio da iniciativa para o despoletar de tal autorização.[37] O Parlamento Europeu é obrigatoriamente consultado, não sendo, porém, o parecer vinculativo.

Note-se que, embora o artigo estipule que o Conselho delibera por maioria qualificada, parecendo, assim, obviar-se ao recurso à regra paralisante da unanimidade, esta acaba, nos termos do referido preceito, por consubstanciar uma possibilidade meramente diferida. Assim, nos termos do segundo parágrafo do art. 11º, nº 2, qualquer membro do Conselho, quer se trate de um EM empenhado em avançar pela via da "cooperação reforçada", quer qualquer EM que o não pretenda, pode, invocando "expressas razões de política nacional", declarar que tenciona opor-se à concessão da autorização. Se tal se verificar, não se procede à votação, podendo a questão ser remetida para o Conselho Europeu, se o Conselho, deliberando por maioria qualificada, assim o entender. Caberá, então, ao Conselho Europeu decidir *por unanimidade,* o que significa que qualquer EM dispõe de um direito de veto que lhe permite bloquear a decisão de autorização da cooperação reforçada.[38]

---

[36] De acordo com o princípio da especialidade, a Comunidade deve actuar dentro das competências que lhe sejam delegadas pelos EM (determinação dos fins). Distinto é o princípio da competência por atribuição, de acordo com o qual os órgãos comunitários devem actuar no âmbito das competências conferidas pelos Tratados (determinação dos poderes). Assim, MARIA LUÍSA DUARTE, *ibidem*, p. 31.

[37] Diferentemente, no âmbito da C.P.J.P., qualquer EM pode dirigir directamente o pedido de autorização ao Conselho (art. 40º nº 2), o que reflecte a natureza intergovernamental do pilar em causa.

[38] Não tem, assim, razão Vlad Constantinesco quando afirma: "Léquilibre recherché a été de permettre à un nombre significatif dEtats membres de développer des actions conjointes ... *sans pour autant que ceux des Etats qui ne souhaiteraient pas se joindre à ces actions soient en mesure de sy opposer.*" (o destaque é nosso), op. cit., p. 754.

A construção deste normativo revela que, no limite, é a vontade dos EM que é preservada em termos absolutos. Para tal basta invocar a já conhecida fórmula dos Acordos do Luxemburgo,[39] agora expressamente constitucionalizada.[40]

O artigo 40º do T.U.E prevê a possibilidade de recurso à cooperação reforçada no domínio do terceiro pilar. Por um lado, as condições de fundo são menos numerosas do que as previstas pelo artigo 11º do T.C.E. Em termos processuais cumpre sublinhar o facto de o pedido de autorização ao Conselho poder caber a qualquer EM e não apenas à Comissão. Também aqui existe a faculdade de bloqueio da

---

[39] Os Acordos de Luxemburgo (ver texto em Anexo) foram celebrados em 29 de Janeiro de 1966 para fazer face à política da "chaise vide". Esta crise foi iniciada pela França em Janeiro de 1965, em sinal de protesto contra a substituição da regra da unanimidade, no funcionamento do Conselho, pela regra da maioria, prevista pelos Tratados (art. 148º CEE e 118º CEEA) que entraria em vigor em 1 de Janeiro de 1966. Neste sentido *vide* Fausto de Quadros. *Direito das Comunidades Europeias e Direito Internacional Público, Contributo para o estudo da natureza jurídica do Direito Comunitário Europeu*, Almedina, Lisboa, 1984, p. 241.
Nos termos dos referidos Acordos, sempre que um EM invocasse *"interesses seus muito importantes"* a regra da votação passaria a ser a regra da unanimidade, afastando-se a regra da maioria.
Estes acordos não se confundem com a Declaração de Joanina, Decisão do Conselho de 29 de Março de 1994 e as alterações introduzidas em 1 de Janeiro de 1995 (ver texto em anexo), embora ambos digam respeito à mesma matéria: as regras de votação no Conselho.
A Declaração de Joanina surgiria por iniciativa do Reino Unido, secundado pela Espanha, tendo por intuito a manutenção da minoria de bloqueio de 23 votos, apesar da adesão de 3 novos EM - Áustria, Finlândia e Suécia, tendo ficado de fora a Noruega que, pela segunda vez na história, referendaria negativamente a adesão. Nos termos deste instrumento, um conjunto de membros do Conselho, representando um total de 23 a 25 votos, consegue bloquear uma deliberação, em derrogação ao estabelecido no Tratado que determina que apenas com 26 votos tal é possível.
É certo que entre as duas figuras existem pontos de contacto: ambas respeitam às regras de votação no seio do Conselho e ambas implicariam uma revisão informal do Tratado, pondo em causa o adquirido comunitário e o princípio do equilíbrio institucional, fruto de uma nítida cedência à vertente interestadual da integração. Contudo, as diferenças são assinaláveis. A Declaração de Joanina é activada independentemente da invocação de qualquer causa justificativa, seja um interesse muito importante ou outra. Por outro lado, contrariamente ao que sucede com a activação dos Acordos de Luxemburgo, não se abandona a regra da maioria em favor da unanimidade. Por fim, em relação ao poder impeditório que ambas concedem aos EM, este surge muito mais marcado nos Acordos de Luxemburgo, onde existe um verdadeiro direito de veto, por contraposição com a Declaração de Joanina, cujo propósito é o de suavizar a minoria de bloqueio, sem conceder qualquer poder de veto. Por este facto, MARIA LUÍSA DUARTE, no seu ensino aos alunos do 3º ano do Curso de Direito, na disciplina de Direito Comunitário, FDL, ano lectivo de 1997/98, considerou a Declaração de Joanina como uma reedição mitigada dos Acordos de Luxemburgo.
Pelo exposto, consideramos que, tal como afirmámos *supra*, a possibilidade que assiste aos EM de impedirem a decisão de autorização da cooperação reforçada através da invocação de "expressas razões de política nacional", é uma nítida aplicação da fórmula dos Acordos de Luxemburgo, não nos parecendo, salvo melhor opinião, que Vlad Constantinesco tenha razão ao afirmar que a regra contida no artigo 11º é uma espécie "de mariage entre le compromis de Luxembourg et celui de Ioanina", op. cit., p. 762. Não vislumbramos, aqui, qualquer osmose entre as figuras.

[40] Idêntica fórmula aparece, também, no domínio do segundo pilar (PESC), no art. 23º T.U.E.

autorização, através da invocação de *"importantes e expressas razões de política nacional"*.

5.3. CONCLUSÕES FINAIS

Em comparação com as grandes revisões que o antecederam (o Acto Único Europeu, em 1986, e o Tratado de Maastricht, em 1992), no Tratado de Amesterdão sobressai a ausência de um novo projecto comparável ao mercado interno ou à moeda única. Mais do que inovar, limita-se, aparentemente, a gerir o adquirido[41] revelando, inclusivamente, ao consagrar o mecanismo da "cooperação reforçada", uma tendência que, à luz do pensamento de Kaiser poderemos apelidar de *"desintegradora"*.[42] Esta cedência a forças centrífugas opera, a nosso ver, a dois níveis: quer porque se permite que uns Estados avancem e outros não, o que apenas se admite perspectivando-se o contágio dos *outsiders* através da técnica de *spill over*, quer porque, mesmo na eventualidade de alguns decidirem avançar, qualquer EM tem o poder de impedir que tal aconteça. Em suma, a grande novidade introduzida pelo Tratado de Amesterdão parece querer conciliar o inconciliável fazendo-nos lembrar, *mutatis mutandis*, a proposta do Ministro dos Negócios Estrangeiros da França, Aristides de Briand, quando, em Setembro de 1929, submetia, à Assembleia da Sociedade das Nações Unidas, um projecto de União Europeia, afirmando estar seguro que o laço federal que propunha para os povos da Europa, não afectaria a soberania dos Estados participantes. De modo igualmente paradoxal, também o mecanismo da cooperação reforçada pretende integrar desintegrando.

---

[41] Nas palavras de F. Dehousse "... le Traité se soucie moins de préparer lavenir que de gérer les réalisations du passé", salientando, ainda, o facto de o novo Tratado não incluir um preâmbulo, símbolo de tal apatia, op. cit., p. 266.

[42] Joseph Kaiser classificaria os Acordos de Luxemburgo e a criação do Conselho Europeu como *"actos de desintegração"* na medida em que implicaram uma cedência ao elemento intergovernamental da integração europeia *in* "Das Europarecht in der Krise der Gemeinschaften", *EuR*, 1966, p. 23 e seg. e "Grenzen der EG-Zustandigkeit", *EuR*, 1980 p. 99 citado por Fausto de Quadros, op. cit. na nossa nota 39, p. 296."

5.4. ANEXO[43]

1. Acordos de Luxemburgo (Extracto da acta da reunião do Conselho de 28 e 29 de Janeiro de 1966)

"Declaração comum sobre o processo de discussão no seio do Conselho de Ministros; I: Sempre que no caso de *decisões susceptíveis de serem tomadas por maioria*, sob proposta da Comissão, *interesses muito importantes de um ou vários Estados-membros estejam em causa*, os membros do Conselho esforçar-se-ão num prazo razoável por chegar a soluções que possam ser adoptadas por todos os membros do Conselho no respeito dos seus interesses mútuos e dos da Comunidade, na conformidade do art. 2º do Tratado; II: Em relação ao parágrafo precedente, a delegação francesa considera que, quando se trate de interesses muito importantes a discussão deverá prosseguir até que se chegue a um *acordo unânime*; III: As seis delegações registam que uma divergência subsiste sobre o que deverá fazer-se quando não se alcance uma completa conciliação; IV: As seis delegações consideram, no entanto, que tal divergência não impede que se retome, segundo o procedimento normal, os trabalhos da Comunidade".

2. Declaração de Joanina (Decisão do Conselho de 29 de Março de 1994 (94/C 105/01), com as alterações introduzidas pela Decisão do Conselho de 1 de Janeiro de 1995 (95/C 1/01)).

"Se um conjunto de membros do Conselho representando um *total de 23 a 25 votos* indicar *que tenciona opor-se a uma tomada de decisão por maioria qualificada* por parte do Conselho, este último envidará todos os esforços para, num prazo razoável e sem prejuízo dos prazos obrigatórios fixados pelos Tratados e pelo direito derivado, como, por exemplo, os dispostos nos artigos 189º-B e 189º-C do Tratado que institui a Comunidade Europeia, *chegar a uma solução satisfatória que possa ser adoptada pelo menos por 65 votos*. Durante esse prazo, e sempre cumprindo o Regulamento Interno do Conselho, o Presidente, coadjuvado pela Comissão, tomará todas as iniciativas necessárias para facilitar a obtenção de uma mais ampla base de acordo no Conselho. Os membros do Conselho prestar-lhe-ão apoio",

3. Título VII do T.E.U.: Disposições genéricas relativas à cooperação reforçada

Artigo 43º
"1. Os Estados-membros que se proponham instituir entre si uma cooperação reforçada podem recorrer às Instituições, processos e mecanismos previstos no presente Tratado e no Tratado que institui a Comunidade Europeia, desde que a cooperação prevista:
a) Tenha por objecto favorecer a *realização dos objectivos da União* e preservar e servir os seus interesses;
b) *Respeite os princípios* dos citados Tratados e o *quadro institucional único da União;*
c) Seja utilizada apenas em *último recurso*, quando não seja possível alcançar os objectivos dos citados Tratados mediante a aplicação dos processos pertinentes neles previstos;
d) Envolva pelo menos a *maioria dos Estados-membros;*
e) *Não afecte o acervo comunitário*, nem as medidas adoptadas ao abrigo das demais disposições dos citados Tratados;
f) Não afecte as competências, os direitos, as obrigações e os interesses dos Estados-membros que nela *não participem;*

---
[43] Os destaques são do nosso punho.

g) Esteja *aberta* a todos os Estados-membros e permita que estes a ela se *associem* em qualquer momento, desde que respeitem as decisões tomadas nesse âmbito;
h) Observe os critérios adicionais específicos constantes, respectivamente, do artigo 11º do Tratado que institui a Comunidade Europeia e do artigo 40º do presente Tratado, consoante o domínio em causa, e seja autorizada pelo Conselho nos termos dos processos neles previstos.
2. Os Estados-membros aplicarão, no que lhes diga respeito, os actos e decisões adoptadas para execução da cooperação em que participem. Os Estados-membros que não participem nessa cooperação não dificultarão a sua execução por parte dos Estados-membros participantes.

Artigo 44º
"1. Para efeitos da adopção dos actos e decisões necessários à execução da cooperação a que se refere o artigo 43º, são aplicáveis as disposições institucionais pertinentes do presente Tratado e do Tratado que institui a Comunidade Europeia. No entanto, embora todos os membros do Conselho possam tomar parte nas deliberações, só aqueles que representem os Estados-membros participantes podem intervir na adopção das decisões. A maioria qualificada é definida como sendo constituída pela mesma proporção dos votos ponderados dos membros do Conselho em causa fixada no nº 2 do artigo 205º do Tratado que institui a Comunidade Europeia. A unanimidade é constituída apenas pelos votos desses membros do Conselho.
2. As despesas decorrentes da execução da cooperação que não sejam custos administrativos em que incorram as Instituições ficam a cargo dos Estados-membros participantes, salvo decisão em contrário do Conselho, deliberando por unanimidade."

Artigo 45º
"O Conselho e a Comissão informarão regularmente o Parlamento Europeu da evolução da cooperação reforçada instaurada com base no presente Título."

3.1. Cooperação reforçada no âmbito do pilar comunitário

Artigo 11º do T.C.E.:
"1. Os Estados-membros que se proponham instituir entre si uma cooperação reforçada podem ser *autorizados*, sob reserva do disposto nos artigos 43º e 44º do Tratado da União, a recorrer às Instituições, processos e mecanismos previstos no presente Tratado, desde que a cooperação prevista:
a) Não incida em domínios da *competência exclusiva* da Comunidade;
b) Não afecte as políticas, acções ou programas da Comunidade;
c) Não diga respeito à *cidadania* da União, nem estabeleça *discriminações* entre os nacionais dos Estados-membros;
d) Permaneça nos *limites das competências atribuídas à Comunidade* pelo presente Tratado; e
e) Não constitua uma *discriminação* ou uma *restrição ao comércio* entre Estados-membros, nem provoque qualquer *distorção* das condições entre estes últimos.
2. *A autorização prevista no nº 1 será concedida pelo Conselho* deliberando por maioria qualificada, sob *proposta da Comissão* e após consulta ao Parlamento Europeu.
Se um membro do Conselho declarar que, por *importantes e expressas razões de política nacional*, tenciona opor-se à concessão de uma autorização por maioria qualificada, *não se procederá a votação. O Conselho, deliberando por maioria qualificada, pode solicitar que a questão seja submetida ao Conselho Europeu, a fim de ser tomada uma decisão por unanimidade.*
Os Estados-membros que se proponham instituir a cooperação reforçada a que se refere o nº 1 podem dirigir um pedido nesse sentido à Comissão, que pode apresentar ao Conselho

uma proposta para o efeito. Caso não apresente uma proposta, a Comissão informará os referidos Estados-membros das razões que a motivaram.
3. Qualquer Estado-membro que deseje participar na cooperação instituída nos termos do presente artigo notificará a sua intenção ao Conselho e à Comissão, a qual apresentará um parecer ao Conselho no prazo de três meses a contar da data de recepção da notificação. No prazo de quatro meses a contar da data da notificação, a Comissão tomará uma decisão sobre esta, bem como sobre medidas específicas que considere necessárias.
4. Os actos e decisões necessários para a execução das acções de cooperação ficam sujeitos a todas as disposições pertinentes do presente Tratado, salvo disposição em contrário do presente artigo e dos artigos 43º e 44º do Tratado da União Europeia.
5. O presente artigo não prejudica o disposto no Protocolo que integra o acervo de Schengen no âmbito da União Europeia".

3.2. Cooperação reforçada no âmbito da JAI

Artigo 40º do T.U.E.
"1. Os Estados-membros que se proponham instaurar entre si uma cooperação reforçada podem ser *autorizados*, respeitando o disposto nos artigos 43º e 44º, a recorrer às Instituições, processos e mecanismos previstos nos Tratados, desde que a cooperação prevista:
a) Respeite as competências da Comunidade Europeia, bem como os objectivos estabelecidos no presente Título;
b) Tenha por objectivo possibilitar que a União se transforme mais rapidamente num espaço de liberdade, segurança e justiça.
2. A autorização prevista no nº1 será concedida *pelo Conselho*, deliberando por maioria qualificada, a *pedido dos Estados-membros* em causa e após a Comissão ter sido convidada a apresentar o seu parecer pedido será igualmente transmitido o Parlamento Europeu.
Se um membro do Conselho declarar que, por *importantes e expressas razões de política nacional*, se tenciona opor à concessão de uma autorização por maioria qualificada, *não se procederá a votação. O Conselho, deliberando por maioria qualificada, pode requerer que a questão seja submetida ao Conselho Europeu, a fim de ser tomada uma decisão por unanimidade.*
Os votos dos membros do Conselho serão ponderados nos termos do nº 2 do artigo 205º do Tratado que institui a Comunidade Europeia. As deliberações serão adoptadas se obtiverem, pelo menos, sessenta e dois votos que exprimam a votação favorável de, no mínimo, dez membros.
3. Qualquer Estado-membro que deseje participar na cooperação instaurada nos termos do presente artigo notificará a sua intenção ao Conselho e à Comissão, a qual, no prazo de três meses a contar da data de recepção da notificação, apresentará ao Conselho um parecer, eventualmente acompanhado de uma recomendação relativa a disposições específicas que considere necessárias para que esse Estado-membro possa participar nessa cooperação. No prazo de quatro meses a contar a data da notificação, o Conselho tomará uma decisão sobre a questão, bem como sobre disposições específicas que considere necessárias. A decisão considera-se tomada, excepto se o Conselho, deliberando por maioria qualificada, decidir suspendê-la; neste caso, o Conselho indicará os motivos da sua decisão e fixará um prazo para voltar a analisá-la. Para efeitos do presente número, o Conselho delibera nas condições previstas no artigo 44.
4. O disposto nos artigos 29º a 41º é aplicável à cooperação reforçada prevista no presente artigo, salvo disposição em contrário deste e dos artigos 43º e 44º.
As disposições do Tratado que institui a Comunidade Europeia relativas às competências do Tribunal de Justiça das Comunidades Europeias e ao respectivo exercício são aplicáveis aos nº 1, 2 e 3.
5. O presente artigo não prejudica o disposto no Protocolo que integra o acervo de Shengen no âmbito da União Europeia."

6. A Zona Franca de Manaus no contexto do Mercosul

Maristela Basso
Professora-Doutora de Direito Internacional da Universidade de São Paulo - USP; Coordenadora do Grupo de Estudos do Mercosul do Departamento de Direito Internacional da Faculdade de Direito da USP.

Angela Teresa Gobbi Estrella
Procuradora da Fazenda Nacional e Pesquisadora do Grupo de Estudos do Mercosul, da Faculdade de Direito da USP.

Sumário: 6.1. Histórico legislativo da Zona Franca de Manaus; 6.2. Zona Franca de Manaus: antecedentes e justificativas; 6.3. A Zona Franca de Manaus no contexto do Mercosul; 6.3.1. O conteúdo e as razões da decisão - CMC nº 08/94; 6.3.2. O Mercosul e os Acordos Brasil-Argentina; 6.3.3. Os objetivos da decisão - CMC nº 08/94 e as distorções na concorrência; 6.3.4. Os incentivos concedidos às empresas instaladas junto à ZFM e as distorções na concorrência; 6.3.4.1. O regime fiscal da Zona Franca de Manaus: requisitos para a concessão dos benefícios e condições para gozá-los: 6.3.4.2. Análise dos incentivos; 6.3.4.3. Incentivos *x* compensação das deficiências; 6.3.5. As regras de origem para classificar os produtos das Zonas Francas no Mercosul; 6.3.6. Procedimentos para o estabelecimento dos requisitos específicos de origem que devem prevalecer sobre os critérios gerais de qualificação; 6.3.7. Revisão dos critérios e busca de novos requisitos (específicos) de origem; 6.3.7.1. Iniciativa dos Estados; 6.3.7.2. Iniciativa dos particulares; 6.3.8. Os produtos industrializados no pólo industrial de Manaus *x* os produtos maquilados em outras Zonas; 6.4. A experiência do Mercado Comum Europeu: procedimentos para o estabelecimento de regras específicas aplicáveis à concessão de auxílios regionais; 6.4.1. Princípios gerais de compatibilidade dos auxílios estatais com o Mercado Comum Europeu; 6.4.2. Noções de auxílio; 6.4.3. Campo de aplicação do controle; 6.4.4. Auxílios proibidos; 6.4.5. Auxílios autorizados caso a caso; 6.4.5.1. Princípios gerais aplicáveis aos auxílios com finalidade setorial; 6.4.5.2. Princípios gerais aplicáveis aos auxílios com finalidade regional; 6.4.5.3. Auxílio ao meio ambiente; 6.4.5.4. Auxílio à pesquisa e ao desenvolvimento; 6.4.5.5. Acúmulo de auxílios de múltiplas finalidades; 6.4.5.6. Controle da aplicação da regulamentação; 6.5. Conclusões; 6.5.1. Os produtos da Zona Franca de Manaus se adequam ao regime comum de origem fixado no Mercosul?; 6.5.2. Necessidades da ZFM; 6.5.3. Os efeitos da decisão - CMC nº 08/94 na Zona Franca de Manaus.

6.1. HISTÓRICO LEGISLATIVO DA ZONA FRANCA DE MANAUS

Como se sabe, no final da década de sessenta, o país entrava em um novo ciclo de desenvolvimento econômico, destacando-se, neste cenário, a produção doméstica de bens da indústria eletrônica de consumo. Associado a isso, tomava impulso a política de desenvolvimento regional e, dentro desta, a necessidade de inserção da Amazônia na economia nacional através da criação, nesta Região, de um pólo de desenvolvimento econômico com isenções fiscais e facilidades de consumo interno essenciais para a atração de capitais e mão-de-obra que assegurassem seu rápido progresso. Nesta atmosfera, a experiência obtida no passado serviria de pedra fundamental. E foi o que de fato aconteceu.

Editou-se, então, o Decreto-Lei nº 288, de 28 de fevereiro de 1967, no qual foi configurada a Zona Franca de Manaus, como "uma área de livre comércio de importação e exportação e de incentivos fiscais especiais, estabelecida com a finalidade de criar, no interior da Amazônia, um centro industrial, comercial e agropecuário dotado de condições econômicas que permitam seu desenvolvimento em face dos fatores locais e da grande distância que se encontram os centros consumidores de seus produtos"(art. 1º).

Para atingir a finalidade proposta, o referido Decreto conferiu diversos incentivos fiscais. Relativamente ao imposto de importação e ao imposto sobre produtos industrializados, dispõe o seu art. 3º:

"A entrada de mercadorias estrangeiras na Zona Franca destinadas a seu consumo interno, industrialização em qualquer grau, inclusive beneficiamento, agropecuário, pesca, instalação e operação de indústrias e serviços de qualquer natureza e a estocagem para reexportação, será isenta dos impostos de importação e sobre produtos industrializados".

Da mesma forma, "a exportação de mercadorias da Zona Franca para o estrangeiro, qualquer que seja sua origem, está isenta do imposto de exportação"(art. 5º).

No que diz respeito à exportação de mercadorias de origem nacional, para consumo ou industrialização na Zona Franca de Manaus ou mesmo reexportação para o estrangeiro, de acordo com o referido Decreto, são "para todos os efeitos fiscais constantes da legislação em vigor, eqüivalentes a uma exportação brasileira para o estrangeiro"(art. 4º).

Os produtos industrializados na Zona Franca de Manaus, exceção feita aos bens de informática e aos veículos automóveis, tratores e outros veículos terrestres, suas partes e peças, excluídos os das posições 8711 a 8714 da Tarifa Aduaneira do Brasil - TAB e respectivas partes e peças, quando dela saírem para qualquer ponto do Território Nacional, estarão sujeitos a exigibilidade do imposto sobre importação relativo à matérias-primas, produtos intermediários, materiais secundários e de embalagem, componentes e outros insumos de origem estrangeiras neles empregados. Nestes casos, o tributo é calculado mediante coeficiente de redução de sua alíquota *ad valorem*, desde que atendam nível de industrialização local compatível com "processo produtivo básico" para produtos compreendidos na mesma posição e subposição da Tarifa Aduaneira do Brasil (art. 7º).

A redução do imposto sobre importação, de que trata o art. 7º citado acima, somente será deferida a produtos industrializados previstos em projetos aprovados pelo Conselho de Administração da SUFRAMA que, além de se aterem aos limites anuais de importação de matérias-primas, produtos intermediários, materiais secundários e de embalagem, constantes da respectiva resolução aprobatória do projeto e suas alterações, *objetive*:

"a) o incremento de oferta de emprego na região;
b) a concessão de benefícios sociais aos trabalhadores;
c) a incorporação de tecnologia de produtos e de processos de produção compatíveis com o estado da arte e da técnica;
d) níveis crescentes de produtividade e de competitividade;
e) reinvestimento de lucros na região; e
f) investimento na formação e capacitação de recursos humanos para o desenvolvimento científico e tecnológico" (art. 7º, § 7º, II).

Para estes efeitos, o Decreto considera: a) "produtos industrializados", aqueles que resultarem das operações de transformação, beneficiamento, montagem e recondicionamento, como definidos na legislação de regência do Imposto sobre Produtos Industrializados; b) "processo produtivo básico" o que implica o conjunto mínimo de operações no estabelecimento fabril que caracteriza a efetiva industrialização de determinado produto (art. 7º, § 8º, alíneas "a" e "b").

Outro aspecto importante é que, de acordo com o Decreto em tela, "estão isentas do Imposto sobre Produtos Industrializados - IPI todas as Mercadorias produzidas na Zona Franca de Manaus, quer se destinem ao seu consumo interno, quer à comercialização em qualquer ponto do Território Nacional"(art. 9º).

Escapam deste quadro de compensações as mercadorias de origem estrangeira estocadas na Zona Franca de Manaus, que, ao saírem desta para comercialização em qualquer ponto do Território Nacional, estão sujeitas ao pagamento de todos os impostos de uma importação do exterior, exceto os casos de isenção previstos em legislação específica (art. 6º).

É importante observar que, originalmente, o Decreto-Lei nº 288/67 não exigia o cumprimento de qualquer condição de índole fiscal para que as empresas gozassem dos incentivos previstos.

Foi nesse contexto que se desenvolveu a industrialização da Zona Franca de Manaus, apoiada na política de incentivos fiscais, cuja finalidade era a de criar vantagens comparativas na Região, com vistas à fabricação de bens que utilizassem insumos, peças e componentes importados, bem como tivessem elevada proteção alfandegária, apresentando baixa relação no custo de transporte/preço de venda, como condição para suportar os custos das grandes distâncias que separam a Região dos centros dinâmicos e consumidores do país.

Desta forma, nos anos setenta, pouco depois de sua estruturação, a Zona Franca de Manaus já se revelava um parque industrial que se fortalecia rapidamente. Ao mesmo tempo, como se sabe, começavam as pressões internas para contê-la. Isso porque, no contexto de economia fechada em que vivíamos, a Zona Franca de Manaus era considerada uma ameaça ao parque industrial tradicional, localizado no Sul e no Sudeste do país.

Possivelmente, por estas razões, foi promulgado o Decreto-Lei nº 1.435, em 16 de dezembro de 1975, estabelecendo, como condição de gozo dos incentivos na Zona Franca, a observação de índice numérico mínimo de nacionalização, estipulado em conjunto pelo Conselho de Administração da SUFRAMA e pelo Conselho de Desenvolvimento Industrial.[1] Além disso, este Decreto, agravando claramente a carga fiscal (que o Decreto anterior, de 1967, buscava atenuar), alterava o cálculo da redução do imposto de importação sobre os insumos importados, quando incorporados em produtos industrializados na Zona Franca de Manaus e destinados para outras regiões do país.

Em 1967, vantagens foram dadas para o investidor ir para aquela região e, logo após, em 1975, as mesmas vantagens foram, de certa forma, neutralizadas. Em outras palavras, a política dos anos setenta era: incentivos sim, "ma non troppo". Vê-se, claramente, que, de uma certa forma, o que foi dado pelo legislador com uma mão, ele mesmo, logo após, retirou com a outra.

---

[1] O que se pretendia com o princípio da "nacionalização máxima dos produtos" era, provavelmente, propiciar ao parque industrial do Sul e do Sudeste facilidades para fornecer insumos que não teria condições de exportar para o exterior em razão de qualidade e preço.

Além das novas (inesperadas) condições, ainda nos anos setenta, foi editado o Decreto-Lei nº 1.455, de 07 de abril de 1976, facultando ao Governo Federal o estabelecimento de limites globais anuais de importação de mercadorias para a Zona Franca de Manaus (art.36).

Este sistema de quotas de importação vigorou até 1992, quando o Brasil trocou o antigo modelo de processo de desenvolvimento industrial pela busca da integração competitiva no mercado internacional, abandonando, assim, o protecionismo e abrindo o país para as importações. Com esta mudança de mentalidade, foi necessário proceder alterações estruturais no modelo de industrialização da Zona Franca de Manaus, a fim de adaptá-la à nova realidade econômica do Brasil, sujeita, por sua vez, à competitividade do mercado internacional.

Já, um pouco antes disto, vale lembrar, frente ao avanço tecnológico em curso, o Decreto-Lei nº 2.433, de 19 de maio, e o Decreto nº 96.760, de 22 de setembro, ambos de 1988, reconheceram que os critérios de nacionalização precisavam ser revistos, frente à sua inadequação à nova realidade em curso. Tanto é assim, que a Portaria Interministerial nº 03, de 19 de novembro de 1990, do Ministério da Economia, Fazenda e Planejamento e da Secretaria de Desenvolvimento Regional da Presidência da República, determinou a substituição dos índices numéricos de nacionalização por "processo produtivo básico", proposto pelas empresas e homologado pela SUFRAMA e pelo Departamento da Indústria e do Comércio - DIC do Ministério da Economia. Além disto, os produtos da Zona Franca de Manaus deveriam satisfazer um valor agregado mínimo, em relação ao custo total de fabricação, a ser fixado pela autarquia e pelo órgão referidos, observando-se o limite mínimo de 30%. Encerrava-se, assim, a exigência do índice mínimo numérico de nacionalização, e se começava a trabalhar com o "processo produtivo básico" (referido acima).

Não tardou para que fosse editada a Lei nº 8.387, de 30 de dezembro de 1991, que reorganizou a Zona Franca de Manaus, adaptando-a ao novo ambiente nacional e internacional, alterando, por conseguinte, o Decreto-Lei nº 288/67, revisitado acima. Com a nova redação dada pela Lei nº 8.387/91, o art. 7º do Decreto-Lei nº 288/67 (antes citado), ao referir a concessão do incentivo de redução do Imposto de Importação, apresenta as seguintes condições:

"a) nível de industrialização local compatível com processo produtivo básico para produtos compreendidos na mesma posição

e subposição da Tarifa Aduaneira do Brasil - TAB" (art. 7º, *caput, in fine*);
b) a industrialização de produto na Zona Franca de Manaus, com o emprego de insumos estrangeiros, deve ser objeto de projeto de fabricação aprovado pelo Conselho de Administração da SUFRAMA (art. 7º, § 7º);
c) os insumos estrangeiros empregados no processo de industrialização de produto na Zona Franca de Manaus (matérias-primas, produtos intermediários, materiais secundários e de embalagem), devem ater-se aos limites anuais de importação constantes da respectiva resolução aprobatória do projeto e respectivas alterações (art.7º, § 7º, I)" .

Cumpridas estas três condições, o benefício fiscal seria obtido mediante a redução do Imposto de Importação.

Retornando ao tema do "processo produtivo básico - PPB", referido antes, verifica-se que o art. 7º, *caput,* do Decreto-Lei nº 288/67, com a nova redação dada pela Lei nº 8.387/91, não determinou expressamente que as empresas cumprissem o "processo produtivo básico", mas que atendessem a "nível de industrialização local compatível com processo produtivo básico para produtos compreendidos na mesma posição da Tarifa Aduaneira do Brasil". Certamente, esta Lei não tem a pretensão de uniformizar a fabricação dos (diversos) produtos incentivados, o que inviabilizaria a incorporação de novas tecnologias de produtos e de processos de produção, conforme disposto no art. 7º, § 7º , II, alínea "c"; bem como a obtenção de níveis crescentes de produtividade e de competitividade, como disposto no art. 7º, § 7º, II, alínea "d".

Vê-se, então, que o novo diploma legal pretendeu fixar um *standard mínimo ou ideal* de industrialização, abaixo do qual as empresas não poderiam ficar, mas que poderia ser por elas ultrapassado, haja vista a liberdade que têm para produzir da melhor forma possível. Sem dúvida, o objetivo desta nova Lei é impedir a concessão de incentivos para projetos que impliquem a prática de "maquiagem industrial".

Dentro deste quadro normativo de avanços e recuos, é imperioso reconhecer que a Zona Franca de Manaus é um pólo industrial vitorioso, e representa um projeto geopolítico econômico de resultados concretos para o desenvolvimento nacional.

6.2. ZONA FRANCA DE MANAUS: ANTECEDENTES E JUSTIFICATIVAS

No início do século XX, a economia da Amazônia foi impulsionada pelo ciclo da borracha, que, porém, logo começou a se debilitar frente à concorrência do Sudeste Asiático.

Com o rápido declínio da borracha, surgiu a preocupação de como desenvolver aquela região, particularmente o Estado do Amazonas. É neste contexto de necessidade de contribuir para o desenvolvimento da Amazônia Ocidental, compreendendo os Estados do Amazonas, Acre, Rondônia e Roraima, que se regulamentou a Zona Franca de Manaus, através do Decreto-Lei nº 288, de 28 de fevereiro de 1967, em pleno regime militar. Além da necessidade de ocupação do território, à luz do princípio da segurança nacional, era preciso atenuar (de alguma forma) a grande distância que separa a Amazônia dos tradicionais centros consumidores do país.

Inicialmente, de acordo com o Decreto-Lei referido acima, a Zona Franca de Manaus foi criada para ser uma zona de livre comércio. A idéia era a de copiar as Zonas de Processamento de Exportação espalhadas pelo mundo, mas com a finalidade de abastecer o mercado interno. Seria uma ZPE diferente, com ênfase na importação de componentes de montagem de produtos eletrônicos cuja tecnologia não existia no país. Pretendia-se, basicamente, privilegiar as indústrias que tivessem alguma coisa a ver com a realidade regional e que possibilitassem um desenvolvimento sustentável. Porém, com o tempo, a Zona Franca de Manaus foi deixando de ser uma zona franca para se transformar num pólo industrial incentivado. Isto equivale a um distrito industrial que ocupa 7,4 mil hectares, com um faturamento de US$ 13,2 bilhões, com importações que chegam a US$ 3,1 bilhões e compras das empresas no mercado interno de US$ 3,6 bilhões. O investimento fixo no parque industrial está orçado em cerca de US$ 8,0 bilhões.[2]

Na época da sua implantação, a Zona Franca de Manaus era o lugar onde os brasileiros podiam comprar produtos importados mais acessíveis e baratos, frente aos mecanismos que foram criados para atrair investidores para aquela Região. A isenção do IPI para a produção local fez com que a indústria florescesse na Região. Em 1997, a Zona Franca de Manaus contava com 22 pólos setoriais, 517 indústrias e 2 mil empresas de comércio, que geravam 50 mil empregos.

---

[2] Dados divulgados pelo Superintendente da SUFRAMA, em 31 de julho de 1997, publicados na Gazeta Mercantil, página A-6.

A Zona Franca de Manaus, como é chamada tradicionalmente, concentra quase toda a indústria eletrônica de consumo do país, e no seu parque industrial são produzidos milhões de aparelhos (televisores, videocassetes, sistemas de sons, etc.). Além deste importante setor, lá estão também outros pólos, como o de duas rodas (motocicletas e bicicletas), o de relógios e o de descartáveis (como lâminas de barbear), dentre outros.

Das 517 indústrias presentes no parque industrial de Manaus, 300 são de grande porte. O faturamento global, decorrente das atividades das empresas na Região, cresceu de US$ 11,7 bilhões em 1995, para US$ 13,2 bilhões em 1996, e a expectativa para o ano de 1997 era de 15 bilhões.[3]

Não obstante o expressivo crescimento das vendas e da produção física da indústria instalada na Zona Franca de Manaus, sobretudo no período de 1992-1996, o valor das compras de insumos nacionais, produzidos na Região, ou em outras partes do Brasil, sempre superou o valor dos insumos importados do exterior.[4] Por outro lado, neste mesmo período, frente à competição de produtos finais importados, a indústria instalada na Zona Franca de Manaus se viu obrigada a utilizar certos insumos importados do exterior, oferecidos em condições mais vantajosas de preços, financiamento e de maior conteúdo tecnológico. Conseqüentemente, a fatia dos insumos importados no total de gastos com insumos evoluiu de cerca de 31%, em 1992, para aproximadamente 47%, em 1996.

Outro aspecto a considerar é que, mesmo após o Plano Real, quando registrou-se um forte crescimento das vendas e da produção física, a fatia das importações de insumos industriais da Zona Franca de Manaus não se alterou, relativamente ao total de importações brasileiras, porque as empresas industriais já haviam procedido aos ajustes impostos pela abertura da economia em fase anterior à implantação do referido Plano. E isso sem falar da necessidade de agregação de valor por parte das indústrias instaladas na Zona Franca de Manaus que, para gozarem dos benefícios fiscais, devem cumprir o PPB - "Processo Produtivo Básico", não se constituindo, portanto, em meras maquiadoras de produtos importados.

Considerando a necessidade de continuidade de desenvolvimento da Região, a Constituição Federal de 1988, em suas disposições transitórias, assegurou a manutenção dos incentivos fiscais até 2013 (art.40).

---

[3] Conforme dados divulgados pelo Superintendente da SUFRAMA, em 23 de agosto de 1997, publicados em "O Estado de São Paulo", p. B4.

[4] Fonte SUFRAMA e SECEX/MICT.

Hoje, porém, é imperioso reconhecer a necessidade de se refletir de forma madura sobre a realidade da Zona Franca de Manaus, com vistas a adequar a Região à abertura do comércio internacional. Em outras palavras, o que devemos discutir, hoje, não é como desfazer a Zona Franca de Manaus, mas sim a sua capacidade de se modernizar para enfrentar o desafio da globalização, isto é, as pressões da economia globalizada. Não devemos falar de retrocesso, e sim de avanço, progresso e desenvolvimento, nos contextos nacional, regional (Mercosul) e internacional.

Analisar os aspectos positivos e polêmicos da Zona Franca de Manaus, na ordem jurídico-político-econômica nacional, não é a nossa intenção neste trabalho, porém é imperioso reconhecer que quanto mais se fala do tema, menos se sabe sobre ele e mais equívocos se cometem, seja afirmando, genericamente, que lá se faz "maquiagem", seja desconsiderando que grande parte das vantagens fiscais são transferidas aos consumidores, sob a forma de preços mais baixos, e que os benefícios concedidos à Região Norte e, em particular, à Zona Franca de Manaus, tendem a retornar aos cofre públicos, através do efeito multiplicador das atividades desenvolvidas pelas empresas contempladas, que gera uma arrecadação em volume de tributos e de encargos sociais maior do que haveria na ausência dos incentivos.

6.3. A ZONA FRANCA DE MANAUS NO CONTEXTO DO MERCOSUL

Estará se perguntado o leitor quais são os reflexos da Zona Franca de Manaus (assunto inicialmente de interesse interno) no Mercosul. E aproveitamos para propor ao leitor abrir um pouco mais a ótica e incluir, no questionamento, as demais zonas francas existentes no território do Mercosul, porque tudo que será dito aqui poderá servir para as demais áreas aduaneiras especiais cujos produtos, ou produto, se encontrem em situação semelhante ao Pólo Industrial de Manaus.

O Mercosul, através da "Decisão nº 8/94 do Conselho do Mercado Comum - CMC,[5] estabeleceu que "salvo decisão em contrário,

---

[5] O Conselho do Mercado Comum - CMC é o órgão superior do Mercosul, e a ele corresponde a condução política da organização, bem como a tomada de decisão (Decisões) visando a assegurar o cumprimento dos objetivos e prazos estabelecidos para a constituição definitiva do Mercado Comum (art. 10 do Tratado de Assunção, de 1991 e arts. 3º e ss. do Protocolo de Ouro Preto, de 1994). O Conselho é um órgão intergovernamental, cujas decisões são tomadas por consenso. O CMC é composto pelos Ministros das Relações Exteriores e Ministros da

os Estados-Partes aplicarão a Tarifa Externa Comum ou, no caso de produtos excepcionais, a tarifa nacional vigente, às mercadorias provenientes de zonas francas comerciais, de zonas francas industriais, de zonas de processamento de exportação e de áreas aduaneiras especiais, sem prejuízo das disposições legais vigentes em cada um deles para o ingresso desses produtos no próprio país" (art. 2º).

A referida Decisão também prevê que "poderão operar no Mercosul, as zonas francas que atualmente se encontram em funcionamento e as que se instalarem em virtude de normas legais vigentes ou em trâmite parlamentar" (art. 5º). Considerando as especificidades das áreas aduaneiras especiais existentes em Manaus e na Terra do Fogo, constituídas em razão de sua situação geográfica particular, determina a Decisão que "poderão funcionar sob o regime atual até o ano de 2013" (art. 6º).

6.3.1. O conteúdo e as razões da decisão - CMC nº 8/94

As razões que fundamentaram a "Decisão 8/94" é que os Estados-Partes do Mercosul têm disposições legais, regulamentares e administrativas, que permitem o estabelecimento de zonas francas e áreas aduaneiras especiais, nas quais as mercadorias podem ter um tratamento diferenciado do registrado no território aduaneiro geral. E, fundamentalmente, porque tais disposições apresentam certas disparidades que poderiam provocar distorções nos fluxos comerciais, de inversões e nos ingressos aduaneiros. Razão pela qual, através da referida Decisão, busca-se um tratamento harmonizado no território do Mercosul.

Este tratamento harmonizado consiste, basicamente, na sujeição destas mercadorias ao mesmo tratamento aduaneiro e comercial aplicado às mercadorias originárias de Estados não integrantes do Mercosul (terceiros Estados). Para ingressar no território aduaneiro do Mercosul, as mercadorias provenientes dos enclaves fiscais dos Estados-Partes têm de pagar Imposto de Importação, à alíquota prevista na TEC, estando, ainda, sujeitas à imposição de restrições quan-

---

Economia dos Estados-Partes (art. 11 do Tratado de Assunção). As "Decisões" do Conselho do Mercado Comum são obrigatórias (art. 9º do Protocolo de Ouro Preto). Os Estados-Partes do Mercosul se comprometeram a adotar todas as medidas necessárias para assegurar, em seus respectivos territórios, o cumprimento das normas emanadas dos seus órgãos (art. 38 do Protocolo de Ouro Preto), as quais têm caráter obrigatório e devem, quando necessário, ser incorporadas aos ordenamentos jurídicos nacionais mediante os procedimentos previstos pela legislação de cada país (art. 42 do Protocolo de Ouro Preto). Para aprofundar o estudo da estrutura orgânica do Mercosul, vide de Maristela Basso, "O Mercosul - Seus Efeitos Jurídicos, Políticos e Econômicos nos Estados Membros". 2ª ed. Porto Alegre: Editora Livraria do Advogado. 1997.

titativas, pela aplicação de salvaguardas, nos termos dos acordos do GATT-OMC.[6]

Inicialmente, examinando-se esta Decisão, vê-se logo que ela vem ao encontro das metas traçadas pelo primeiro Tratado marco do Mercosul, celebrado em Assunção, em 1991, cujo art. 1º, parte final, estabelece o "compromisso dos Estados-Partes de harmonizar suas legislações, nas áreas pertinentes, para lograr o fortalecimento do processo de integração". Nessa perspectiva, a discussão do tema das zonas francas foi iniciada há muito no âmbito do Subgrupo 7 (Política Industrial e Tecnológica[7]), cujo trabalho impulsionou a Decisão 8/94.

Além da Decisão 8/94, foi celebrado, em 30 de dezembro de 1994, o "Décimo Primeiro Protocolo Adicional ao Acordo de Complementação Econômica nº 18"[8] (ACE 18), entre os países membros do Mercosul, cujo art. 2º[9] repete o disposto no art. 2º, antes citado, daquela Decisão.[10]

---

[6] A Ata Final da Rodada do Uruguai, que criou a OMC- Organização Mundial do Comércio, foi promulgada no Brasil através do Decreto Presidencial nº 1.355, de 30 dezembro de 1994, e publicado no DOU de 31.12.94.

[7] Para compor a estrutura orgânica do período de transição do Mercosul, o Tratado de Assunção, 1991, além do Conselho do Mercado Comum, referido acima, criou o Grupo do Mercado Comum - GMC, mantido depois, com a mesma função, em 1994, com o Protocolo de Ouro Preto, que estabeleceu a estrutura orgânica definitiva do Mercosul, ultrapassado o período de transição. A função do Grupo do Mercado Comum é a ser o órgão executivo do Mercosul, velando pelo cumprimento dos seus tratados, tomando as providências necessárias ao cumprimento das decisões adotadas pelo Conselho, propondo medidas concretas tendentes à aplicação do Programa de Liberação Comercial, à coordenação de política macroeconômica e à negociação de acordos com terceiros, além de fixar programas de trabalho que assegurem avanços para o estabelecimento do Mercado Comum (art. 13 do Tratado de Assunção e arts. 10 e ss. do Protocolo de Ouro Preto). O Grupo do Mercado Comum é integrado por representantes dos Ministérios das Relações Exteriores, Ministérios da Economia ou seus equivalentes e Bancos Centrais (art. 14 do Tratado de Assunção). Suas decisões são tomadas por consenso. O Grupo, para realizar melhor as suas funções, é composto de dez Subgrupos de Trabalho - SGT, assim distribuídos após o Protocolo de Ouro Preto: 1- Comunicações; 2- Minas; 3- Regulamentos Técnicos; 4- Assuntos Financeiros; 5- Transporte e Infra-estrutura; 6- Meio Ambiente; 7- Indústria; 8- Agricultura; 9- Energia; 10- Assuntos Trabalhistas, Emprego e Seguridade Social.

[8] O ACE 18 foi celebrado em 29 de novembro de 1991.

[9] "Art. 2º - Salvo decisión en contrario, los Estados-partes aplicarán el Arancel Externo Común o, en el caso de productos excepcionados, el arancel nacional vigente, a las mercaderías provenientes de zonas francas comerciales, de zonas francas industriales, de zonas francas de procesamiento de exportaciones y de áreas aduaneras especiales, sin perjuicio de las disposiciones legales vigentes en cada uno de ellos para el ingreso de dichos productos al propio país".

[10] O "Décimo Primeiro Protocolo Adicional ao Acordo de Complementação Econômica nº 18", foi incorporado ao Direito Brasileiro através do Decreto nº 1.805, de 06 de fevereiro de 1996, e pelo Decreto nº 1.897, de 06 de maio de 1996. Este Protocolo foi protocolizado na ALADI em 13 de junho de 1995.

Como se vê, no contexto do Mercosul, com a Decisão nº 8/94 e o "11º Protocolo Adicional ao ACE 18", os produtos das zonas francas somente poderão ser internalizados no território do Mercosul mediante pagamento da TEC - Tarifa Externa Comum, sendo, portanto, considerados produtos de terceiros países, excluídos do acesso às preferências regionais.

Entretanto, este quadro normativo regional, a nosso ver, deve ser revisto, com cuidado, frente às questões que suscita.

A primeira delas se refere à relação entre o ACE 18, e seus Protocolos, e o anterior "Acordo de Complementação Econômica nº 14 - ACE 14", celebrado entre a Argentina e o Brasil, em 20 de dezembro de 1990.[11]

Comecemos nossa análise dos aspectos importantes que devem ser revistos no quadro normativo do Mercosul, no tocante às zonas francas, examinando a relação de sucessividade e complementaridade entre os acordos regionais bilaterais celebrados, inicialmente, entre Argentina e Brasil, e aqueles firmados, posteriormente, entre os quatro países integrantes do Mercosul.

6.3.2. O Mercosul e os Acordos Brasil-Argentina

À primeira vista, quando foi celebrado o Tratado de Assunção, em 26 de março de 1991,[12] pensou-se que ele deveria absorver e suplantar os acordos bilaterais celebrados anteriormente entre Brasil e Argentina, os quais já haviam iniciado processo de aproximação anos antes. Entretanto, examinando-se o Tratado de Assunção, encontramos disposição expressa no sentido de que "os Estados-Partes se comprometem a preservar os compromissos assumidos até a data de celebração do Tratado de Assunção, inclusive os acordos firmados no âmbito da Associação Latino-Americana de Integração - ALADI" (art. 8º).[13]. Porém, não esclarece o Tratado de Assunção como estes compromissos devem se conciliar com o Mercosul.

Esta constatação traz à tona o tema fundamental, em direito internacional, relativo às regras gerais sobre sucessão de tratados entre Estados. Como se sabe, quando há identidade de partes (Esta-

---

[11] O ACE 14 entrou em vigor em 01 de janeiro de 1991.

[12] Aprovado pelo Congresso Nacional em 25.09.1991, e promulgado pelo Presidente da República através do Decreto nº 350, publicado no Diário Oficial da União de 22.11.1991, entrando em vigor no dia seguinte.

[13] É importante observar que o Anexo I do Tratado de Assunção, relativo ao "Programa de Liberação Comercial", estabelece, no seu art. 12, que "as normas contidas no presente Anexo não se aplicarão aos Acordos de Alcance Parcial, de Complementação Econômica Números..., 14, nem aos comerciais e agropecuários subscritos no âmbito do Tratado de Montevidéu de 1980, os quais se regerão exclusivamente pelas disposições neles estabelecidas".

dos) nos tratados, sejam bilaterais ou multilaterais, a norma geral é similar ao direito interno: *lex posterior derogat priori*.[14] Essa é uma regra básica, a não ser que os Estados partes no tratado tenham expressamente decidido de outra forma.

O problema maior surge quando os Estados partes de um e outro tratado não são os mesmos, e as disposições neles contidas não são plenamente conciliáveis, como ocorre com o ACE 14 e o ACE 18.

No âmbito da integração latino-americana, o Tratado de Montevidéu que criou a ALADI - "Associação Latino-Americana de Integração", em 1980, estabelece como um dos seus princípios a "flexibilização, caracterizada pela capacidade para permitir a celebração de acordos de alcance parcial, regulada em forma compatível com a consecução progressiva de sua convergência e pelo fortalecimento dos vínculos de integração" (art. 9º).

Impulsionados por esta disposição, Argentina e Brasil celebraram importantes acordos bilaterais, no âmbito de um programa de cooperação e integração estabelecido entre eles, dentro do qual foi celebrado o ACE 14, em 1990. A principal característica deste Acordo, segundo Luiz Olavo Baptista, "é o seu caráter de consolidação dos protocolos firmados desde 1985 até a data de sua assinatura. Além disso, incorpora instrumentos anteriores, entre Brasil e Argentina, a partir do Acordo de Alcance Parcial nº 1".[15] Fundamentalmente, este Acordo tem como objetivos, entre outros, facilitar a criação das condições necessárias para o estabelecimento do Mercado Comum entre ambos os países signatários; promover a complementação econômica, em especial a industrial e a tecnológica, a fim de otimizar a utilização e mobilidade dos fatores de produção e de alcançar escalas operacionais eficientes; e estimular os investimentos orientados a um intensivo aproveitamento dos mercados e da capacidade competitiva de ambos os países nas correntes de intercâmbio regional e mundial (art. 1º).

Depois, em 26 de março de 1991, veio o Tratado de Assunção, que também não apresenta nenhuma incompatibilidade material com o Tratado da ALADI.

---

[14] De acordo com a Convenção de Viena sobre Direito dos Tratados, de 1969, "quando um tratado estipular que está subordinado a um tratado anterior ou posterior, ou que não deve ser considerado como incompatível com outro tratado, as disposições deste último prevalecerão" (art. 30, § 2º). Ainda, "quando todas as partes no tratado anterior são igualmente partes no tratado posterior, sem que o tratado anterior tenha cessado de vigorar ou sem que a sua aplicação tenha sido suspensa..., o tratado anterior só se aplica na medida em que suas disposições sejam compatíveis com as do tratado posterior", (art. 30, § 3º).

[15] In "O Mercosul - Suas Instituições e Ordenamento Jurídico". São Paulo: LTr, 1998, p. 32.

Logo em seguida, 29 de novembro de 1991, foi celebrado o ACE 18, já no âmbito do Mercosul, entre Argentina, Brasil, Paraguai e Uruguai, cujo objetivo, dentre outros, é o de facilitar a criação das condições necessárias para o estabelecimento do Mercado Comum a se constituir em conformidade com o Tratado de Assunção (art. 1º).

Temos, portanto, uma rede de acordos bilaterais (Argentina e Brasil) e multilaterais - Mercosul (Argentina, Brasil, Paraguai e Uruguai) que se encaixam dentro do marco de integração da ALADI, e, em princípio, devem ser conciliados.

Recorrendo a experiência do Mercado Comum Europeu, sempre útil em análises como esta, vemos que o Tratado de Roma, de 1957, que instituiu a "Comunidade Econômica Européia", optando por uma maior precisão de princípios, prevê, no seu art. 233, que "as disposições do presente Tratado não constituem obstáculo à existência e aperfeiçoamento das uniões regionais entre Bélgica e Luxemburgo, bem como entre Bélgica, Luxemburgo e Países Baixos, na medida em que os objetivos dessas uniões regionais não sejam atingidos pela aplicação do presente Tratado". Isso não quer dizer que o Tratado de Roma não será aplicado no âmbito dos acordos regionais citados, mas, segundo o entendimento da Corte de Justiça das Comunidades Européias,[16] eles representam uma derrogação das regras comunitárias na medida em que a união do BENELUX já estava avançada em relação à Comunidade Econômica Européia.[17]

Mantendo as devidas proporções e diferenciações entre os processos de integração europeu e do Cone Sul, podemos dizer que a situação do BENELUX, no Mercado Comum Europeu, é similar àquela dos acordos entre Argentina e Brasil, no âmbito do Mercosul, ainda que, no âmbito deste último, existam outros aspectos que temos que considerar, haja vista que aqui os dois países envolvidos

---

[16] Diz-se "Comunidades Européias" porque englobam a "Comunidade Européia do Carvão e do Aço - CECA", criada em 1951; a "Comunidade Européia da Energia Atômica - CEEA/EURATOM", criada em 1957", e a "Comunidade Econômica Européia - CEE", criada também em 1957. A partir do Tratado de Maastricht, de 1992, passou-se a empregar a expressão "União Européia" em substituição a "Comunidades Européias", ou "Comunidade Econômica Européia". A Corte Européia ou Tribunal de Justiça Europeu é o órgão judiciário das Comunidades/EU, supranacional como os demais, a quem incumbe, dentre outras funções, a interpretação do direito comunitário europeu. Para aprofundar a comparação entre Mercosul e a União Européia, vide, de Maristela Basso: "El Mercosur y la Unión Europea". Publicado na "Revista de Direito do Mercosul - Revista de Derecho del Mercosur", La Ley, ano 2, nº 2, abril de 1998, p. 21-35; e "Integração Econômica e Institucionalização: As Experiências do Mercosul e da União Européia". Publicado da "Revista do Centro de Estudos Judiciários do Conselho da Justiça Federal - CEJ", ano II, abril de 1998, p. 72-82.

[17] CJCE/TJCE, 16.5.1984, proc. 105/83, Pakvries, Recueil 1984, p. 2101 e ss.

na integração parcial, que precedeu e serviu de alavanca ao Mercosul, são os dois maiores e mais fortes economicamente.

Na opinião de José Angelo Estrella Faria, "pode-se dizer que, em princípio, os compromissos assumidos pela Argentina e pelo Brasil desde 1986, com vistas à integração de suas economias, permanecem inalterados, em vigor, e, ao menos em tese, esses países poderiam prosseguir na sua aplicação e execução, desde que as disposições neles contidas não sejam contrárias ao Tratado de Assunção, e na medida em que os seus objetivos não possam ser atingidos por este último". Entende o mesmo autor que, "naquilo que o Mercosul regular suficientemente, ou for mais avançado, os acordos bilaterais não terão aplicação. Contudo, para a matéria restante (v.g. os pontos em que os acordos Brasil-Argentina estiverem mais adiante do Tratado), a manutenção dos acordos anteriores pode suscitar alguns problemas, em razão da pretensão à reciprocidade, de que dispõem Uruguai e Paraguai".[18]

Frente à norma do art. 8º do Tratado de Assunção, cumpre-nos examinar quais os acordos anteriores que permanecem em vigor.

Vale refletir que, a finalidade do ACE 14 é a eliminação completa de todos os gravames e demais restrições aplicadas ao comércio entre Brasil e Argentina, conforme cronograma nele previsto, que deveria conduzir à tarifa zero até 31 de dezembro de 1994. Este Acordo abrange todo o universo tarifário de bens, sem qualquer exceção expressa.

Conclui-se, então, que todas as normas presentes em acordos anteriores ao ACE 14, celebrados entre Brasil e Argentina, relativos à eliminação de gravames e demais restrições comerciais, foram derrogadas.

Contudo, a questão se torna mais complexa quando examinamos a relação entre os acordos em vigor entre Argentina e Brasil, como o ACE 14, com o Tratado de Assunção e seus Protocolos Adicionais.

Como já foi dito, o art. 8º do Tratado e Assunção não esclarece a questão definitivamente, ao estabelecer que "ficam preservados os compromissos anteriores". Por outro lado, o ACE 18 é mais claro ao dizer que suas regras não se aplicam ao ACE 14, dentre outros, os quais se regerão pelas disposições neles estabelecidas (art. 13), como também se observa do disposto no art. 12 do Anexo I do Tratado de Assunção.[19]

---

[18] In "O Mercosul: Princípios, Finalidade e Alcance do Tratado de Assunção". Brasília: Ministério das Relações Exteriores", 1993, p. 162.

[19] Vide nota 12 supra.

Da análise destas regras, advindas de documentos distintos, mas satélites, pode-se dizer que, no que diz respeito à liberalização do comércio de bens, entre Argentina e Brasil, que já era objeto do ACE 14, valem as disposições deste, conforme disposto no art. 13 do ACE 18. Tudo o mais relacionado aos outros aspectos fundamentais para a constituição do Mercado Comum do Sul (Mercosul) reger-se-á pelo art. 8º do Tratado de Assunção.

Nessa perspectiva, entendemos que: como o Tratado de Assunção representa um compromisso maior no quadro da integração do Cone Sul, em caso de conflito entre as suas regras, Argentina, Brasil, Paraguai e Uruguai, deverão dar preferência ao Tratado de Assunção e seus Protocolos e Acordos Complementares e Adicionais. Da mesma forma, os Estados membros do Mercosul devem buscar harmonizar os acordos anteriores com o Tratado de Assunção e seus Protocolos Adicionais.

Ainda, devemos considerar que as normas sobre liberação comercial específicas para Brasil e Argentina, contidas no ACE 14, não criam atualmente maiores problemas, porque o período de transição estabelecido neste Acordo[20] se encerrou na mesma data daquele previsto no Anexo I do Tratado de Assunção.[21]

Diante disso, ainda que o ACE 14 não tenha sido formalmente revogado, a atitude mais correta é preservá-lo somente enquanto servir para aumentar a integração do Mercosul, haja vista que a existência de acordos paralelos não pode servir de pretexto para que a integração opere mais lentamente, ou tenha menor abrangência, apenas porque estes acordos (ainda em vigor) tenham objetivos menos precisos do que aqueles previstos nos Tratados do Mercosul.

6.3.3. Os objetivos da Decisão - CMC nº 8/94 e as distorções na concorrência

A razão de ser da Decisão-CMC nº 8/94 foi o entendimento do Conselho do Mercado Comum de que o *tratamento fiscal diferenciado*, vigente em zonas francas comerciais, zonas francas industriais, zo-

---

[20] O art. 3º do ACE 14 estabelece: "Ambos os países acordam eliminar o mais tardar em 31 de dezembro de 1994 os *gravames e demais restrições* aplicadas em seu comércio recíproco". Para os efeitos do disposto neste artigo, entende-se: "Art. 4º (a) por *gravames* os direitos aduaneiros e quaisquer outros encargos de efeitos equivalentes, sejam de caráter fiscal, monetário, cambial ou de qualquer natureza, que incidam sobre o comércio exterior (...); (b) por *restrições* qualquer medida de caráter administrativo, financeiro, cambial ou de qualquer natureza, mediante a qual um país signatário impeça ou dificulte, por decisão unilateral, o comércio recíproco (...)" (grifos nossos).

[21] Tratado de Assunção, Anexo I, art. 10: "... A 31 de dezembro de 1994 e no âmbito do Mercado Comum, ficarão eliminadas todas as restrições não tarifárias".

nas de processamento de exportações e nas áreas aduaneiras especiais, poderia provocar *distorções* nos fluxos comerciais, nos investimentos e nos ingressos aduaneiros, dentro do mercado regional. Assim, a fim de assegurar condições adequadas de concorrência entre os Estados-Partes, um dos princípios fundamentais do Mercosul, foi determinada a coordenação de suas políticas macroeconômicas e setoriais relativas a enclaves fiscais, no sentido da segregação daqueles espaços aduaneiros especiais e de todos os produtos deles oriundos.[22]

6.3.4. Os incentivos concedidos às empresas instaladas junto à ZFM e as distorções na concorrência:

Como é sabido, são oferecidos, pelo Governo brasileiro, tanto na esfera estadual como na federal, uma série de incentivos fiscais às indústrias fixadas na ZFM, por conta da política de promoção da ocupação e desenvolvimento da Amazônia. Tais incentivos englobam a isenção do Imposto de Renda (total, por dez anos, e de 50% do valor devido, após este período), do Imposto sobre Produtos Industrializados (total) e do Imposto sobre Circulação de Mercadorias e Prestação de Serviços (total na importação de bens de capital; da parcela local, na aquisição de mercadorias brasileiras), a redução do Imposto sobre Operações Financeiras (nas operações de câmbio relativas à importação de bens e serviços), a restituição de 45% a 100% do ICMS devido na saída dos produtos fabricados na ZFM para o mercado brasileiro, e a suspensão do Imposto de Importação, incidente no ingresso de quaisquer bens estrangeiros na ZFM.

Examinemos mais detidamente estes incentivos fiscais, bem como seus efeitos no Mercosul.

6.3.4.1. O regime fiscal da Zona Franca de Manaus: requisitos para a concessão dos benefícios e condições para gozá-los

A Zona Franca de Manaus foi regulamentada, como já se disse, pelo Decreto-Lei nº 288/67, e posteriormente reestruturada pela Lei nº 8.387/91. A Constituição Federal de 1988 manteve a Zona Franca

---

[22] Tratado de Assunção.
(...)
"Art. 1º
Este mercado Comum implica:
(...)
A *coordenação de políticas macroeconômicas e setoriais entre os Estados Partes* - de comércio exterior, agrícola, industrial, fiscal, monetária, cambial e de capitais, de serviços, alfandegária, de transportes e comunicações e outras que se acordem -, *a fim de assegurar condições adequadas de concorrência* entre os Estados Partes; (...)".

de Manaus pelo prazo de vinte e cinco anos, com todas as suas características de área de livre comércio, de exportação e importação, e de incentivos fiscais, cujo objetivo é o de desenvolvimento da Amazônia.

a) Os Requisitos Para a Concessão dos Benefícios Federais: Para que as empresas que se instalam na Zona Franca de Manaus possam fruir dos benefícios federais previstos, devem cumprir o "Processo Produtivo Básico - PPB", isto é, um conjunto mínimo, ideal, de operações no estabelecimento fabril, que caracterize a efetiva industrialização de determinado produto. No caso específico de produtos de informática, exige-se, ainda, a aplicação de 5% do faturamento em P&D - Pesquisa e Desenvolvimento.[23]

Vejamos quais são os principais incentivos fiscais federais concedidos às empresas da Zona Franca de Manaus:

Quadro I - Incentivos Fiscais (Federais)

ESFERA FEDERAL	INCENTIVOS FISCAIS
I.P.I. - Imposto Sobre Produtos Industrializados.	Isenção em todas as operações, isto é, na entrada de mercadorias em geral e na saída de produtos industrializados da ZFM.
I.I. - Imposto de Importação	Suspensão nas operações de entrada na ZFM. Recolhimento na saída para o território nacional, com redução fixa de 88%, ou mediante coeficiente de redução de alíquota (índice de nacionalização) para bens de informática
I.E. - Imposto de Exportação	Isenção do imposto de exportação para mercadorias de qualquer origem
I.R. - Imposto de Renda	Isenção por dez anos e posteriormente redução (50%)
I.O.F - Imposto sobre Operações de Crédito	Redução nas operações de câmbio relativas à importação de bens e serviços
FINAM - Fundo de Investimento da Amazônia	Colaboração financeira para ativos fixos em projetos a serem realizados

---

[23] Conforme disposto nos seguintes diplomas legais: Decreto-Lei nº 288/67, Lei Federal nº 8.387/91, Decreto nº 783/93 (PPB), Decreto nº 1.885/96 (P&D para empresas de informática), Portarias ns. 160/96 (prazo para laudo técnico s/PPB) e 172/96 (credenciamento de empresas de auditoria técnica para PPB).

**Quadro II - Principais dispositivos da Legislação Federal
sobre incentivos na ZFM**

I.P.I. - Imposto sobre Produto Industrializado e I.I.- Imposto sobre Importação: Decreto-Lei nº 288/67; Lei nº 8.387/91; Decreto nº 783/93; Decreto nº 1.885/96; Portarias nº 160/96 e nº 172/96
I.R. - Imposto de Renda: Decreto-Lei nº 756/69 e Lei nº 67.527/70
FINAM - Fundo de Investimento da Amazônia: Decreto-Lei nº 1.376/74; Lei nº 8.167/91; Decreto nº 101/91
EIZOF - Entreposto Internacional da Zona Franca de Manaus: Decreto nº 205/91; Portaria Interministerial nº 2/92
SUFRAMA - Superintendência da Zona Franca de Manaus: Resolução nº 261/93 - PROEX; Portaria nº 197/96 - Taxas da SUFRAMA

b) Os Requisitos Para a Concessão dos Benefícios Estaduais: Também na esfera estadual há a necessidade de se observar um conjunto de exigências, dentre as quais destacamos as seguintes, contempladas na Lei Estadual nº 1.939/89:

1) as empresas são oneradas pelo FMPE - Fundo de Fomento às Micros e Pequenas Empresas, para o qual devem repassar 6% do valor do I.C.M.S. a ser restituído pelo Estado do Amazonas *(art. 23, I)*;

2) as empresas devem manter programas de benefícios sociais a seus empregados, especialmente nas áreas de alimentação, saúde, lazer, educação, transporte e creche *(art. 19, II)*;

3) as empresas industriais devem ainda conceder, nas vendas para empresas comerciais locais, descontos equivalentes à parcela do I.C.M.S. restituído na operação *(art. 19, VI)*.

Através da Lei Estadual nº 2.390/96, foram adicionadas novas obrigações para as empresas industriais já instaladas na Zona Franca de Manaus, dentre as quais destacamos:

1) gerar empregos de tal sorte que a participação do custo da mão-de-obra seja correspondente a, no mínimo, 10% do custo final do produto *(art. 28,I)*, patamar posteriormente alterado pela Lei Estadual nº 2.430/96, para 1,5% do custo final do produto;

2) contribuição ao FTI - Fundo de Fomento ao Turismo, Infra-Estrutura e Interiorização do Desenvolvimento do Amazonas com o correspondente a 2% do valor CIF das importações de insumos *(art. 13,VIII da Lei nº 2.390/96)*, empregados na fabricação de bens finais, cuja base de cálculo foi alterada para o valor FOB, quando de sua regulamentação *(Decreto nº 17.287/96 e Resolução nº 014/96)*. Excluem-se dessa contribuição os bens de informática.

Vejamos quais são os incentivos fiscais estaduais conferidos às empresas instaladas na Zona Franca de Manaus:

Quadro III - Incentivos Fiscais (Estaduais)

ESFERA ESTADUAL	INCENTIVOS FISCAIS
I.C.M.S. - Imposto sobre Circulação de Mercadorias e Serviços	a) isenção para mercadorias de origem nacional que entram na ZFM, gerando crédito de 7% para o comprador na ZFM (crédito presumido) - a alíquota do crédito presumido de I.C.M.S. sobre aquisição de insumos nacionais poderá ser de 12% casos estes insumos sejam oriundos das Regiões Norte, Nordeste, Centro-Oeste ou do Estado do Espírito Santo; b) isenções nas exportações de bens de capital. Nas importações de insumos industriais, a alíquota do I.C.M.S. é de 17%, gerando crédito para a empresa fabricante importadora, a ser compensado na saída do produto. Na importação de insumos, há incentivos, de caráter transitório (regressivos), para a fabricação de bens de informática, telefone celular e bens intermediários (componentes), representados pela aplicação de redutor na base de cálculo do I.C.M.S.; c) as empresas desfrutam de restituição do I.C.M.S. devido na saída para o mercado interno de bens fabricados na ZFM - essa restituição é de[24]: • 45% para bens de consumo; • 45% a 85% para bens de informática e telefone celular; • 55% a 95% para bens de capital; • até 100% para componentes; • d) redução de até 100% do I.C.M.S. para componentes e bens intermediários na venda interna à ZFM

Quadro IV - Principais dispositivos da Legislação Estadual sobre incentivos fiscais na ZFM

Lei nº 1.320/78, alterada pela Lei nº 2.430/96: Código Tributário do Estado;
Lei nº 1.939/89 - incentivo na forma de restituição do I.C.M.S;
Decreto nº 12.814-A/90;
Decreto nº 14.820/92;
Decreto nº 16.774/95;
Decreto nº 16.907/95;
Lei nº 2.390/96 - Regulamentada pelo Decreto nº 17.287/96 e pelas Resoluções ns. 011/96, 014/96 e 001/97

---

[24] É importante ter presente que para os produtos constantes do anexo ao Decreto nº 14.820/92, a restituição será acrescida de cinco pontos percentuais.

6.3.4.2. Análise dos incentivos

a) *Imposto sobre Produtos Industrializados*: O Imposto sobre Produtos Industrializados não é cobrado em nenhuma operação realizada na ZFM. Tanto as entradas de mercadorias em geral, como a saída de produtos industrializados na ZFM, são isentas do tributo.

As isenções na entrada de bens de capital ou de mercadorias que as empresas localizadas na ZFM adquiram como consumidoras finais funcionam como um subsídio, porque diminuem os custos operacionais. Como qualquer subsídio, podem gerar distorções na concorrência em todo o Mercosul, pois a diferença decorrente da redução do custo total de operação pode ser simplesmente embolsada pelas empresas, aumentando o lucro total, ou viabilizar a redução do preço dos seus produtos, com manutenção da margem de lucro. Em qualquer caso, o incentivo proporciona, artificialmente, uma vantagem comparativa às indústrias beneficiadas, que pode distorcer os fluxos comerciais ou a alocação de investimentos no Mercosul. É de se ressaltar, porém, que a outorga de isenção do IPI, especialmente na importação de bens de capital, não é um privilégio das empresas localizadas na ZFM, pelo contrário, constitui estratégia freqüente na política brasileira.

As isenções de IPI concedidas na entrada de insumos, ou na saída do produto industrializado, também pode afetar a concorrência, pois provocam distorções no preço final do produto, *mas apenas no território do Brasil*, não nos demais Estados-Partes do Mercosul. No Brasil, o produto industrializado na ZFM tem seu potencial competitivo aumentado porque, simplesmente, não onerado pelo IPI, ao passo que os demais bens industrializados oferecidos no mercado, sejam brasileiros ou oriundos dos demais países do Mercosul, sofrem, em seu preço final, o acréscimo percentual correspondente à alíquota do imposto. Nos territórios dos demais Estados-Partes do Mercosul, porém, os produtos industrializados na ZFM chegam desonerados, como todo produto importado, e são onerados com a incidência padrão do tributo local sobre o valor agregado (IVA, em todos os três países), o que os coloca em igualdade de condições com quaisquer bens produzidos no território aduaneiro geral dos quatro países integrantes do Mercosul.[25]

---

[25] Para evitar a "exportação de impostos, bem como os efeitos deletérios que diferentes cargas tributárias indiretas teriam sobre o preço final dos produtos, todos os Estados-Partes do Mercosul adotam, relativamente ao IPI (Brasil) e ao IVA (Argentina, Paraguai e Uruguai), a desoneração das exportações, e a imposição às mercadorias importadas da alíquota vigente no país importador. O uso desta técnica de harmonização fiscal é possível por serem todos tributos indiretos e não cumulativos, do tipo valor agregado. Neste tipo de tributo o montante do imposto devido sobre o valor acrescido ao bem, em cada operação, é compensado com o

b) Imposto de Renda da Pessoa Jurídica: As indústrias fixadas na área da SUDAM até 31/12/93 gozam, durante dez anos, de isenção total do Imposto de Renda incidente sobre os lucros auferidos. Após este período, é possível o não-pagamento de até 50% do IRPJ devido, se aplicado no Fundo de Investimento na Amazônia (FINAM), ou de até 40% do IRPJ devido, se aplicado e, reinvestimentos com igual contrapartida de recursos próprios. Este incentivo fiscal representa um subsídio, pois o não-pagamento do tributo, ou o seu pagamento parcial, têm o mesmo efeito que a outorga direta de uma complementação econômica: reduz o custo total da operação. Pode gerar distorções na concorrência em todo o Mercosul, pois a diferença decorrente da redução do custo total da operação pode ser simplesmente embolsada pelas empresas, aumentando o lucro total, ou viabilizar a redução do preço dos seus produtos, com manutenção da margem de lucro. Em qualquer caso, o incentivo proporciona, artificialmente, uma vantagem comparativa às indústrias beneficiadas, que pode distorcer os fluxos comerciais ou a alocação de investimentos no Mercosul. Em vários outros países também existe este benefício.

c) Imposto sobre Operações Financeiras: O IOF é reduzido de 25% para 10% nas operações de câmbio relativas às importações de bens e serviços realizadas por indústrias instaladas na ZFM.

Esta redução funciona como subsídio, pois reduz os custos de produção. Como qualquer subsídio, proporciona vantagem competitiva artificial, podendo causar distorções na alocação de investimentos, dentro do Mercosul.

No caso da aquisição de insumos, a redução do IOF implica também redução proporcional do montante do ICMS devido, pois o IOF integra a base de cálculo do ICMS. A redução do montante do ICMS devido distorce os preços finais e, portanto, a competitividade dos produtos.

d) Imposto sobre Circulação de Mercadorias e Prestação de Serviços (ICMS): As importações de bens de capital realizadas por indústrias estabelecidas na ZFM são isentas do ICMS. Na importação de bens de capital, as indústrias são consumidoras finais, assim, suportam, como custo próprio, a cobrança do ICMS. A isenção, neste caso,

---

montante do imposto já cobrado sobre o valor agregado nas operações anteriores, o que permite que, ao final da cadeia de circulação, a alíquota aplicável ao produto final informe exatamente o ônus tributário total incidente sobre ele, o qual é suportado pelo consumidor final. Deste modo, basta o reembolso do montante correspondente à alíquota aplicável no país exportador, e a imposição do montante correspondente à alíquota aplicável no país importador, para garantir a uniformidade da tributação.

também funciona como um subsídio, da mesma forma que a isenção do IRPJ: o não-pagamento do tributo reduz o custo total da operação, proporcionando uma vantagem comparativa artificial, que pode distorcer os fluxos comerciais ou a alocação de investimentos no Mercosul. Em outros países também existe este benefício.

Nas importações de insumos industriais destinados à fabricação de bens de informática, telefone celular e bens intermediários (componentes), é aplicado um redutor, de caráter transitório e regressivo, na base de cálculo do ICMS, o tributo devido sobre os insumos é, portanto, apurado em montante inferior ao que teria normalmente, resultando na agregação de carga tributária menor ao produto no qual tais insumos sejam empregados. As aquisições de insumos nacionais são isentas da alíquota local do ICMS, portanto, esta operação não agrega carga tributária ao produto em cuja elaboração sejam utilizados. Estas diferenças são transmitidas às etapas subseqüentes de circulação das mercadorias, assim, ao final, a carga tributária acumulada sobre elas será proporcionalmente menor que a incidente sobre as demais comercializadas no Brasil, ensejando distorção nos preços. No território dos demais Estados-Partes do Mercosul este incentivo não teria qualquer influência sobre a concorrência, pois a mercadoria oriunda da ZFM chegaria desonerada, como qualquer outra mercadoria importada, e receberia a imposição da mesma carga tributária incidente sobre a produção local.[26]

O ICMS exigido na saída dos produtos fabricados na ZFM para o mercado interno brasileiro é restituído às empresas, em proporções que variam de 45% a 100% do valor do tributo. É um subsídio, pois a restituição não afeta a carga tributária incidente sobre o produto final, mas diminui, para as empresas, o custo de cada unidade vendida, proporcionando vantagem competitiva artificial, que pode ser repassada aos preços, distorcendo os fluxos de comércio.

e) Imposto de Importação: O Imposto de Importação não é cobrado no ingresso de nenhum bem estrangeiro na Zona Franca de Manaus.

As mercadorias estrangeiras que saírem da ZFM para o mercado interno brasileiro são tributadas nesta ocasião.

Anteriormente à Decisão-CMC nº 8/94, os insumos e componentes utilizados em processos de elaboração realizados no Pólo Industrial de Manaus que envolvessem um conjunto mínimo de operações, no ambiente fabril, que caracterizassem a efetiva industria-

---

[26] A sistemática é a mesma aplicável ao IPI, revisto acima.

lização (Processo Produtivo Básico),[27] recebiam um tratamento diferenciado. O tributo aduaneiro suspenso era recolhido na saída do produto final para o mercado brasileiro, mas com redução de 88%.[28]

Da mesma forma, a redução do Imposto de Importação incidente sobre os insumos utilizados na industrialização reduzia os custos de produção agregados em cada unidade, possibilitando diminuição de preços que poderia provocar distorções nos fluxos de comércio do Mercosul, pois os produtos originários produzidos da ZFM, elaborados com insumos que pagaram apenas 12% da TEC vigente, estariam competindo com produtos elaborados a partir de insumos originários do Mercosul, ou a partir de insumos importados que tivessem pago a TEC "cheia".

Após o advento da Decisão-CMC nº 8/94, o *próprio produto final* fabricado pelas indústrias instaladas na ZFM passou a ser considerado *mercadoria estrangeira* e, conseqüentemente, é exigido o pagamento da tarifa alfandegária no seu ingresso em qualquer parte do território aduaneiro do Mercosul, inclusive no mercado brasileiro.

6.3.4.3. Incentivos x compensação das deficiências

Produzir na Amazônia implica acréscimos de custos decorrentes de:

a) dificuldades logísticas;
b) falta de infra-estrutura;
c) altas despesas com frete (Manaus está, em linha reta, a cerca de 2.700 Km de São Paulo e a 2.850 Km do Rio de Janeiro);
d) ineficiências locais;
e) serviços portuários e de transportes deficientes; dentre outros.

Obviamente, em um mercado competitivo, nenhuma empresa optaria por instalar-se em um local que oferecesse menos vantagens comparativas, sem que o custo adicional fosse compensado e, além disso, fosse oferecido algum estímulo suplementar.

Assim, a concessão de incentivos fiscais às indústrias instaladas na Zona Franca de Manaus objetiva, exatamente, compensar o "custo Manaus", isto é, os custos de produzir mais longe, além de estimular a ida para lá.

Acresce-se que, como se sabe, os incentivos fiscais (compensações) retornam à sociedade aumentando o bem-estar da população, que, graças a eles, têm acesso a produtos de melhor qualidade a

---

[27] Decreto-Lei nº 288/67, com a redação dada pela Lei nº 8.387/91. As operações que constituiriam o Processo Produtivo Básico foram definidas no Decreto nº 783/93.

[28] Resultando no pagamento de apenas 12% da alíquota aplicável.

preços competitivos, os quais, de outra forma, possivelmente teriam que ser importados.[29] Particularmente, no que tange à indústria eletroeletrônica, é de se notar que em todos os países onde este setor se destaca, recebe incentivos dos respectivos governos. No Brasil, a indústria eletroeletrônica de Manaus é o maior pólo industrial da Região, e os incentivos concedidos em forma de compensação são até menores ali, se comparados com os concorrentes externos.

Do ponto de vista regional, os incentivos fiscais retornam em benefício da comunidade local. O Índice de Desenvolvimento Humano - IDH estimado para o Estado do Amazonas é o maior de todos os Estados das Regiões Norte e Nordeste. A arrecadação *percapita* de I.C.M.S. do Amazonas é a segunda do país, ficando abaixo somente do Estado de São Paulo.

Estes dados são evidentes e refletem o impacto positivo da indústria instalada em Manaus, sobretudo aquela vinculada ao setor eletroeletrônico. Tudo isso graças ao efeito multiplicador dos investimentos industriais.

Por outro lado, também, não pode ser esquecido que a guerra fiscal, deflagrada pelos governadores, tem propiciado vantagens para a instalação de novas empresas em qualquer Estado do Brasil, igualando ou até superando, em muito, os benefícios de Manaus.

Não precisamos alongar mais a questão a respeito do custo-benefício da Zona Franca de Manaus, porque nos parece evidente a necessidade de se (re)pensar o assunto em termos: (a) de economia política, haja vista que os enfoques apenas econômicos são ingênuos e muitas vezes apresentam respostas distorcidas aos problemas colocados; e (b) sem perder de vista os aspectos jurídicos (de direito interno, de direito internacional regional (Mercosul) e de direito internacional geral) fundamentais.

Se não for através dos benefícios, a permanência e o futuro das indústrias no Pólo Industrial de Manaus dependerão da capacidade da Região de realizar as obras fundamentais de infra-estrutura que possam reduzir o "custo-Amazonas". Caso contrário, se terá de pensar em alguma alternativa para a Região, sem perder de vista que "consolidação industrial" se faz, basicamente, com linhas de financiamento específicas para a indústria e formação de mão-de-obra especializada.

---

[29] Se não existissem estas compensações, notadamente aquelas vinculadas à importação de componentes, a indústria eletroeletrônica, por exemplo, não teria condições de ser competitiva e, neste caso, o Brasil teria de importar bens eletroeletrônicos de consumo ou impor elevadas tarifas para proteger o setor, o que, certamente, serviria de estímulo ao contrabando. Em ambas as hipóteses, os consumidores brasileiros seriam os maiores prejudicados.

Como se vê, somente através de uma análise ampla e interdisciplinar se pode chegar a avaliações mais ponderadas e responsáveis sobre o futuro da Zona Franca de Manaus, e do que fazer com aquele enorme pedaço do Brasil se ele for esvaziado.

Vê-se, portanto, que razões existem, e são inexauríveis, para explicar a necessidade de uma compreensão mais ampla do papel da Zona de Franca de Manaus, tema de interesse não só da nação brasileira, porque diretamente vinculado a todo e qualquer propósito de política industrial, como do Mercosul, onde se insere.

6.3.5. As regras de origem usadas para classificar os produtos das Zonas Francas no Mercosul

A nosso ver, quando a Decisão-CMC nº 8/94 estabeleceu que as zonas francas comerciais, industriais, bem como as zonas de processamento de exportações e as áreas aduaneiras especiais, poderão internar seus produtos no território do Mercosul mediante pagamento da TEC, nivelando-as, sem distinção, e sem levar em consideração as diferenças dos produtos nelas industrializados e comercializados, incorreu num equívoco, qual seja, igualar os desiguais.

Isto porque, como estamos procurando demonstrar aqui, com especial referência à Zona Franca de Manaus, nesta existem produtos que são apenas comercializados e que, então, se enquadrariam no disposto na Decisão 8/94, como também lá existem outros produtos que são "industrializados" e "submetidos ao Processo Produtivo Básico - PPB", agregando valor nacional e que não pode ser desconsiderado e igualados aos primeiros.

No que diz respeito, especificamente, à Zona Franca de Manaus, sabemos que ela abriga um Pólo Industrial, onde se fabricam produtos brasileiros que não podem, em princípio, ser excluídos dos tratamentos preferenciais, nem mesmo gravados com impedimentos que prejudicam o seu acesso aos mercados dos países sócios e parceiros do Mercosul.

É certo que o que ora pretendemos demonstrar não se aplica a todos os produtos produzidos em Manaus, posto que muitos deles são apenas comercializados na Região. Contudo, seria por demais ingênuo e incorreto manter a generalização prejudicando um contigente importante de indústrias, que situadas no Pólo Industrial de Manaus, submetem seus produtos às regras do Processo Produtivo Básico, para vê-los, depois, excluídos dos tratamentos preferenciais e considerados como provenientes de terceiros países.

O que ocorre na Zona Franca de Manaus pode também ocorrer em outras áreas aduaneiras especiais existentes no Mercosul, como, por exemplo, na Terra do Fogo. Situações diferenciadas devem, portanto, receber tratamento diferencial e não podem ser desconsideradas.

Em face destas observações, e constatado o equívoco da falta de precisão e diferenciação entre os produtos comercializados e industrializados nas zonas francas e áreas aduaneiras especiais, o que se pode fazer para corrigir a rota visando a não prejudicar as indústrias que operam em zonas francas, sobretudo na de Manaus e na de Terra do Fogo, cujos produtos observam regras específicas e níveis de industrialização local compatíveis com os critérios de nacionalização?

Isso não é difícil de ser feito. O próprio sistema do Mercosul estabelece os caminhos para que se busque a composição dos conflitos de interesses, que são freqüentes na consolidação de blocos econômicos de integração.

Vejamos como podem ser alteradas as regras existentes, a fim de conformá-las a um regime mais adequado capaz de, mesmo mantendo a Decisão 8/94 - *Critérios Gerais*, estabelecer *critérios específicos de origem*.

Para tanto, vale a pena relembrar algumas das disposições constantes do "Anexo I do Acordo de Complementação Econômica nº 18", firmado entre Argentina, Brasil, Paraguai e Uruguai, que estabelece o *"Regime Geral de Qualificação de Origem no Mercosul"*:

"Art. 1º Serão considerados originários dos países signatários:
a) os produtos elaborados integralmente no território de qualquer um deles, quando em sua elaboração forem utilizados exclusivamente material originário dos países signatários;
b) os produtos compreendidos nos capítulos ou posições da Nomenclatura Tarifas da Associação Latino-Americana de Integração que se identificam no Anexo I da Resolução 78 do Comitê de Representantes da citada Associação, pelo simples fato de serem produzidos em seus respectivos territórios.
Considerar-se-ão produzidos no território de um país signatário:
...
iii - Os produtos que resultem de operações ou processos efetuados em seu território pelos quais adquiram a forma em que serão comercializados, exceto quando esses processos ou operações consistam somente em simples montagens ou ensamblagens, embalagem, fracionamento em lotes ou volumes, seleção e classificação, marcação, composição de sortimentos de mercadorias ou outras operações ou processos equivalentes;
c) Os produtos em cuja elaboração se utilizem materiais não originários dos países signatários, quando resultem de um processo de transformação, realizado no território de algum deles, que

lhes confira uma nova individualidade, caracterizada pelo fato de estarem classificados na Nomenclatura Aduaneira da Associação Latino-Americana de Integração em posição diferente à dos mencionados materiais, exceto nos casos em que os países signatários determinem que, ademais, se cumpra com o requisito previsto no art. 2º do presente Anexo.[30] Não obstante, não serão considerados originários os produtos resultantes de operações ou processos efetuados no território de um país signatário pelos quais adquiram a forma final que serão comercializados, quando nessas operações ou processos forem utilizados exclusivamente materiais ou insumos não originários de seus respectivos países e consistam apenas em montagem ou ensamblagens, fracionamento em lotes ou volumes, seleção, classificação, marcação, composição de sortimentos de mercadorias ou outras operações ou processos semelhantes;
...".

Estes, portanto, são os critérios gerais de qualificação fixados pelos países do Mercosul. Entretanto, o mesmo Anexo I do ACE 18 prevê, como não poderia deixar de ser, no seu artigo 3º, que "os países signatários poderão estabelecer, de comum acordo, *requisitos específicos de origem, que prevalecerão sobre os critérios gerais de qualificação*"(grifos nossos).

O art. 4º deste mesmo documento, dispõe que "*na determinação dos requisitos específicos de origem a que se refere o artigo terceiro, assim como na revisão dos que tiverem sido estabelecidos*, os países signatários tomarão como base, individual ou conjuntamente, os seguintes elementos:... c) *Outros insumos: II. Processo de transformação ou elaboração utilizado; III. Proporção máxima do valor dos materiais importados de terceiros países em relação ao valor total do produto, que resulte do procedimento de valorização acordado em cada caso*"(grifos nossos).

Ainda, completando o disposto acima, o art. 5º prevê que "em casos excepcionais, quando os requisitos específicos não puderem ser cumpridos porque ocorrem problemas circunstanciais de abastecimento, disponibilidade, especificações técnicas, prazo de entrega e preço, poderão ser utilizados materiais não originários dos países signatários".

---

[30] Artigo 2º - "Nos casos em que o requisito estabelecido na letra c) do Artigo Primeiro não possa ser cumprido porque o processo de transformação operado não implica mudança de posição na nomenclatura, bastará que o valor CIF porto de destino ou CIF porto marítimo dos materiais de terceiros países não exceda a 50 (cinqüenta) por cento do valor FOB de exportação das mercadorias de que se trata".

6.3.6. Procedimento para o estabelecimento dos requisitos específicos de origem que devem prevalecer sobre os critérios gerais de qualificação

Conforme já demonstrado, é possível dentro do sistema normativo do Mercosul que um país-membro, individual ou conjuntamente, proponha a revisão dos critérios gerais de qualificação a fim de buscar requisitos específicos de origem, que deverão ser acordados caso a caso.

A Decisão n° 8/94, como é sabido, não foi baseada em critérios técnicos, e sim, políticos, razão pela qual não se tomou o cuidado de averiguar que, em zonas francas, existem produtos que são "efetivamente industrializados", e não resultantes de processos ou operações que consistam apenas em montagens ou ensamblagens. O que equivale a dizer que a referida Decisão fixou critérios gerais de qualificação dos produtos originados das zonas francas, sem, contudo, discriminar aqueles que poderiam, pela sua própria natureza, se enquadrar em critérios específicos de origem.

Em face disto, pode-se recorrer ao disposto no art. 6° do já citado Anexo I - Regime Geral de Origem - do ACE 18, que dispõe:

> "Art. 6° - Qualquer dos países signatários poderá solicitar a revisão dos requisitos de origem estabelecidos de conformidade com o Artigo Primeiro. Em sua solicitação, deverá propor e fundamentar os requisitos aplicáveis ao produto de que se trate".

Neste caminho, vale a pena atentarmos para o que dispõe o art. 8° do mesmo documento:

> "Art. 7° - O critério de máxima utilização de materiais ou outros insumos originários dos países signatários não poderá ser considerado para fixar requisitos que impliquem a imposição de materiais ou outros insumos dos referidos países signatários quando, a juízo dos mesmos, estes não cumpram condições adequadas de abastecimento, qualidade e preço, ou que não se adaptem aos processos industriais ou tecnologias aplicadas".

Além do disposto no Anexo I do ACE 18 (Regime Geral de Origem), podemos recorrer também a outro documento do Mercosul: a "Decisão n° 06/94", do Conselho do Mercado Comum, que aprovou o "Regulamento Correspondente ao Regime de Origem do Mercosul",[31] cujo art. 3° dispõe:

---

[31] A Portaria Interministerial n° 630, de 31 de agosto de 1994, criou a Comissão de Origem do Mercosul, encarregada de zelar pela aplicação das regras de origem. São importantes o Decreto n° 1.914, de 22/5/96 (DOU de 23/5/96); Decreto n° 1.568, de 21/7/95 (DOU de 24/7/95). Este documento foi protocolizado na ALADI pelo VIII Protocolo Adicional ao ACE 18.

"Art. 3º - Serão considerados originários:

...

c) os produtos em cuja elaboração se utilizem materiais[32] não originários dos Estados Partes, quando resultem de um processo de transformação, realizado em seu território, que lhes confira uma nova individualidade, caracterizada pelo fato de estarem classificados na Nomenclatura Comum do Mercosul em posição diferente aos mencionados materiais, exceto nos casos em que se considere necessário o critério de salto de posição tarifária mais valor agregado de 60%".

Constada a possibilidade de se buscar a revisão dos critérios gerais de origem, visando a fixar requisitos específicos (que atendam melhor, de forma mais justa e correta, as empresas situadas em zonas francas, como a de Manaus e Terra do Fogo) a quem deve ser dirigida a solicitação do Estado-Parte?

Conforme dispõe o art. 4º da Decisão nº 06/94, a solicitação deverá ser dirigida à "Comissão de Comércio do Mercosul", conforme se lê:

"Art.4º - A Comissão de Comércio do Mercosul poderá estabelecer a futuro *requisitos específicos de origem, em forma excepcional e justificada, que prevalecerão sobre os critérios gerais, assim como rever os requisitos estabelecidos*" (grifos nossos).

A "Comissão de Comércio do Mercosul - CCM",[33] é o órgão encarregado de assistir o Grupo do Mercado Comum. À Comissão de Comércio compete velar pela aplicação dos instrumentos de política comercial comum acordados pelos Estados-Partes para o funcionamento da união aduaneira, bem como acompanhar e revisar os temas e matérias relacionados com as políticas comerciais comuns,

---

[32] De acordo com o art. 8º, da Decisão 06/94, "se entenderá que a expressão materiais, compreende as matérias primas, os insumos, os produtos intermediários e as partes e peças utilizadas na elaboração do produto".

[33] Além do CMC e do GMC, já citados, também integram a estrutura do Mercosul, após o Protocolo de Ouro Preto, de 1994: a Comissão de Comércio - CCM, a Comissão Parlamentar Conjunta - CPCM, o Foro Consultivo Econômico-Social - FCES e a Secretaria Administrativa. A Comissão de Comércio se manifesta mediante "Diretrizes ou Propostas" que também são obrigatórias para os Estados-Partes (art. 20 do Protocolo de Ouro Preto). Para aprofundar o estudo destes órgãos, recomendamos, de Maristela Basso: "Mercosul - Seus Efeitos Jurídicos, Econômicos e Políticos nos Estados Membros". 2ª Edição, 1997, Editora Livraria do Advogado, Porto Alegre. No que diz respeito aos tributos no Mercosul, vide de Maristela Basso e Angela Estrella: "Reflexões Sobre o Mercosul e o Sistema Tributário Nacional", publicado no livro "Tributação no Mercosul", organizado por Ives Gandra, São Paulo, LTr, 1997, p. 396-414.

com o comércio intra-Mercosul e com terceiros países (art. 16 do Protocolo de Ouro Preto).[34]

Mediante solicitação de qualquer Estado-Parte, a Comissão de Comércio poderá autorizar a revisão dos requisitos específicos de origem previstos nos artigos 3º e 5º da Decisão 06/94. Para tanto, o Estado que solicita a revisão deve proporcionar e fundamentar os requisitos aplicáveis ao produto ou produtos de que se trate.

A "Decisão 23/94",[35] do Conselho do Mercado Comum, que determina os requisitos específicos de origem, ainda prevê que "a Comissão de Comércio proporá ao Grupo do Mercado Comum, quando pertinente, a revisão dos requisitos específicos de origem e o estabelecimento de novos, se necessário" (art. 6º).

Se os Estados-Partes podem solicitar a revisão dos critérios gerais de origem, com vistas à fixação de requisitos específicos, relativamente ao previsto no Anexo I (Regime Geral de Origem) do ACE 18, e do Regime Geral de Origem da Decisão 06/94, também podem propor a revisão da Decisão 08/94.

A iniciativa do Estado-Parte, ou Estado-Partes, pode ser originária, ou pode ser impulsionada pelas empresas interessadas na fixação de requisitos específicos de origem por se considerarem prejudicadas pelos critérios existentes. Isto porque, no quadro institucional do Mercosul, tanto os Estados-Membros, como os particulares, podem acionar o sistema de solução de controvérsias previsto no "Protocolo de Brasília Para a Solução de Controvérsias (Decisão nº 1/91 do Conselho do Mercado Comum)".[36]

Vejamos quais os procedimentos em ambas as hipótese.

6.3.7. Revisão dos critérios existentes e busca de novos requisitos (específicos) de origem:

6.3.7.1. Iniciativa dos estados

As controvérsias que surgirem entre os Estados do Mercosul, relativas a interpretação ou aplicação das normas dos seus Tratados constitutivos, e deles decorrentes, bem como dos acordos celebrados

---

[34] Para exercer suas funções, a Comissão de Comércio é assessorada de dez Comitês Técnicos: 1 - Tarifas Externas, Nomes e Classificação de Produtos; 2 - Temas Alfandegários; 3 - Normas e Disciplinas Comerciais; 4 - Políticas Contra a Competitividade; 5 - Defesa da Concorrência; 6 - Práticas Desleais e Salvaguardas; 7 - Defesa do Consumidor; 8 - Restrições Não-Alfandegárias; 9 - Setor Automotriz; 10 - Setor Têxtil.

[35] Decreto nº 1.568, de 21/7/95 (DOU de 24/7/95), Decreto nº 1.914, de 22/5/96 (DOU de 23/5/96), Portaria Interministerial MRE/MICT/MF 630, de 31/8/94. Protocolizado na ALADI pelo VIII Protocolo Adicional ao ACE 18.

[36] Promulgado pelo Decreto nº 922, de 10 de setembro de 1993 (DOU de 13/9/93).

em seu âmbito, serão resolvidas por via diplomática (negociação direta) ou arbitral.

a) Fase diplomática: A fase diplomática tem início com as negociações diretas entre as partes envolvidas, cujo prazo previsto é de quinze dias, podendo ser prorrogado por acordo das partes. Se com as negociações os Estados não chegarem a um acordo, ou este for apenas parcial, qualquer uma das partes poderá submeter a questão à consideração do Grupo do Mercado Comum - GMC, que ouvirá as partes e, se for o caso, poderá recorrer a especialistas. Ao final deste procedimento, o GMC formulará recomendações aos Estados envolvidos.

No caso em tela, das zonas francas, o Estado, ou Estados, poderiam levar a questão da necessidade de revisão dos critérios gerais fixados na Decisão 8/94, buscando a fixação de critérios específicos de origem, diretamente ao Grupo do Mercado Comum - GMC, ou propor sua revisão junto à Comissão de Comércio - CMC.

b) Fase arbitral: Se não for alcançado o consenso, visando à solução do problema, na Comissão de Comércio, nem no Grupo do Mercado Comum, ou se o Estado reclamante (ou Estados reclamantes) não ficar satisfeito com a decisão alcançada por estes órgãos, poderá recorrer diretamente ao procedimento previsto no Capítulo IV do Protocolo de Brasília, isto é, ao procedimento arbitral, comunicando esta intenção à Secretaria Administrativa do Mercosul, que, então, tomará todas as medidas necessárias para a realização do Tribunal Arbitral.

A submissão dos Estados à arbitragem, quando solicitada, é obrigatória, não sendo necessário qualquer acordo especial, conforme dispõe o art. 8º do Protocolo de Brasília: "os Estados-Partes declaram que reconhecem como obrigatória, *ipso facto* e sem necessidade de acordo especial, a jurisdição do tribunal Arbitral que, em cada caso, se constitua para conhecer e resolver todas as controvérsias a que se refere o presente Protocolo".

Os árbitros, juristas de reconhecida competência,[37] serão escolhidos pelas partes dentre os que compõem a lista de árbitros nacionais que se acha depositada na Secretaria Administrativa do Mercosul, e serão em número de três. Um deles será designado Presidente, de comum acordo entre as partes ou sorteado pela Secre-

---

[37] Conforme dispõe o art. 13 do Protocolo de Brasília: "Os árbitros que integrarem as listas ... deverão ser juristas de reconhecida competência nas matérias que possam ser objeto de controvérsias".

taria Administrativa. As partes podem designar representantes - advogados, bem como assessores para atuar perante o Tribunal. O processo inicia-se com uma breve exposição dos fatos e do direito aplicável. O prazo para a decisão do Tribunal é de sessenta dias contados da designação de seu Presidente, prorrogáveis por mais trinta.

Da decisão do Tribunal Arbitral não cabe recurso, devendo ser cumprida em quinze dias, a partir do recebimento da respectiva notificação, salvo se o Tribunal fixar outro prazo (art. 21 do Protocolo de Brasília). O único recurso que cabe é um pedido de esclarecimento quanto a omissões ou dúvidas no seu teor ou quanto à forma como deve ser cumprida. Se um dos Estados-Partes não cumprir a decisão arbitral, é facultado ao demais imporem medidas compensatórias temporárias, visando a obter o cumprimento da decisão.

6.3.7.2. Iniciativa dos particulares

Conforme dispõe o art. 26, 1, do Protocolo de Brasília:

"os particulares afetados formalizarão as reclamações ante a Seção Nacional do Grupo Mercado Comum do Estado Parte onde tenham sua residência habitual ou a sede de seus negócios".

Os "particulares" que podem reclamar, de acordo com o Protocolo de Brasília, são as pessoas de direito privado (físicas ou jurídicas) que tenham residência, ou a sede de seus negócios, no Estado-Parte onde a reclamação é apresentada. A reclamação se destina, portanto, à Seção Nacional do Grupo Mercado Comum de seu país de residência, ou onde estiver a sede dos seus negócios, ou a sede principal.

As motivações que podem dar ensejo às reclamações dos particulares são as sanções ou aplicações, por qualquer dos Estados-Partes, de medidas legais ou administrativas de efeito restritivo, discriminatórias ou de concorrência desleal, em violação do Tratado de Assunção, dos acordos celebrados no âmbito do mesmo, das Decisões do CMC, Resoluções do GMC e Diretrizes ou Propostas da CCM.

Para Luiz Olavo Baptista, o objeto das reclamações dos particulares pode ser ainda mais amplo, "pois não se limita à implementação ou violação das normas do Mercosul, no âmbito administrativo mas também no das medidas tomadas no campo legislativo (chamadas de "legais" pelo Protocolo) para a introdução de tais normas no direito interno de cada País". Segundo ele, merece mais cuidado outra expressão: "a referência à sanção ou aplicação... de medidas legais ou administrativas", que "poderia indicar a possibilidade de se ter querido incluir decisões administrativas e quiçá, mesmo judiciais, que implementassem enganadamente as regras do Tratado, dos acordos celebrados no bojo deste, ou as decisões dos organismos do Mercosul". Porém, tal interpretação "é ousada e de difícil uso, já que há obstáculos constitucionais nos quatro países".[38]

Assim, no que diz respeito ao tema das zonas francas, as empresas (ou empresa) interessadas poderão recorrer à sua Seção Nacional do Grupo do Mercado Comum, ou levar a reclamação à sua Seção Nacional da Comissão de Comércio do Mercosul.[39]

No caso ora em análise, a solicitação é a de revisão da Decisão 08/94, com vistas a adaptá-la à realidade de certas empresas industriais que atuam na Zona Franca de Manaus (ou outra área aduaneira) cujos produtos, submetidos ao "Processo Produtivo Básico", e a níveis de industrialização local, não podem ser considerados como provenientes de terceiros países, tornando-se imprescindível, portanto, a fixação de critérios específicos (caso a caso). Isso é facultado pelo art. 25 do Protocolo de Brasília e pelo art. 21 do Protocolo de Ouro Preto.[40]

Como no caso em tela estamos diante de uma matéria que está na órbita de competência da "Comissão de Comércio", de acordo com as Decisões ns. 06/94 e 23/94 do Conselho do Mercado Comum, o mais indicado seria recorrer diretamente à Seção Nacional da Comissão de Comércio onde as empresas têm sua sede.

A reclamação deve ser feita através de uma petição fundamentada à qual devem ser anexados elementos de prova das alegações que se fizer, os quais comprovarão o prejuízo sofrido ou a ameaça de prejuízo, bem como a violação das regras de direito aplicáveis. Por outras palavras, as empresas situadas nas zonas francas poderiam alegar, por exemplo:

---

[38] In "Mercosul - Suas Instituições e Ordenamento Jurídico", já citada, p. 161-162.

[39] Em cada Estado Membro do Mercosul existe uma Seção da Comissão de Comércio, bem como do Grupo do Mercado Comum.

[40] O art. 25 do Protocolo de Brasília é aquele, já citado aqui, que prevê o acesso de particulares ao sistema de solução de controvérsias do Mercosul, através do recurso à Seção Nacional do Grupo Mercado Comum. O art. 21 do Protocolo de Ouro Preto, estende a possibilidade deste acesso também à Comissão de Comércio: "... caberá à Comissão de Comércio do Mercosul considerar reclamações apresentadas pelas Seções Nacionais da Comissão de Comércio do Mercosul, originadas pelos Estados-Partes ou em demanda de particulares - pessoas físicas ou jurídicas - relacionadas com as situações previstas nos arts. 1 ou 25 do Protocolo de Brasília, quando estiverem em sua área de competência".
Parágrafo Primeiro: O exame das referidas reclamações no âmbito da Comissão de Comércio não obstará a ação do Estado-Parte que efetuou a reclamação ao amparo do Protocolo de Brasília para Solução de Controvérsias".

a) a necessidade de revisão dos critérios (gerais) de origem empregados nas Decisão-CMC nº 08/94 que submetem todas as mercadorias provenientes das zonas francas, zonas de processamento de exportação e áreas aduaneiras especiais, à Tarifa Externa Comum;
b) a necessidade de fixação de requisitos específicos de origem, que deverão prevalecer sobre os critérios gerais de qualificação empregados na referida Decisão 08/94;
c) que os requisitos específicos deveriam ser fixados caso a caso, tomando-se como base, individual ou conjuntamente, os seguintes elementos: insumos empregados na elaboração do produto, ou produtos; processo de transformação ou elaboração utilizado; proporção máxima do valor dos materiais importados de terceiros países em relação ao valor total do produto, que resulte do procedimento de valorização acordado em cada caso;
d) que os requisitos específicos deveriam considerar o "processo produtivo básico" a que estão submetidos os produtos.

Feitas as alegações, devem as empresas, ou empresa reclamante, demonstrar os prejuízos reais ou potenciais advindos do atual regime geral, bem como o direito aplicável.

Na análise da reclamação, a Comissão de Comércio poderá ser assessorada por um "Comitê Técnico".[41] Se não for alcançado o consenso na solução do caso, a Comissão de Comércio o encaminhará ao Grupo do Mercado Comum, com as diferentes alternativas propostas, assim como o parecer conjunto ou as conclusões dos especialistas do Comitê Técnico, a fim de que seja tomada uma decisão sobre a matéria.

O Grupo Mercado Comum deverá se pronunciar a respeito no prazo de trinta dias corridos, contados do recebimento. Se houver consenso quanto à procedência da reclamação, deverão ser tomadas as medidas aprovadas na Comissão de Comércio ou no Grupo Mercado Comum. Em cada caso, a Comissão de Comércio ou, posteriormente, o Grupo do Mercado Comum determinará prazo razoável para a implementação dessas medidas. Decorrido tal prazo sem que se tenha observado o disposto na decisão alcançada, seja na Comissão de Comércio ou no Grupo do Mercado Comum, a reclamante (ou reclamantes) poderá recorrer ao procedimento arbitral - ao corpo de juristas, que será feito como descrito no item 3.7.1.(b) acima.

---

[41] Conforme dispõem os arts. 2º e ss. do Anexo do Protocolo de Ouro Preto - Procedimento Geral Para Reclamações Perante a Comissão de Comércio do Mercosul.

6.3.8. Os produtos industrializados no pólo industrial de Manaus x os produtos maquilados em outras Zonas

Como é sabido, existem constantes denúncias sobre a venda de produtos asiáticos no Mercosul, depois de devidamente "maquilados" no Paraguai, Uruguai ou Chile, para receber os benefícios da união alfandegária. Fabricantes chineses, coreanos e indonésios, entre outros, encontrariam, assim, um meio de despejar suas mercadorias no Mercosul. Recentemente, a União Industrial Argentina denunciou a entrada no mercado argentino de 4 milhões de pares de calçados, 2 milhões de camisetas e milhares de bicicletas "made in Uruguai", mas fabricados na China, e a venda de maquinário agrícola e ternos de origem chilena, mas de fabricação mexicana, que entraram na Argentina com certificados de origem fraudados. É fácil detectar as fraudes. Para descobri-las, os argentinos apenas consultaram as representações industriais do Uruguai e do Chile, que conhecem seus associados e, é claro, a capacidade produtiva de seus países.

Paralelamente, foi editada, no Paraguai, a chamada "Lei de Maquilagem Industrial", que legaliza, em parte, este procedimento, pois permite a importação de matérias-primas "pré-elaboradas" de terceiros países para acabamento em território da união aduaneira e sua reexportação para outros mercados. Na verdade, esta lei transforma todo o país em uma grande zona franca, pois concede incentivos fiscais e tributários à importação de máquinas, equipamentos e matérias-primas que permitem a montagem, a transformação e a embalagem de produtos estrangeiros destinados à reexportação. Caso os produtos "maquilados" contenham pelo menos 50% de componentes nacionais, poderão ser vendidos dentro do Mercosul como se fossem feitos no Paraguai, ou seja, com tarifas de importação reduzidas/zeradas. Os técnicos do Ministério da Indústria e do Comércio do Paraguai reconhecem que os produtos eletrônicos e brinquedos serão os mais beneficiados pela "Lei da Maquilagem", abrindo uma nova perspectiva para a economia do país. A lei cria o Programa de Maquilagem de Exportação, controlado pelo Ministério da Indústria e Comércio e que beneficia todas as pessoas físicas e jurídicas estabelecidas naquele país. Os beneficiados importarão produtos desmontados, fazendo apenas a montagem e o acabamento final dessas mercadorias. Sobre o valor total da operação (incluindo a compra de máquinas e equipamentos destinados à "maquilagem") incidirá imposto único e federal de 1%. As vendas serão prioritariamente orientadas para o mercado externo, uma vez que a comercialização dos produtos "maquilados" no território paraguaio não poderá exceder a 10% das exportações realizadas no ano anterior. Sugestivamente, os principais interessados na "Lei de Maquilagem" são os comerciantes paraguaios de Ciudad del Este, localizada próximo à fronteira com o Brasil, e que tem um fluxo de comércio, com os brasileiros que revendem os produtos, estimado entre U$100 milhões e U$400 milhões por ano, segundo estimativas de técnicos do Ministério da Indústria e do Comércio. A "Lei da Maquilagem" permitirá a esses comerciantes regularizar grande parte da mercadoria que atualmente chega no Paraguai de forma ilegal.

Vejamos o conteúdo da "maquilagem" paraguaia:[42]

"- regulamenta a transformação, elaboração, reparação ou embalagem de mercadorias estrangeiras importadas por empresas paraguaias e destinadas à reexportação;
- isenta de qualquer imposto a importação de máquinas, equipamentos, peças, insumos e matérias-primas (embalagens e contâineres) destinadas à maquilagem dos produtos que serão reexportados;
- beneficia todas as pessoas físicas e jurídicas domiciliadas no país, sejam elas paraguaias ou estrangeiras, por meio de um Programa de Maquilagem de Exportação;
- cria o CNIME (Conselho Nacional das Indústrias Maquiladoras de Exportação), subordinado aos Ministérios da Fazenda e de Indústria e Comércio, para regulamentar a concessão do Programa de Maquilagem de Exportação;
- as pessoas físicas e jurídicas beneficiadas pelo CNIME são obrigadas a capacitar trabalhadores para a maquilagem de produtos e manter a Receita Federal informada de todas as importações realizadas;
- as vendas de produtos maquilados no mercado interno não poderão exceder 10% do volume exportado no ano anterior;
- máquinas e equipamentos importados com isenção tributária e destinados aos programas de maquilagem poderão ser nacionalizados mediante o pagamento dos impostos correspondentes;
- será aplicado um imposto único federal de 1% sobre o valor total dos contratos de maquilagem (importação de máquinas, equipamentos e produtos, assim como as vendas ao mercado exterior);
- com exceção das operações para venda no mercado interno, *não poderá ser aplicado qualquer outro imposto estadual ou municipal sobre os contratos de maquilagem*".

---

[42] Cfr. Folha de São paulo, 14/9/97. 2.8.

Como conseqüência, os produtos maquilados no Paraguai e reexportados pelo país ingressam no Mercosul, com todas as facilidades tarifárias permitidas aos sócios do bloco. Entidades empresariais brasileiras, argentinas e uruguaias argumentam que sofrerão concorrência desleal, pois terão de competir com produtos estrangeiros maquilados no Paraguai. O Paraguai argumenta que a referida Lei não fere o Tratado de Assunção porque respeitará os índices de nacionalização previstos nos acordos dentro do bloco econômico: os produtos maquilados só serão beneficiados pelas baixas tarifas do Mercosul se atingirem um índice mínimo de 50% de nacionalização.

Qual a solução para este problema?

A solução em estudo para a "Lei de Maquilagem" é a "negociação" com o Governo paraguaio para que esta não seja aplicada. Em contrapartida, os Governos do Brasil e da Argentina poderiam estimular suas respectivas indústrias nacionais a investir no Paraguai.

A situação se afigura hipócrita ou ingênua. De um lado, os produtos verdadeiramente industrializados no Pólo Industrial de Manaus, submetidos ao PPB, estão sendo discriminados, e, de outro, não há sequer controle de fraudes e distorções evidentes.

O que se vê, em resumo, é que a Decisão CMC nº 8/94 sequer está se prestando ao objetivo que se propôs, pois, ao se concentrar nas zonas francas e áreas específicas com tratamento fiscal diferenciado, acabou permitindo que fossem criadas "alternativas" como a "Lei de Maquilagem" paraguaia, cuja não-aplicação estaria sendo "negociada" em troca de estímulos dos governos argentino e brasileiro à instalação de empresas destes países no Paraguai.

O Mercosul precisa, portanto, de um regime que estabeleça regras genéricas sobre auxílios estatais, como existe na União Européia, negociando-se, a partir deste regime, as especificidades de cada setor, pois são imprescindíveis regras diferenciadas para situações distintas.[43]

A negociação e o encaminhamento destas questões poderiam ser feitos através da Comissão de Comércio do Mercosul - CMC, que, composta por representantes dos setores produtivos, tem conhecimento dos aspectos técnicos de cada setor do mercado em questão. Caso contrário, as soluções serão pontuais e inadequadas, permitindo facilmente a burla através de mecanismos "criativos", como, por

---

[43] O nó górdio da questão das Zonas Francas parece ser a isenção do imposto de importação, mas cabe refletir, por um momento: Qual a diferença entre isenção do imposto de importação e outorga de subvenção direta? O efeito prático é o mesmo - redução de custos, então, o que se tem de definir é em que situações e em que montante estas subvenções serão permitidas. Por outro lado, se o índice de nacionalização se presta a maquilagem, para fins de regime de origem, um índice deve ser definido especificamente para cada atividade econômica.

exemplo, a Lei de Maquilagem, exigindo novas negociações, emperrando o processo de integração econômica ou distorcendo o mercado.

6. 4. A EXPERIÊNCIA DO MERCADO COMUM EUROPEU: PROCEDIMENTOS PARA O ESTABELECIMENTO DE REGRAS ESPECÍFICAS APLICÁVEIS À CONCESSÃO DE AUXÍLIOS REGIONAIS

Um dos princípios gerais das Comunidades Européias, hoje União Européia, é "o estabelecimento de um regime que assegure que a concorrência não seja falseada no interior do mercado" (art. 3-g, do Tratado de Roma, de 1957). Este princípio se aplica não apenas às empresas (proibição de ações concertadas e abuso de posição dominante), mas também aos Estados.

Por esta razão, o art. 92 do Tratado de Roma declarou incompatíveis com o mercado comum europeu os auxílios concedidos direta ou indiretamente pelos Estados, "quando ameacem falsear a concorrência, favorecendo certas empresas ou certas produções, *admitindo, porém, múltiplas derrogações deste princípio*".

Em princípio, todo novo auxílio que um Estado decida outorgar deve ser objeto de uma notificação à Comissão,[44] e a decisão só pode se tornar definitiva após a aprovação desta.

A Comissão Européia reconhece que *os auxílios são às vezes necessários para a adaptação de estruturas industriais, desenvolvimento regional ou melhoria das condições sociais, mas se opõe a todas aquelas que afetem o jogo da concorrência, falseando o jogo competitivo entre as empresas*. As empresas beneficiárias de um auxílio considerado ilícito podem ser condenadas a reembolsá-lo, mesmo vários anos após sua obtenção.

---

[44] São órgãos da União Européia: a Comissão, o Conselho de Ministros, o Tribunal ou Corte de Justiça, o Tribunal de Contas e o Parlamento Europeu. Acerca da estrutura, composição e sistema de tomada de decisão desses órgãos, vide Maristela Basso "O Mercosul e a União Européia", disponível na Internet: http://www.ufrgs.br/mestredir/artigosdcomunit.htm.
O sistema institucional europeu é diferente do adotado para a condução do processo de integração econômica no Mercosul. Na Europa, a tarefa ficou a cargo de instituições supranacionais, dotadas de competências próprias (inclusive legislativa e judiciária), recebidas dos Estados-Partes, que delegaram parcelas de suas competências soberanas, repassado-as aos órgãos comunitários
A adoção de uma, ou outra, *forma* institucional para a condução do processo não é, por si só, determinante para o sucesso da integração econômica, pois esta se define pelo *conteúdo*, ou seja, o conjunto de medidas *materiais* tomadas pelos Estados participantes. Neste sentido, o ensinamento de José Ângelo Estrella Faria (O Mercosul: Princípios, finalidades e alcance do Tratado de Assunção". Brasília, MRE, SGIE, NAT, 1993. p.2).

Os auxílios que visam a manter os equilíbrios regionais são pouco criticadas pela Comissão. Ao contrário, os auxílios visando a favorecer a exportação são particularmente expostos à crítica, pois podem resultar no falseamento da concorrência.

6.4.1. Princípios gerais de compatibilidade dos auxílios estatais com o Mercado Comum Europeu

Os princípios gerais de compatibilidade dos auxílios estatais com o Mercado Comum Europeu estão definidos no Tratado de Roma de 1957, em sua Seção 3, art. 92 - *Os auxílios concedidos pelos Estados:*

"Art. 92 - 1. Salvo derrogações previstas pelo presente tratado, são incompatíveis com o mercado comum, na medida em que afetem as trocas entre os Estados membros, os auxílios concedidos pelos Estados ou por meio de recursos estatais de qualquer forma, que falseiem ou ameacem falsear a concorrência, favorecendo certas empresas ou certas produções.
2 - São compatíveis com o mercado comum:
a) os auxílios de caráter social outorgados aos consumidores individuais, sob a condição de que sejam concedidos sem discriminação quanto à origem dos produtos,
b) os auxílios destinados a remediar os danos causados por calamidades naturais ou outros eventos extraordinários,
c) os auxílios outorgados à economia de certas regiões da República Federal da Alemanha afetadas pela divisão da Alemanha, na medida em que sejam necessárias para compensar as desvantagens econômicas causadas por esta divisão.
- estes auxílios são autorizados de ofício, pois são considerados, de pleno direito, compatíveis com o mercado comum
3 - Podem ser consideradas compatíveis com o mercado comum:
a) *os auxílios destinados a favorecer o desenvolvimento de regiões nas quais o nível de vida seja anormalmente baixo ou nas quais haja um grave sous-emploi,*
b) os auxílios destinados a promover a realização de um projeto importante de interesse europeu comum, ou a remediar uma perturbação grave da economia de um Estado membro,
c) *os auxílios destinados a facilitar o desenvolvimento de certas atividades ou de certas regiões econômicas, quando não alterem as medidas de troca em uma medida contrária ao interesse comum.* Entretanto, os auxílios à construção naval existentes na data de janeiro de 1957, por corresponderem apenas à ausência de uma proteção aduaneira, são progressivamente reduzidos nas mesmas condições

aplicáveis à eliminação dos direitos aduaneiros, sob reserva das disposições do presente tratado que visam a política comercial comum em face de países terceiros,
d) os auxílios destinados a promover a cultura e a conservação do patrimônio, quando não alterem as condições de trocas e a concorrência na comunidade, em uma medida contrária ao interesse comum,
e) outras categorias de auxílios determinadas por decisão do Conselho, em maioria qualificada, sobre proposição da Comissão" (grifos nossos).

Como se vê, no Mercado Comum Europeu, em regra, os auxílios estatais são declarados incompatíveis com o mercado comum quando tiverem por efeito o falseamento da concorrência, pelo favorecimento de certas empresas ou certas produções, a não ser que não se enquadrem nas exceções definidas nos §§ 2º e 3º do artigo 92 do Tratado de Roma, que definem, respectivamente, "medidas compatíveis de pleno direito" e medidas que, dependendo das circunstâncias, "podem ser consideradas compatíveis" com o mercado comum.

Esse é o entendimento da Corte de Justiça Européia:

> "Um auxílio concedido por um Estado membro que reforça a posição de uma empresa em relação a outras empresas concorrentes influencia as trocas intracomunitárias (CJCE 17 de setembro de 1980, caso 730/79, Philip Morris: Rec. 2671). Para este efeito, não é necessário que a empresa beneficiária participe ela mesma das exportações. Com efeito, na medida em que um Estado membro outorga um auxílio a uma empresa, a produção interior pode se ver mantida ou aumentada, tendo, por conseqüência, a diminuição das chances das empresas estabelecidas nos outros Estados membros de exportarem para este Estado membro (CJCE 13 de julho de 1988, caso 102/87, França c/ Comissão: Rec. 4067)".

6.4.2. Noções de auxílio

A noção de "auxílio" é mais ampla que a de "subvenção", pois compreende não apenas as prestações positivas, como as próprias subvenções, mas também as intervenções que, sob formas diversas, aliviam os encargos que normalmente oneram o orçamento de uma empresa e que, por isso mesmo, sem serem subvenções no sentido estrito do termo, são da mesma natureza e têm efeitos idênticos.

De acordo com a jurisprudência comunitária, "para a aplicação do artigo 92 são essencialmente os efeitos do auxílio naquilo que concerne às empresas ou produtores beneficiários que devem ser levados em consideração, e não a situação dos organismos distribuidores ou gestores do auxílio (CJCE 22 de março de 1977, caso 78/76, Steinke & Weinlig. Rec. 595).

Esta jurisprudência tem por objetivo impedir que as disposições do Tratado do Roma, em matéria de auxílios estatais, venham a ser contornadas pela outorga de auxílios por meios indiretos.

A Comissão Européia classificou os auxílios segundo dois métodos que se impõem na matéria: a) classificação por natureza (formas e categorias de auxílio); e b) classificação por destinação (objetivos setoriais ou funcionais dos auxílios).

Na "classificação por natureza", os auxílios são classificados como integralmente transferidos ao beneficiário, prêmios de participação de qualquer forma (compreendida a transformação de dívidas em capital), transferências nas quais o elemento de auxílio são os juros economizados pelo beneficiário, ou garantias (todas as formas de cauções ou de garantias concedidas por um preço inferior ao de mercado).

São auxílios integralmente transferidos ao beneficiário as subvenções, as bonificações de juros recebidos diretamente pelo beneficiário, os regimes gerais de pesquisa e desenvolvimento, os *créditos de impostos e outras medidas de ordem fiscal*, desde que a vantagem não esteja subordinada à existência de uma dívida fiscal, os abatimentos fiscais, *as exonerações e o alívio de taxas*, e a redução de encargos sociais.

Já na "classificação por destinação" se incluem os auxílios regionais.

6.4.3. Campo de aplicação do controle

As *regras* relativas aos auxílios dos Estados são *aplicáveis* sobre o território da comunidade, e, *também, nos países da Associação Européia de Livre Comércio - AELC*. Nestes últimos, os poderes de controle são exercidos pela autoridade de fiscalização da AELC instituída por acordo entre os Estados-Membros.

São fiscalizados os auxílios concedidos pelo próprio Estado, assim como por suas coletividades territoriais (Estados Federados, províncias, municípios) ou por organismos públicos e privados que ele institua, ou designe para os gerir.

A experiência mostra, porém, que os atentados às trocas e à concorrência são normalmente denunciados à Comissão por queixa das empresas concorrentes daquelas beneficiadas pelos auxílios.

6.4.4. Auxílios proibidos

Nos termos do artigo 92 do Tratado de Roma, de 1957, "são incompatíveis com o mercado comum, na medida em que afetem as trocas entre os Estados-Membros, os auxílios concedidos pelos Estados ou por meio de recursos estatais de qualquer forma, que falseiem ou ameacem falsear a concorrência, favorecendo certas empresas ou certas produções".

A noção de entrave às trocas e à concorrência se aplica mesmo se a empresa beneficiária do auxílio não exporta seus produtos, pois eles concorrem com aqueles dos outros Estados membros da Comunidade.

No Mercado Comum Europeu, "é proibida a cobertura parcial do custo do investimento de uma empresa em uma dada localização, sendo indiferente, que o custo de investimento em outra localização fosse inferior e a intervenção cobrisse apenas a diferença do custo de investimento entre estas duas localizações (Decisão Cartiere del Garda, de 22 de julho de 1993 n° 93/564)".

No caso de empréstimos, a Corte Européia verifica se, em circunstâncias similares, um investidor privado teria julgado rentável efetuar este aporte (CJCE 10 de julho de 1986, caso 234/84, Bélgica c/ Comissão: Rec. 2263 e CJCE 10 de julho de 1986, caso 40/85, Bélgica c/ Comissão: Rec: 2321; decisão "Fabricant de textiles français" n° 87/585, de 15 de janeiro de 1987; decisão "Aides à un groupe textile italien" n° 89/43, de 26 de julho de 1988).

São exemplos de auxílios fiscais proibidos as exonerações de imposto, pois colocam os beneficiários em uma situação financeira mais favorável que os outros contribuintes (neste sentido CJCE 15 de março de 1994, caso 387/92, Banco Exterior de España: RJF 6/94 n° 761, Rec. 1-877).

São proibidos os financiamentos que tenham por objeto, por exemplo, a modernização ou a substituição das instalações existentes, o aumento das capacidades de produção das empresas envolvidas, o aumento das capacidades de estocagem e expedição, o estabelecimento de uma indústria destinada a concorrer diretamente com as indústrias estabelecidas em outros Estados-Membros, a implantação de novas capacidades de produção, a diminuição do custo de transformação das instalações de produção, a compra de um terreno e a construção de um edifício.

Os auxílios à exportação são quase sempre incompatíveis com o mercado comum, pois afetam o comércio entre Estados-Membros. Não importa o montante do auxílio, suas modalidades, seu objetivo (CJCE 10 de dezembro de 1969, casos 6/69 e 11/69, Comissão c/ França: Rec. 523). Foram julgados incompatíveis exonerações fiscais sobre os benefícios provenientes de operações de exportação (CJCE 10 de junho de 1993, caso 183/91, Comissão c/ Grécia: Rec. I-3131).

Auxílios à importação são raros e somente são concedidos em circunstâncias excepcionais, como, por exemplo, os créditos a taxas de juros reduzidas concedidos para favorecer a importação de certos bens que não são fabricados em um Estado e que são necessários ao desenvolvimento e à modernização de suas empresas (Decisão nº 72/261, de 28 de junho de 1972, "Instruments scientifiques et biens de technologie avancée").

É importante observar que, salvo as derrogações previstas no Tratado de Roma, os auxílios regionais são sistematicamente proibidos pela Comissão, *sempre que suas condições de outorga sejam imprecisas (modalidades muito amplas, zonas geográficas de aplicação não delimitadas, etc.*; neste sentido as decisões "Aides régionales en Belgique" nº 72/173 de 26/4/1972, "Industries nouvelles en Belgique" nº 75/937 de 17/6/1975 e "Cigarettes" nº 79/743, de 27/7/1979) *ou que não criem novos empregos e não intervenham em uma zona "prioritária", ou seja, uma região na qual o nível de vida é anormalmente baixo ou existe um grave baixo nível de emprego* (neste sentido as decisões "Pétrochimie" nº 81/717, de 23/7/1981, "Construction életrique et életronique" nº 81/767, de 09/9/1981).

6.4.5. Auxílios autorizados caso a caso

A Comissão Européia pode autorizar os auxílios que sejam necessários para a realização dos objetivos enunciados no § 3º do artigo 92 do Tratado de Roma, ou seja, aqueles que contribuírem para *corrigir desequilíbrios regionais graves, promover a realização de um projeto importante de interesse europeu comum*, ou a remediar uma perturbação grave da economia de um Estado-Membro, ou *facilitar o desenvolvimento de certas atividades ou de certas regiões econômicas* (por exemplo, *auxílios ao investimento destinados a desenvolver produtos totalmente novos ligados a uma mudança de tecnologia de fabricação* - decisão "Fabricant français de material pour le secteur automobile" nº 89/348, de 23/11/1988). A Comissão também pode autorizar *auxílios destinados a neutralizar temporariamente distorções de concorrência resultantes da ação de terceiros países.*

Em todos os casos, os auxílios devem satisfazer cinco condições cumulativas (cfr. comunicação da Comissão em matéria de auxílios setoriais - COM(78)211, de maio de 1978):

"a) a necessidade dos auxílios deve ser claramente estabelecida;
b) o seu efeito prejudicial sobre a concorrência não pode ser muito excessivo;

c) não devem transferir as dificuldades de um país membro a outro;
d) devem ser limitados no tempo;
e) seu montante deve ser proporcional à importância dos problemas a resolver;
f) devem ser regressivos, em sua taxa ou seu montante".

As derrogações ao princípio da incompatibilidade dos auxílios (art. 92, § 3º, do Tratado de Roma) devem ser interpretadas restritivamente, somente podendo ser concedidas se a Comissão tiver podido verificar que, na sua ausência, o livre jogo das forças do mercado não seria suficiente para incitar seus beneficiários eventuais a agirem para atender a um dos objetivos enumerados (Decisão "Merco" nº 94/343, de 07/12/1993: JOCE 1994 L 154).

A Comissão Européia possui um amplo poder de apreciação cujo exercício implica avaliações de ordem econômica e social que devem ser efetuadas em um contexto comunitário (CJCE 21/3/1991, caso 303/88, Itália c/ Comissão: Rec. I-1433). É necessário, porém, que o raciocínio seguido pela Comissão seja coerente. Por exemplo, se sua análise da compatibilidade de um auxílio não satisfaz aos critérios estabelecidos por ela mesma, a Corte poderá anular a decisão da Comissão (CJCE 14/9/1994, caso 278 a 280/92, Espanha c/ Comissão: Rec. I-4103).

O *Estado-Membro que pretende outorgar o auxílio deve fornecer todos os elementos* de natureza a *permitir* à Comissão *verificar* se as condições da derrogação foram satisfeitas (CJCE 28/4/1993, caso 364/90 Itália C/Comissão: RJDA 7/93 nº 675, Rec.I-2097).

A Comissão *examina caso a caso* os projetos de auxílio que os Estados-Membros lhe submetem, *mas definiu princípios (gerais) aplicáveis em certos setores.*

6.4.5.1. Princípios gerais aplicáveis aos auxílios com finalidade setorial

A Comissão definiu uma política de enquadramento para as indústrias têxtil e automobilística, a construção naval, a siderurgia, a informática e a aviação. Estes regras têm um efeito restritivo e constituem um ato de porte geral que não pode ser modificado implicitamente por uma decisão individual (dos Estados-Membros), a qual não pode ser invocada posteriormente, a título dos princípios de igualdade de tratamento e de proteção da confiança legítima, para justificar uma nova quebra destas regras (CJCE 24/3/1993, caso 313/90, CIRFS: Rec. I-1125).

Na indústria têxtil, a Comissão entende que, tendo em conta a sobrecapacitação estrutural ou a estagnação do setor, devem ser evitados todos os auxílios à criação de novas capacitações. Por outro lado, são *encorajados os auxílios que tenham por objetivo a adoção de novas tecnologias que melhorem a produtividade* (por exemplo, os auxílios concedidos a uma fábrica de algodão, bem como a pesquisa aplicada efetuada por meio de organismos especializados, cujos resultados sejam abertos a toda a Comunidade em condições comerciais normais e sem discriminação ou o melhoramento da qualidade dos produtos.

No setor de fibras sintéticas, que sofre com a supercapacidade de produção, a Comissão decidiu *autorizar um auxílio* tendo em conta que o *investimento visava a uma produção custo reduzido/volume elevado, que se encontraria em concorrência direta com as importações a preços baixos de países terceiros*. Segundo a Comissão, este projeto poderia representar uma *alternativa à tendência atual de deslocamento de certas produções para terceiros países* com baixos salários (Decisão "Hualon" de 04/5/1994: Boletim EU 5-1994).

Os auxílios à informática são justificados, seguidamente, pela *necessidade de melhorar a competitividade*, pois, neste setor, a *concorrência não se exerce no seio da Comunidade, mas entre os produtores europeus e aqueles de países terceiros* (Japão, USA, etc.). Assim, foi autorizado o suporte financeiro da França à empresa Bull. A Comissão teve em conta o *interesse para a Comunidade de manter e desenvolver um setor europeu de informática* (Decisão de 12/10/1994 nº 94/1073 "Bull").

O *enquadramento* dos auxílios à indústria automobilística teve por *objetivo tornar transparentes todos os auxílios concedidos* a esse setor e os *submeter a uma disciplina mais rigorosa, de forma a evitar que uma concorrência desleal alterasse a competitividade* da indústria automobilística *na Comunidade*.

6.4.5.2. Princípios gerais aplicáveis aos auxílios com finalidade regional

A Comissão considerou favoravelmente auxílios à indústria automobilística concedidos com finalidade regional, pois eles remedeiam as deficiências estruturais das quais sofrem as regiões desfavorecidas da Comunidade.

Os auxílios com finalidade regional, no Mercado Comum Europeu, podem ser considerados lícitos quando tiverem por efeito:
a) favorecer o *desenvolvimento econômico* de regiões nas quais o nível de vida seja anormalmente baixo ou nas quais a taxa de

desemprego seja muito alta (art. 92, § 3º, *a*, do Tratado de Roma) ou,

b) facilitar o *desenvolvimento* de *certas atividades* ou de certas regiões econômicas, sem alterar as trocas comerciais (art. 92, § 3º, *c*).

A Comissão definiu um método de avaliar a licitude destes dois tipos de auxílio em uma comunicação de 12 de agosto de 1988 (JOCE 1988 C 212).

No primeiro caso (art. 92, § 3.a, do Tratado de Roma, de 1957), as regiões que podem se beneficiar de auxílios regionais devem ter um PIB que não ultrapasse 75% da média comunitária em paridade de poderes de compra. Os auxílios aos investimentos nestas regiões não devem ser superiores a 75% do montante total do investimento. Por outro lado, certos auxílios de caráter contínuo, visando a superar deficiências (*handicaps*) particulares ou permanentes (auxílios ao funcionamento) podem ser autorizados, por derrogação, sob a condição de que condições limitativamente enumeradas (requisitos) sejam preenchidas:

a) o auxílio seja limitado no tempo e tenha por objeto superar as deficiências estruturais das empresas implantadas nestas regiões;

b) o auxílio vise a promover um desenvolvimento durável e equilibrado da atividade econômica e não suscite sobrecapacitações setoriais em nível comunitário.

c) o auxílio não seja concedido em violação às regras específicas relativas às empresas em dificuldades;

d) um relatório anual sobre sua aplicação seja enviado à Comissão e indique o total das despesas (ou perdas de receitas em caso de minoração da carga fiscal ou parafiscal) por tipo de auxílio, mencionando os setores concernentes;

e) os auxílios à exportação para os países do mercado comum estão excluídos.

Contudo, "um auxílio concedido a uma empresa situada em uma região suscetível de se beneficiar desta derrogação não está automaticamente autorizado pela Comissão. É necessário que, além disto, as vantagens procuradas compensem a distorção de concorrência que ele possa ocasionar" (Decisão "PYRSA" nº 95/438, de 14 de março de 1995).

No segundo caso, do art. 93, § 3.c, do Tratado de Roma, as regiões são avaliadas em função de sua situação socioeconômica em relação ao Estado-Membro interessado e em relação ao conjunto da Comunidade. Para isto, a Comissão se refere ao PIB por habitante ou ao valor agregado bruto e ao nível de desemprego estrutural. Quanto mais a situação de um Estado-Membro seja favorável em

relação à média comunitária, maior deve ser a disparidade de uma região no plano nacional para justificar a outorga do auxílio. Os auxílios são aceitáveis *a priori* desde que:
   a) o rendimento medido em termos de PIB e o valor agregado bruto por habitante sejam ao menos 15% inferiores à média do Estado-Membro, e/ou
   b) o desemprego estrutural seja ao menos 10% superior à média do Estado-Membro.[45]

Entretanto, este exame pode ser complementado por outros indicadores, como:
   a) especificidades ligadas a um contexto político, econômico e social particular (ex.: reunificação alemã);
   b) insularidade;
   c) zonas montanhosas;
   d) *localização ultraperiférica de certos territórios* (Decisão da Comissão de 04/5/1994, relativa a um fundo de garantia em favor das empresas dos DOM: Boletim UE 4-1994);
   e) *a muito baixa densidade populacional e os sobrecustos de transporte* (caso da Finlândia e da Suécia: JOCE 1994 C 364 p.8).

No que concerne aos patamares de intensidade destes auxílios, a Comissão definiu as taxas aplicáveis aos auxílios regionais na comunicação de 26 de outubro de 1995: JOCE 1995 C 282.

6.4.5.3. Auxílio ao meio ambiente

As empresas cujas atividades sejam nocivas ao meio ambiente devem suportar os custos das medidas necessárias à redução da nocividade causada por elas (princípio do "poluidor-pagador"), porém são admitidos auxílios para a adaptação das instalações existentes a novas normas ambientais (15% bruto do investimento - antes de impostos) e para instalações novas que permitam controle da poluição superior ao exigido na lei (30% bruto do investimento - antes de impostos). Para as pequenas e médias empresas, o patamar de auxílio pode ter teto de 25% e 40%, respectivamente. Para empresas em regiões beneficiadas vale o teto mais alto (ambiental ou regional).

6.4.5.4. Auxílio à pesquisa e ao desenvolvimento

A Comissão tem posição favorável aos auxílios que possam contribuir para o sustento da indústria comunitária e para o desen-

---

[45] As taxas derrogatórias foram fixadas pela Comissão para os auxílios concedidos às pequenas e médias empresas.

volvimento de sua competitividade. As condições de validade destes auxílios foram definidas em comunicação de 11/4/1986 (JOCE 1986 C 83). Um auxílio à pesquisa e ao desenvolvimento pode ser aprovado se, de um lado, tiver por objetivo promover a realização de projeto importante de interesse europeu e, de outro, não exceder a 50% dos custos do programa. *A Comissão pode, entretanto, autorizar níveis de ajuda mais elevados, se os projetos apresentam uma importância econômica maior ou se destinam a pequenas e médias empresas.*

Em princípio, a Comissão exigirá níveis de auxílio progressivamente menos elevados, na medida em que a atividade sustentada se aproxime do mercado, passando ao domínio da pesquisa aplicada e do desenvolvimento.

6.4.5.5. Acúmulo de auxílios de múltiplas finalidades

Os auxílios devem ser notificados à Comissão sempre que, em seu conjunto, ultrapassem o teto individual de algum deles.

6.4.5.6. Controle da Aplicação da Regulamentação

O exame da compatibilidade das medidas de auxílio com o mercado comum é da competência exclusiva da Comissão, sob o controle da Corte de Justiça (CJCE 21/11/1991, caso 354/90, "Fédération nationale du commerce des produits alimentaires": RFJ 1/92 nº 161, Rec. I-5505; CJCE 09/8/1994, caso 44/93, "Namur-Les Assurances du Crédit": Rec. I-3829).

A ausência de sobrecapacitação é constatada com base em conclusões de estudo realizado por peritos independentes.

O controle é prévio para os novos auxílios, mas um auxílio existente pode continuar a ser executado, desde que a Comissão não constate sua incompatibilidade com o mercado comum (CJCE 30/6/1992, caso 47/91, Itália c/ Comissão: Rec. I-4145).

Uma vez que um regime geral de auxílios tenha sido aprovado, as medidas individuais de execução não precisam ser notificadas, salvo se na decisão de aprovação tenha sido assim determinado.

A Comissão pode reconhecer a validade do auxílio, denunciar sua incompatibilidade com o Tratado de Roma, ou ordenar sua modificação, sempre em *decisão motivada*. A motivação deve permitir ao destinatário da decisão conhecer as justificativas da medida tomada a fim de verificar se a decisão é ou não fundamentada, fazer valer seus direitos e permitir ao juiz exercer seu controle em caso de recurso. A falta de motivação suficiente enseja a anulação de uma decisão que declare um auxílio incompatível (CJCE 28/4/1993, caso 364/90, Itália c/ Comissão: RJDA 7/93 nº 675, Rec. I-2097;

CJCE 13/4/1994, casos 324 e 324/90, "Pleuger Worthington": Rec. I-1173; TPICE 06/7/1995, caso 447 a 449/93, "Associazione Italiana Tecnico Economica del Cemento"; TPICE 28/9/1995, caso 95/94, Sytravall).

A exigência de motivação é apreciada em função das circunstâncias do caso, notadamente do conteúdo do ato, da natureza dos motivos invocados e do interesse do destinatário do ato (ou de outras pessoas envolvidas diretamente e individualmente por este ato) em receber explicações.

A Corte de Justiça considerou que a "motivação da decisão é insuficiente se a Comissão não precisou em que as circunstâncias, nas quais o auxílio foi concedido, afetam as trocas entre Estados, e não forneceu indicações sobre a situação do mercado considerado, sobre a parte deste mercado da empresa beneficiária do auxílio, sobre as correntes de trocas dos produtos em questão entre Estados-Membros, sobre as exportações da empresa" (CJCE 13/3/1985, caso 296 e 318/82, Países-Baixos c/ Comissão: Rec. 809).

As decisões de recusa dos auxílios devem comportar, em seus motivos, as características do auxílio que demonstrem a incompatibilidade deste com o Tratado de Roma: indicações relativas à situação do mercado considerado, à parte da empresa sobre este mercado, às correntes de troca dos produtos em questão entre Estados-Membros e às exportações da empresa (CJCE 13/3/1985, caso 296 e 318/82, Países-Baixos c/ Comissão: Rec. 809).

Toda pessoa física ou jurídica interessada diretamente pode recorrer, pedindo a anulação da decisão perante o Tribunal Europeu de Primeira Instância,[46] mesmo se as decisões estiverem endereçadas a um terceiro (art. 173 al. 4 do Tratado de Roma).

A fim de demonstrar seu interesse de agir, é aconselhável às empresas interessadas por uma decisão, que participem o mais ativamente possível do processo de exame de um auxílio em causa. Foi considerado admissível o recurso de uma empresa que havia apresentado suas observações à Comissão e havia demonstrado que sua posição no mercado era substancialmente afetada pela medida de auxílio atacada (CJCE 28/01/1986, caso 169/84, Cofaz: Rec. 391).

Foi anulada uma decisão que não demonstrava em que medida o auxílio concedido à empresa, sob forma de prêmios de participação, afetava as condições das trocas comunitárias (CJCE 14/11/1984, caso 323/82. Intermills: Rec. 3809).

---

[46] Este funciona junto à Corte de Justiça Européia, auxiliando-a nas suas funções.

6.5. CONCLUSÕES

6.5.1. Os produtos da Zona Franca de Manaus se adequam ao regime comum de origem fixado no Mercosul?

Os produtos da Zona Franca de Manaus não se enquadram no regime fixado pela Decisão-CMC 8/94, porque esta é genérica e não segue os critérios técnicos necessários e exigíveis para a matéria. Impõe-se, portanto, a revisão dos "critérios gerais" desta Decisão, com vistas à fixação de "requisitos específicos de origem" para os produtos das zonas francas que se submetam ao "processo produtivo básico", ou a outros requisitos e exigências a serem fixados caso a caso. Com isso, busca-se retirar da TEC os produtos que cumpram requisitos de efetiva industrialização local, incluindo-os no rol dos produtos nacionais, credenciando-os, pelas suas especificidades, ao tratamento preferencial, no Mercosul e em outras negociações.

A revisão desta Decisão tem como base o disposto no art. 10 do Anexo do II Tratado de Assunção - Regime Geral de origem,[47] que estabelece:

"Art. 10 - Para os efeitos do presente Regime Geral se entenderá que:
a) os produtos procedentes das zonas francas situadas nos limites geográficos de qualquer dos Estados-Partes deverão cumprir os requisitos previstos no presente regime geral".

Também está previsto neste mesmo Anexo II do Tratado de Assunção:

"Art. 1º
Serão considerados originários dos Estados Partes:
(...)
b) Os produtos compreendidos nos capítulos ou posições da Nomenclatura Tarifária da Associação latino-Americana de Integração que se identificam no Anexo I da Resolução 78 do Comitê de Representantes da citada Associação, pelo simples fato de serem produzidos em seus respectivos territórios.
Considerar-se-ão produzidos no território de um Estado parte:
(...)
iii - Os produtos que resultem de operações ou processos efetuados em seu território pelos quais adquiram a forma final em que serão comercializados, exceto quando esses processos ou opera-

---

[47] O mesmo se vê no Anexo I, do ACE 18 - Regime Geral de Qualificação de Origem e na Decisão - CMC 06/94 - Regulamento Correspondente ao Regime de Origem do Mercosul.

ções consistam somente em simples montagens ou ensamblagens, embalagem, fracionamento em lotes ou volumes, seleção e classificação, marcação, composição de sortimentos de mercadorias ou outras operações ou processos equivalentes.
c) Os produtos em cuja elaboração se utilizem materiais não originários dos Estados partes, quando resultem de um processo de transformação, realizado no território de algum deles, que lhes confira uma nova individualidade, caracterizada pelo fato de estarem classificados na Nomenclatura Aduaneira da Associação latino-Americana de Integração em posição diferente à dos mencionados materiais, exceto nos casos em que os Estados partes determinem que, ademais, se cumpra com o requisito previsto no artigo segundo do presente Anexo.
(...)".
"Art. 2º
Nos casos em que o requisito estabelecido na letra 'c' do artigo primeiro não possa ser cumprido porque o processo de transformação operado não exceda a 50 (cinqüenta) por cento do valor FOB de exportação das mercadorias de que se trata".

Somente para citar um exemplo, a indústria eletroeletrônica de Manaus agrega elevado valor: em 1996, o faturamento do setor instalado em Manaus superou U$9 bilhões, para uma gasto de U$1,6 bilhão e U$2,6 bilhões, respectivamente, com insumos nacionais e importados.

6.5.2. Necessidades da ZFM

Na ausência de incentivos, notadamente aqueles vinculados à importação de componentes, a indústria eletroeletrônica, por exemplo, possivelmente não seria competitiva e, neste caso, o Brasil teria de importar bens eletroeletrônicos de consumo ou impor elevadas tarifas para proteger o setor, o que fatalmente estimularia o contrabando. Como se sabe, a indústria eletroeletrônica é um ramo incentivado em todos os países nos quais se destaca.

Os incentivos fiscais retornam em benefícios para a comunidade local e se destinam a compensar os investimentos realizados em região de fronteira, subpovoadas e localizadas a enormes distâncias dos centros consumidores.

Fazendo um exercício de comparação, as montadoras habilitadas no regime automotivo brasileiro importam veículos inteiros com redução de 50% no Imposto de Importação, o que significa o pagamento de alíquota de 24,5%, pois a alíquota cheia é 49%.[48] Nas ne-

---

[48] Gazeta Mercantil, 02/4/98. p. A-4.

gociações sobre o regime automotivo do Mercosul, Brasil e Argentina acertaram que os modelos existentes deverão ter 60% do valor final do veículo em peças fabricadas na região, mas todos estariam de acordo que é preciso flexibilizar este número.[49] Os argentinos preferem um índice de conteúdo regional mais alto, para resguardar a indústria local, mas o Brasil, justamente por ter um parque automobilístico mais desenvolvido e competitivo, defende uma abertura maior para a importação de peças. Além da questão das peças importadas, o governo brasileiro ainda não conseguiu encontrar uma proposta para encaixar os incentivos locais no regime.

Como se vê, em vários setores existem problemas, assim, mais do que negociar, devemos, procurar harmonizar os interesses regionais dentro do Mercosul. O que, à primeira vista, pode parecer difícil, mas é possível.

6.5.3. Os efeitos da decisão - CMC nº 8/94 na Zona Franca de Manaus

Para o Brasil, a principal implicação da Decisão-CMC nº 8/94 foi a alteração do tratamento fiscal até então conferido aos produtos provenientes das indústrias instaladas junto à Zona Franca de Manaus.[50] Antes do advento do tratamento harmonizado no âmbito do Mercosul, o tributo aduaneiro suspenso relativo a *insumos* e *componentes* utilizados em processos de elaboração realizados no Pólo Industrial de Manaus, que envolvessem um conjunto mínimo de operações, no ambiente fabril, que caracterizasse a efetiva industrialização (Processo Produtivo Básico),[51] era recolhido na saída do produto final para o mercado brasileiro, com redução de 88%.[52] Em decorrência da Decisão-CMC nº 8/94, o *próprio produto final*, fabricado pelas indústrias instaladas na ZFM, passou a ser considerado *mercadoria estrangeira* e, conseqüentemente, é exigido o pagamento da tarifa alfandegária no seu ingresso em qualquer parte do território aduaneiro do Mercosul, inclusive no mercado brasileiro.

---

[49] Segundo Antônio Sérgio Martins, Secretário de Política Industrial do Ministério da Indústria, do Comércio e do Turismo (MICT): "Certamente será estabelecido um índice mais baixo do que 60% e ponto final".

[50] Dentre os quais, outros incentivos fiscais oferecidos são a isenção do IPI (total), do Imposto de Renda (total por 10 anos; 50%, após este período) e do ICMS (total, na importação de bens de capital; da parcela local, na compra de mercadorias de origem nacional), a redução do IOF (nas operações de câmbio relativas à importação de bens e serviços), a aplicação de redutor na base de cálculo do ICMS (na importação de insumos), e a restituição de 45% a 100% do ICMS devido na saída dos produtos fabricados na ZFM para o mercado brasileiro.

[51] Decreto-Lei nº 288/67, com a redação dada pela Lei nº 8.387/91. As operações que constituiriam o Processo Produtivo Básico foram definidas no Decreto nº 783/93.

[52] Resultando no pagamento de apenas 12% da alíquota aplicável.

Não há dúvida de que a construção, a consolidação e o funcionamento de um Mercado Comum, como o que se pretende no Mercosul, alicerçado nas liberdades fundamentais de circulação de bens, serviços e fatores produtivos, ou seja, no qual os mercados nacionais são transformados em um único mercado comunitário, compartilhado por quatro países (como projetado por Argentina, Brasil, Paraguai e Uruguai, no Tratado de Assunção[53]), exige, necessariamente, que os interesses nacionais de cada Estado-Parte cedam o passo ao interesse comum, impondo subseqüentes ajustes dos aspectos estruturais internos de cada membro que sejam incompatíveis com a integração pretendida. Atender ao interesse comum não significa, porém, adotar medidas genéricas, descuidando de aspectos específicos concernentes às partes que integram o mercado unificado em construção, sob pena de frustar os próprios objetivos que determinaram a decisão política de realizar a integração econômica.

Neste contexto, é imperioso reconhecer que:

a) em princípio, não há incompatibilidade entre mercado comum e zonas incentivadas. Tanto é que no Mercado Comum Europeu existem auxílios autorizados para corrigir desequilíbrios regionais, promover a realização de projetos de interesse europeu comum, e facilitar o desenvolvimento de certas atividades ou de certas regiões econômicas, assim como para neutralizar, temporariamente, distorções de concorrências resultantes da ação de terceiros países, dentre outras;

b) o problema da maquilagem (Paraguai/Uruguai) é uma realidade que não pode ser ignorada;

c) é necessário o estabelecimento de critérios específicos de origem no Mercosul a fim de corrigir o conteúdo da Decisão CMC nº 8/94.

---

[53] Os instrumentos de ratificação do Tratado de Assunção, que o incorporam ao direito interno de cada um dos Estados-Partes, estão depositados em Assunção, Paraguai, e são, respectivamente, a Lei nº 23.981/91, Argentina, o Decreto nº 350/91, Brasil (publicado no Diário Oficial da União de 22.11.91), e a Lei nº 9/91, Paraguai; Lei nº 16.196/91, Uruguai.

7. A jurisprudência do Tribunal de Justiça das Comunidades Européias e a competência internacional da Comunidade Européia[1]

Patrícia Luíza Kegel
Mestre em Teoria Geral do Direito e Instituições de Direito Público na Universidade Federal de Santa Catarina, "Magister-Legum" em Direito Constitucional comparado pela Universidade de Münster, Alemanha, e professora de Direito Internacional Público e Privado na Universidade Regional de Blumenau – FURB.

Sumário: 7.1. Introdução; 7.2. A supranacionalidade; 7.2.1. A construção teórica do conceito de supranacionalidade; 7.2.2. A construção jurisprudencial do conceito de supranacionalidade; 7.2.3. Contornos básicos da supranacionalidade; 7.3. Relações internacionais e supranacionalidade: O "Treaty-Making Power" da CE; 7.3.1. A natureza das competências comunitárias nas relações internacionais da CE; 7.3.2. Tipos das competências comunitárias no âmbito das suas relações externas; 7.3.3. O princípio da subsidiariedade e a delimitação das competências comunitárias na área internacional; 7.4. Os acordos internacionais e a natureza constitucional do TCE; 7.5. Conclusão.

7.1. INTRODUÇÃO

Para se falar em "processos de integração regional" e ao considerarem-se as reais possibilidades de o Mercosul vir a se estabilizar enquanto experiência integracionista bem-sucedida, torna-se fundamental uma análise do paradigma comunitário europeu. Entre seus diversos aspectos, serão estudados os relacionados à construção jurisprudencial de suas características supranacionais, notadamente no âmbito das relações e competências internacionais comunitárias.

---

[1] Artigo escrito no âmbito da pesquisa sobre blocos econômicos regionais, que vem sendo desenvolvida pela autora no Departamento de Direito Público do Centro de Ciências Jurídicas da FURB.

Neste sentido, a intenção deste trabalho é especificar o papel desempenhado pelo TJCE na projeção internacional da Comunidade Européia e sua importância para a fixação do caráter supranacional das suas relações intracomunitárias e dentro dos limites, contribuir para a discussão sobre a natureza jurídica dos blocos econômicos regionais.

Uma das características mais impressionantes do caráter supranacional da CE é a sua contínua construção conceitual e teórica pela jurisprudência do Tribunal de Justiça das Comunidades Européias (TJCE). Neste sentido, podemos incluir as relações externas da CE como sendo um dos âmbitos em que o Tribunal "construiu" a supranacionalidade comunitária, a partir da competência constante no art. 300, 6 do TCE, e que lhe conferiu o poder de exercer o controle sobre a compatibilidade dos atos internacionais da Comunidade com o Tratado CE.

A conseqüência da constante jurisprudência do TJCE a respeito foi a expansão das competências comunitárias internacionais, em detrimento da exclusividade dos Estados-Membros em reger suas relações exteriores.

Para Seidl-Hohenveldern/Loibl,[2] é exatamente no âmbito das relações internacionais, especialmente nos Tratados celebrados exclusivamente pela CE, que a Comunidade Européia avança de modo particularmente intensivo sobre a soberania dos Estados-Membros. Este tipo de afirmação de sua natureza supranacional torna-se evidente com as seguidas manifestações do TJCE no sentido de impor a exclusividade da Comunidade em atuar internacionalmente, nas áreas em que haja interesse comunitário.

7.2. A SUPRANACIONALIDADE

É possível exemplificar o caráter supranacional da Comunidade Européia (CE) em conjunto com a expansão de suas competências no âmbito de suas relações internacionais. Como observaremos posteriormente, são vários os aspectos que envolvem a noção de supranacionalidade, o que exclui a sua definição a partir de conceitos fechados que simplesmente cataloguem certos elementos ou dispositivos normativos constantes do Tratado da Comunidade Européia (TCE).

---

[2] SEIDL-HOHENVELDERN, Ignaz/LOIBL, Gerhard. "Das Recht der Internationalen Organisationen einschliesslich der Supranationalen Gemeinschaften". Carl Heymanns Verlag, Berlin, Bonn, 1996, pg. 234.

Neste sentido, não existe uma definição jurídica unívoca de supranacionalidade,[3] sendo este conceito normalmente utilizado nas Comunidades Européias para designar aquelas características que, pela sua especificidade e intensidade, distinguem as relações jurídicas comunitárias das relações existentes nas Organizações Internacionais tradicionais. Deste modo, nossa primeira aproximação ao conceito de supranacionalidade consiste em designá-lo como uma qualidade exclusiva das relações intercomunitárias, dado que as demais Organizações Internacionais são de natureza intergovernamental, sendo portanto regidas pelos princípios da igualdade soberana dos Estados, e não ingerência nos assuntos internos dos Estados-Membros.

Segundo Ipsen é na "Declaração Schumann",[4] que irão aparecer com nitidez suficiente os elementos da supranacionalidade, característicos da originalidade comunitária, especialmente por desenvolverem-se além dos limites restritos da cooperação intergovernamental.

Duas observações podem ser efetuadas aqui. Em primeiro lugar, a expressão "Comunidades Supranacionais" encontra apoio na versão original do art. 9 Z.5 e 6 do Tratado CECA, em que o texto francês conferia caráter supranacional, *"caractère supranational"*, à Alta Autoridade. Em segundo lugar, contudo, os pontos correspondentes ao art. 157 do Tratado CEE e ao art. 126 do Tratado CEEA evitam a utilização da expressão supranacional ao se referir à Comissão, apesar de os textos serem praticamente idênticos. A omissão deliberada do termo *supranacional* se torna oficial no Tratado de Fusão de 1965, que substitui os artigos 9º, 157 e 126 dos Tratados CECA, CEE e CEEA respectivamente, pelo art.19, em uma versão em que esta denominação não mais aparece.

O que se torna difícil negar ou omitir é que a Comunidade Européia constituiu-se em uma organização internacional de tipo tão especial, que a supranacionalidade que a distingue não depende de o termo ser ou não utilizado nos seus Tratados Constitutivos, decorrendo essencialmente da vontade política de seus membros e da *práxis* de suas instituições.[5]

---

[3] Sobre as várias concepções possíveis do termo supranacionalidade, ver IPSEN, Hans-Peter. "Europäisches Gemeinschaftsrecht". Tübingen, Mohr Siebeck Verlag, 1972, p. 59 e segs. Em português, a brilhante obra do professor QUADROS, Fausto. "Direito das Comunidades Européias e Direito Internacional Público". Lisboa, Almedina, 1991, p. 129 e segs.

[4] A "Declaração Schumann", do então Ministro das Relações Exteriores francês Robert Schumann, de 9 de maio de 1950, tornando pública a oferta francesa à recém-criada República Federal da Alemanha, de harmonizarem sua produção de carvão e de aço, - embrião da CECA. Ver IPSEN, op.cit., p. 65 e segs.

[5] STREINZ, Rudolf. "Europarecht". Heidelberg, Müller Verlag, 1996, p. 37.

7.2.1. A construção teórica do conceito de supranacionalidade

Diante da dificuldade existente em fornecer um conceito unanimemente aceito, optamos por enumerar certos critérios utilizados pela doutrina, e que possibilitarão delimitar seu sentido e extensão.

Para Seidl-Hohenvelden/Loibl[6] a partir de uma concepção de supranacionalidade, já embutida portanto na "Declaração Schumann", mesmo que o termo tenha sido expressamente abandonado posteriormente, determinados princípios da Comunidade Européia cristalizaram-se nos Tratados Constitutivos, os quais reforçaram seu caráter supranacional, e que podem ser descritos como sendo direitos da CE:

- A CE pode editar atos normativos que são diretamente vinculantes para os Estados-Membros e para os indivíduos, e mesmo sendo contrários à vontade dos Estados, obriga-os a seguir determinado comportamento. É o caso de regulamento, diretivas e decisões. (art. 249 TCE).
- A CE dispõe de um órgão judiciário próprio, o TJCE, com jurisdição obrigatória, e cujas sentenças vinculam seus destinatários. (arts. 244 TCE e 256 TCE).
- O órgão superior, responsável pela implementação e defesa dos interesses da Comunidade (ou seja, a Comissão), é independente das orientações dos Estados-Membros. (arts. 211 e 213 TCE).
- Decisões do órgão responsável pela representação dos interesses individuais dos Estados-Membros (ou seja, o Conselho) podem ser tomadas por maioria, e mesmo assim vinculam os Estados perdedores.[7] (art. 205 TCE).
- A CE dispõe de outras fontes de financiamento, além das contribuições dos Estados-Membros. (arts. 268 e 269 TCE).

Este conjunto de características traça os contornos de um tipo historicamente inédito de organização internacional, que reúne em si competências legislativa e jurisdicional próprias, independência em relação aos seus membros, sistema decisório pelo princípio majoritário e autonomia financeira.

---

[6] SEIDL-HOHENVELDERN,/LOIBL,op.cit., p. 7 e segs. Segundo estes autores, as características que distinguem a CE das organizações internacionais tradicionais, por implicarem uma substancial cessão/limitação da soberania dos Estados-Membros, já estão plasmadas no Tratado de Roma.

[7] Observe-se que a prática decisória instituída em janeiro de 1966 pelo "Acordo de Luxemburgo", que na prática significou o retorno à intergovernamentalidade, foi abandonada por ocasião da "Ata Única Européia". Por outro lado, a maioria dos autores identifica na "Declaração de Ioannina" de março de 1994 e janeiro de 1995, a reedição suavizada do compromisso intergovernamental de Luxemburgo. A respeito, ver PECHSTEIN, Matthias/KOENIG, Christian. "Die Europäische Union. Die Verträge von Maastricht und Amsterdam". Mohr Siebeck, Tübingen, 1998, p. 248 e segs.

Por fim, observe-se que existem elementos de conteúdo mais político, e que não se encontram de forma expressa nestes Tratados, tendo sido desenvolvidos de forma eminentemente pretoriana.

7.2.2. A construção jurisprudencial do conceito de supranacionalidade

Em relação aos elementos jurisprudenciais, Borchardt[8] situa nas sentenças - "Van Gend en Loos" de 1963, e "Costa/ENEL" de 1964 -, o momento no qual o TJCE inicia o desenvolvimento de determinadas características próprias do Direito Comunitário, e que contribuirão para fixar a natureza supranacional[9] das Comunidades Européias e de seu sistema jurídico. São eles:

- Uma estrutura institucional que permite que a formação da vontade (e conseqüente processo decisório) dentro da CE seja determinada não apenas pelos interesses particulares dos Estados-Membros, mas principalmente pelos interesses comunitários, traduzidos nos objetivos da CE.

- A transferência de competências nacionais aos órgãos comunitários, que ocorreu em uma extensão inédita em outras organizações internacionais, estendendo-se inclusive a domínios que tradicionalmente são reservados aos Estados. Na ausência de um catálogo expresso de repartição de competências entre a CE e os Estados-Membros, a doutrina dos "poderes implícitos" - *implied powers* - possibilitou a expansão das competências comunitárias para bem além do inicialmente previsto.

- A implantação de uma ordem jurídica própria, independente dos sistemas jurídicos nacionais. Ressalte-se que as características de "autonomia e independência" do Direito Comunitário, em relação aos Direitos nacionais, não se encontram expressas nos Tratados, resultando principalmente da interpretação do TJCE a partir dos já citados casos *Van Gend en Loos* e *Costa/ENEL*.

- A aplicabilidade imediata do Direito Comunitário, através da qual as disposições comunitárias entram em vigor em todos os Estados-Membros no mesmo período de tempo, significando a adoção da postura monista nas relações Direito Comunitário e Direitos nacionais.

- A primazia do Direito Comunitário, através da qual se possibilita que este não seja revogado ou alterado por lei nacional posterior, e em caso de antinomia entre norma comunitária e norma

---

[8] BORCHARDT, Klaus-Dieter. "Die Rechtlichen Grundlagen der Europäischen Union". C.F.Müller Verlag, Heidelberg, 1996, p. 42 e segs.

[9] As sentenças citadas do Tribunal de Justiça das Comunidades Européias (TJCE) são as referidas *"Van Gend en Loos"* de 1963, e *"Costa/ENEL"* 1964.

nacional, a comunitária possui a precedência, mesmo em se tratando de norma nacional de *status* constitucional.[10]

Para Borchardt, foi através destes elementos, desenvolvidos em grande parte de forma pretoriana, que a CE pôde consolidar-se como uma organização autônoma, com direitos de soberania próprios e uma ordem jurídica independente, à qual estão submetidos os Estados-Membros e que determina o limite de suas competências nacionais.[11]

7.2.3. Contornos básicos da supranacionalidade

Apesar dos limites conceituais e de um modo geral, podemos qualificar a supranacionalidade como existindo apenas no âmbito das Comunidades Européias, e designando um novo tipo organização internacional, em que os Estados membros não se encontram mais em situação de absoluta igualdade, é permitida a ingerência em seus assuntos internos, a relação entre a organização e os Estados deixa de ser de coordenação e passa a ser de subordinação destes àquela, implicando assim numa transferência substancial de competências legislativas, executivas e judiciárias por parte dos Estados em favor da organização.

O resultado é uma organização internacional em que seus Estados-Membros concordam com uma redução significativa de sua soberania. A supranacionalidade portanto, além de ser um conceito jurídico utilizado, porém não unanimemente definido, indica também uma situação política *sui-generis*, em que Estados soberanos aceitam a imposição de decisões tomadas pela organização mesmo quando estas não correspondam aos seus interesses particulares.[12]

7.3. RELAÇÕES INTERNACIONAIS E SUPRANACIONALIDADE: *O TREATY-MAKING POWER* DA CE

A partir dos pressupostos estabelecidos no art. 300, 1 a 7, TCE, sempre que a Comunidade Européia celebra Tratados internacionais (chamados de "acordos" na terminologia comunitária[13]) com Estados

---

[10] De acordo com o princípio *"Europarecht bricht Verfassungsrecht"* – Direito europeu "quebra" Direito Constitucional. BLECKMANN, Albert. "Europarecht". Heymanns Verlag, Berlin, Bonn, 1989, p. 525.

[11] BORCHARDT, op.cit., p. 46 e segs.

[12] Sobre a dimensão mais propriamente política do que jurídica do termo "supranacionalidade", ver TAYLOR, Paul. "The Limits of European Integration". Columbia University Press, New York, 1983, pgs. 190 e sgts.

[13] O texto do TCE emprega diversas vezes a expressão "acordo" como correlata à de Tratado. Neste sentido, o TJCE esclareceu que "acordo" é empregado em sentido lato, significando

terceiros, os Estados-Membros não são partes contratantes, sendo total e completamente representados pela CE.[14]

As Organizações Internacionais tradicionais prevêem, para a imensa maioria dos casos, que na hipótese de a Organização celebrar um Tratado com outra Organização ou um Estado terceiro, este Tratado entrará em vigor no âmbito jurídico interno dos Estados membros da Organização, somente após a sua ratificação de acordo com os procedimentos constitucionais previstos em cada Estado. Na Comunidade Européia contudo, o art. 300.7 TCE dispõe que os acordos internacionais celebrados pela CE vinculam as Instituições Comunitárias e os Estados-Membros, formando "parte integrante, a partir de sua entrada em vigor, do ordenamento jurídico comunitário".[15] Deste modo, as normas, direitos e deveres decorrentes dos acordos internacionais são diretamente vinculantes para os Estados-Membros, ainda que estes não tenham, individualmente, ratificado tais acordos.

Se os Estados-Membros não são partes nos acordos celebrados pela CE, significa que é a Comunidade Européia, enquanto tal, a única internacionalmente responsável perante terceiros contratantes. Desta forma, a CE possui capacidade para ser sujeito ativo e passivo em uma relação jurídica de responsabilidade internacional, sempre que em virtude de um acordo internacional decorra um ato ilícito ou mesmo um ato lícito que venha a causar danos.

Pois é precisamente a partir do art. 300.7 que os Estados terceiros terão plena segurança jurídica em contratar com a Comunidade, já que os Estados-Membros estarão obrigados, graças ao princípio da lealdade comunitária, a respeitar ou mesmo a colaborar ativamente para a execução do acordo internacional. Como destaca Bebr, o respeito ao acordo é uma obrigação internacional para a Comunidade, porém para os Estados-Membros que não são partes contratantes, trata-se de uma fundamental obrigação comunitária.[16]

"qualquer compromisso assumido por sujeitos de Direito Internacional e dotado de natureza obrigatória, seja qual for sua qualificação formal". Parecer 1/75, de 11 de novembro de 1975, "Parecer nos termos do Artigo 228 do Tratado CEE".

[14] Não podemos, nos limites deste trabalho, nos determos em todas as formas de atuação comunitária internacional. Por este motivo, nos referiremos apenas aos Tratados celebrados exclusivamente pela CE.

[15] Sentença TJCE de 30 de abril de 1974, - "Haegeman *versus* Bélgica"

[16] BEBR, Gerhard. "Gemeinschaftsabkommen und ihre mögliche unmitelbare Wirksamkeit" in: EuR – Europarecht – n. 25, 1983, p. 132.

7.3.1. A natureza das competências comunitárias nas relações internacionais da CE

Uma das características que vêm definindo os contornos da supranacionalidade comunitária está relacionada à natureza das competências internacionais da CE quando apenas ela atua internacionalmente.

De modo geral, quando a Comunidade legisla sobre determinada matéria, os Estados-Membros perdem não apenas a competência legislativa interna, mas também tornam-se impedidos de negociar ou celebrar Tratados Internacionais sobre estas matérias. Deste modo, a atividade legislativa da CE transferiu aos órgãos comunitários, além da competência interna, também a externa, que pertencia originalmente aos Estados-Membros. Conseqüentemente, a CE passa a deter a competência exclusiva em setores significativos e cada vez mais amplos das relações internacionais.

A nebulosidade que envolve a repartição de competências entre a Comunidade e seus Estados-Membros tornou decisivo o papel do TJCE na fixação do que compete a uma e aos outros.[17] Um exemplo

---

[17] Resumindo o quadro de competências comunitárias, recordemos que a Comunidade Européia possui as assim denominadas "competências por atribuição", decorrentes do art. 7.2 TCE, que estipula que "cada instituição atuará dentro dos limites das competências atribuídas pelo presente Tratado". Esta autorização, contudo, é limitada pelo art. 5 TCE que ordena à Comunidade atuar dentro dos limites das competências atribuídas no presente Tratado e dos objetivos que este persegue. Quando as atribuições não forem exclusivas, a Comunidade intervirá segundo o princípio da subsidiariedade do mesmo art. 5 do Tratado. Contudo, o princípio de limitação de competências não é rompido, porém substancialmente afrouxado pelo art. 308 TCE, que prevê a possibilidade de a Comunidade preencher eventuais lacunas do Tratado, e com isto, expandir seu raio de ação.
O TCE não estabeleceu nenhum catálogo de repartição de competências entre a Comunidade e os Estados, tal como costuma ser explicitado nas Constituições nacionais de Países com estrutura federativa. Contudo, a utilização de categorias como competências "exclusivas", "concorrentes" ou "cumulativas", tornou-se habitual, pela necessidade teórica e prática em ordenar as esferas de atuação tanto da Comunidade quanto dos Estados.
a) Competência Residual dos Estados-Membros: Como a instituição da Comunidade Européia visa preferencialmente às atividades econômicas, as áreas aí não compreendidas seriam da competência dos Estados. *b) Competência Comunitária Exclusiva*: Nestas áreas, os Estados não podem mais atuar de forma independente das medidas tomadas pela Comunidade. Sua distinção de outros tipos de competência possui conseqüências jurídicas importantes, porque o art. 5 TCE deixa expressamente por último o recurso ao princípio da subsidiariedade. São exemplos a Tarifa Aduaneira Comum, o transporte internacional na Comunidade e a política comercial comum *c) Competência Comunitária Concorrente ou Cumulativa*: É a mais utilizada. Os Estados são competentes apenas na medida e extensão em que a Comunidade tenha legislado a respeito. Ou seja, o ato jurídico comunitário que regulamenta determinada matéria estabelece também os limites dentro dos quais os Estados podem atuar. Se a Comunidade legislou exaustivamente sobre determinado assunto, não caberá mais aos Estados editar qualquer norma a respeito *d) Competências Paralelas*: São matérias nas quais tanto a Comunidade quanto os Estados podem legislar, sem que as normas editadas pela Comunidade sejam absolutamente determinantes. Contudo, deve ser observado o disposto no art.10 TCE, que preconiza a primazia do direito comunitário sobre o nacional, e o dever, por parte dos Estados, de não tomar nenhuma atitude que possa obstacularizar os objetivos comunitários.

paradigmático da delimitação de competências envolve a política comercial comum.

Determinada pelo fato de a então Comunidade Econômica Européia haver surgido como um bloco econômico regional, cujos objetivos principais estavam vinculados à liberalização comercial, a política comercial comum sempre foi um dos principais componentes das relações exteriores comunitárias. Exatamente aqui a atividade jurisprudencial do TJCE não permitiu quaisquer dúvidas quanto à natureza exclusiva da competência comunitária nesta matéria, negando completamente a hipótese de subsistir a competência concorrente dos Estados-Membros.

No Parecer 1/75, o TJCE[18] afirma que possibilitar aos Estados-Membros uma competência concorrente na matéria significaria possibilitar-lhes também uma posição distinta da Comunidade em relação a Países terceiros. As conseqüências seriam desastrosas, pois instaurariam a desconfiança nas relações intracomunitárias, e o que é pior, dificultariam à Comunidade o cumprimento de sua função de defesa do interesse comum.

Deste modo, em todas as matérias disciplinadas no TCE e nas quais a Comunidade possui competência interna exclusiva (como o caso da política comercial comum), ela possui o mesmo tipo de competência internacional. Ocorre que além das competências de caráter expressamente exclusivo, o que o Tribunal sempre deixou claro no decorrer de sua construção jurisprudencial, foi a constatação de que nas áreas de atuação internacional da CE não permanece nenhuma competência concorrente dos Estados-Membros, mesmo e ainda que a Comunidade ainda não tenha utilizado de sua competência internacional.[19]

7.3.2. Tipos das competências comunitárias no âmbito das suas relações externas

A construção jurisprudencial efetuada pelo TJCE estabeleceu dois princípios gerais, a partir dos quais desenvolveu-se a atuação internacional da Comunidade.

Inicialmente, houve a ampliação decisiva de suas competências, que passam a incluir outros domínios além dos expressamente pre-

---

[18] Ver o já citado Parecer 1/75, de 11 de novembro de 1975.

[19] Sobre o caráter exclusivo das competências comunitárias no âmbito das relações internacionais, ver em especial as seguintes manifestações do TJCE: Sentença de TJCE de 31/03/1971, *"AETR"*; Parecer 1/75 de 11 de novembro de 1975; Sentença TJCE de 14/07/1976, *"Kramer"*; Parecer 1/76, de 26 de abril de 1977; Parecer 2/91 de 19 de março de 1993.

vistos no Tratado. Na acima citada Sentença *AETR*, o TJCE resolveu favoravelmente sobre a competência da Comunidade para celebrar um acordo na área de transportes, mesmo na ausência de uma disposição expressa para tanto. Como apontado por Bleckmann,[20] o Tribunal utilizou uma interpretação teleológica e sistemática do conjunto das disposições do então TCEE, e não apenas daquelas que previam expressamente as competências exteriores da Comunidade, justificando a decisão final com base no *effet utile* do Tratado. Exprimindo-se de forma inequívoca, o TJCE afirma que:

> "... A competência para assumir compromissos internacionais pode não somente resultar de uma atribuição explícita pelo Tratado mas igualmente decorrer, de maneira implícita, das suas disposições".[21]

Consolidou-se, portanto, a doutrina que admite a existência de dois tipos diferentes de competência internacional da CE: as competências expressas no próprio texto do Tratado e as competências implícitas em determinadas matérias, decorrentes principalmente da própria jurisprudência do TJCE, e cujo resultado final consiste numa ampliação significativa da dimensão internacional da Comunidade.

Na mesma sentença *AETR*, o TJCE estabeleceu ainda que a par de suas competências expressas e implícitas, a Comunidade poderá dispor do art. 308 TCE como uma base jurídica válida para adotar disposições referentes às relações internacionais. Contudo, esta seria uma competência de natureza subsidiária, ou seja, o recurso ao art. 308 para fundamentar a celebração de um acordo por parte da Comunidade apenas seria possível caso não houvesse recurso a uma competência expressa ou implícita. Por outro lado, se a atuação interna da CE em determinada área desenvolveu-se no sentido da utilização do art. 308, torna-se praticamente obrigatório o seu emprego também nas relações internacionais.

O segundo princípio estabelecido na Sentença *AETR* e aprofundado com o caso *Kramer*,[22] desenvolve a tese do paralelismo entre as competências internas e as competências externas da CE "Paralelität de Innen-und Aussenkompetenzen". Ou seja, sempre que a Comunidade for competente no seu âmbito interno para realizar

---

[20] BLECKMANN, Albert. "Die Kompetenz der EWG zum Abschluss völkerrechtlicher Verträge", in: EuR - Europarecht -, n. 12, 1977, p. 110.

[21] Parecer TJCE 1/76 de 26 de abril de 1977 - Projeto de Acordo relativo à instituição de um Fundo Europeu de Navegação Interior.

[22] Sentença TJCE de 14 de julho de 1976, "*Kramer*".

determinada tarefa, ela terá a correspondente capacidade de atuação internacional, seja para agir nos domínios expressamente previstos, seja para atingir os objetivos maiores plasmados no Tratado, caso então de sua competência implícita.

7.3.3. O princípio da subsidiariedade e a delimitação das competências comunitárias na área internacional

Uma das principais alterações efetuadas pelo TUE no Tratado da Comunidade Européia foi a inclusão do princípio da susidiariedade[23] como critério para delimitar e regular o exercício das competências comunitárias.[24]

Depois da entrada em vigor do TUE, o Tribunal Europeu estabeleceu, jurisprudencialmente, certos critérios para a delimitação do que sejam as competências exclusivas da Comunidade.[25] Estas seriam:

a) Competências exclusivas por natureza ou por determinação do Tratado institutivo. Ou seja, são as competências baseadas em normas habilitadoras constantes no TCE, e que não admitem a atuação, mesmo que parcial, dos Estados-Membros. São as hipóteses específicas da Política Comercial Comum e da Política Comum de Pescas.

b) Competências exclusivas decorrentes do seu exercício pela Comunidade. Neste caso, a eficácia da política comunitária sobre determinada matéria depende da não-intervenção nacional.

No âmbito das relações internacionais da Comunidade, o TJCE precisou o sentido e o alcance do que seriam suas competências exclusivas. No Parecer 2/91, o Tribunal[26] exigiu, para o exercício efetivo das competências exclusivas exteriores, que a Comunidade adotasse medidas de amplitude substancial, e que não deixassem, portanto, nenhuma margem de atuação para os Estados-Membros no plano internacional. Posteriormente, subtraiu o comércio de serviços da incidência da política comercial comum, em que a Comunidade

---

[23] Nos limites deste trabalho, entendemos por "Subsidiariedade" o princípio segundo o qual instâncias políticas ou administrativas superiores não podem avocar a si competências que instâncias inferiores possam realizar. A subsidiariedade é fundamental na organização das relações federativas na Alemanha e foi também aplicada no direito comunitário, onde responde por uma função essencial: determinar o exercício e a extensão das competências concorrentes. Ver também: LECHLER, Helmut. "Das Subsidiarietätsprinzip: Struktur prinzip einer Europäischen Union". Heymanns Verlag, Berlin, 1993.

[24] Ver PECHSTEIN/KOENIG, op. cit., p. 84 e segs.

[25] Ver DUARTE, Maria Luísa. "A teoria dos poderes implícitos e a delimitação de competências entre a União Européia e os Estados-membros." Lex, Lisboa, 1997, p. 523 e segs.

[26] Parecer 2/91, de 19 de março de 1993.

dispõe da competência exclusiva, restringindo portanto, a expansão do âmbito material da política comercial e do princípio do paralelismo de competências.[27] Prosseguiu a jurisprudência revisionista, enfatizando o caráter extremamente excepcional da atribuição, no setor das suas relações exteriores, da competência subsidiária prevista no art. 308 TCE,[28] restringindo assim o âmbito e a natureza das competências comunitárias.

Parece clara a intenção do TJCE em redirecionar sua posição anterior, marcadamente "ampliacionista",[29] ao limitar as hipóteses em que a CE possui competências internacionais exclusivas. Segundo Duarte,[30] os Pareceres 1/94 e 1/95 devem ser compreendidos no interior das modificações de ordem jurídica-institucional produzidas pelo TUE. Ou seja, a partir do princípio da subsidiariedade, com o conseqüente aumento das competências por atribuição, a redução das hipóteses de competência comunitária exclusiva, surge como sendo um dos fundamentos do processo de construção da União Européia.

7.4. OS ACORDOS INTERNACIONAIS E A NATUREZA CONSTITUCIONAL DO TCE

A reafirmação constante da natureza constitucional do Tratado da Comunidade Européia efetuada pela jurisprudência do TJCE,[31] ganha contornos extremamente nítidos no tratamento jurídico dispensado aos acordos internacionais, em pelo menos três aspectos.

Quanto à sua posição hierárquica, situam-se entre o Direito Comunitário Primário e o Direito Comunitário Secundário. Devem portanto, respeitar obrigatoriamente os dispositivos constantes no Tratado Constitutivo da Comunidade, entendida aqui como "Carta Constitucional da CE", pois na hipótese contrária, de um acordo internacional que violasse o TCE, estaria se admitindo a possibilida-

---

[27] Parecer 1/94, de 15 de novembro de 1994.

[28] Parecer 1/94, op. cit., e Parecer 1/92, de 25 de março de 1995.

[29] Ver KOENIG, Christian/HARATSCH, Andreas. "Europarecht". Mohr Siebeck, Tübingen, 1996, p. 94.

[30] Ver DUARTE, op. cit., p. 515.

[31] Em diversas ocasiões, o TJCE sustentou a natureza constitucional do Tratado da Comunidade Européia. Na Sentença de 23 de abril de 1986, "Os Verdes contra Parlamento Europeu", o Tribunal afirmou que "a Comunidade Econômica Européia é uma Comunidade de Direito na medida em que nem os Estados-membros e nem as suas Instituições podem evitar o controle da conformidade de seus actos com a carta constitucional básica que é o Tratado"... Posição reiterada no Parecer 1/91 de 15 de dezembro de 1991, "21.Pelo contrário, o Tratado CEE, ainda que tenha sido celebrado em forma de Convênio internacional, nem por isso deixa de ser a carta constitucional de uma Comunidade de Direito". Os grifos são nossos. Ocorre, portanto, uma qualificação do Tratado CE como sendo a Constituição da Comunidade Européia.

de de revisão do Tratado fora do quadro comunitário ou até sem a intervenção dos Estados-Membros.[32] Por outro lado, acordos internacionais não compatíveis ou que alterem o Tratado apenas podem subsistir caso sejam efetuadas as correspondentes modificações no TCE, de acordo com o procedimento previsto no art. 48 do TUE. Trata-se, portanto, de verdadeira revisão constitucional com a finalidade de prover a constitucionalidade do Tratado.

Se os acordos estão subordinados ao Direito primário, prevalecem contudo sobre as normas de direito secundário – situado como direito infraconstitucional –, não podendo ser alteradas ou revogadas por elas. Na eventualidade de surgirem conflitos entre acordos externos e o direito secundário, o TJCE afirmou em várias ocasiões o primado da norma convencional internacional.[33] Deste modo, a antinomia surgida é solucionada adotando-se o princípio hierárquico (*lex superior derogat legi inferiori*), e não o cronológico (*lex posterior derogat legi priori*).

Sendo parte do ordenamento jurídico comunitário, os acordos internacionais podem sofrer tanto um controle prévio quanto posterior de sua compatibilidade com o TCE. Ocorre, em outros termos, um verdadeiro controle da constitucionalidade dos atos internacionais da Comunidade, previsto no artigo 300.6 TCE sob a forma de "pareceres" emitidos pelo TJCE. Como o próprio Tribunal já declarou, esses pareceres podem ter por objeto todos e quaisquer pontos potencialmente condicionantes da compatibilidade do acordo com o Tratado, "não somente das disposições do direito material, como ainda das respeitantes à competência, ao procedimento, ou à organização institucional da Comunidade".[34]

Também segundo o TJCE,[35] o principal objetivo deste tipo de controle preventivo é evitar as complicações que poderiam decorrer de impugnações relacionadas à incompatibilidade de um acordo internacional com o Tratado CE, o que não elide o reconhecimento por parte do Tribunal das eventuais dificuldades que uma declaração *a posteriori* sobre a inconstitucionalidade de um acordo internacional provocaria.[36] Quanto à sua eficácia, um parecer negativo do

---

[32] Ver KOENIG/HARATSCH, op.cit., pgs. 115 e sgts.

[33] Em especial nas Sentenças "Haegemann", de 20 de abril de 1974, e "International Fruit", de 12 de dezembro de 1972.

[34] Parecer TJCE 1/78, de 4 de outubro de 1979.

[35] Parecer TJCE 1/75, de 11 de novembro de 1975.

[36] No Assunto "*Comissão contra Conselho*", de 27 de setembro de 1988, tais dificuldades são admitidas e servem de fundamento à posição da Comissão em apontar suposta incorreção da base jurídica escolhida pelo Conselho para celebrar um acordo internacional, no caso o então art. 174.2 TCE.

TJCE possui um caráter vinculante, no sentido de que o acordo internacional para ser efetivado necessita, segundo o artigo 300.6 TCE, de prévia revisão do Tratado comunitário.[37] Na hipótese de o parecer ser positivo, o acordo é declarado compatível com o Tratado, ou seja, constitucional. A cautela comunitária recomenda contudo, uma eventual obtenção de novo parecer, após encerradas as negociações, sobre os aspectos não abordados pelo Tribunal em seu parecer anterior.[38]

Celebrado o acordo internacional, este passa a integrar o conjunto de normas comunitárias, e nesta condição, pode vir a sofrer um controle posterior de sua constitucionalidade.

A primeira via do controle posterior estaria baseada no suscitamento de um recurso de anulação, com fulcro no art. 300 TCE. Nesta hipótese, as conseqüências seriam bastante complicadas, já que a anulação de um Tratado produziria efeitos internos na CE, mas seria irrelevante sob a ótica internacional, provocando inclusive a responsabilização internacional da Comunidade.

A segunda via possível de controle posterior da constitucionalidade dos acordos internacionais é através da sua interpretação a título prejudicial, efetuada pelo TJCE. Como muito bem apontado por Quadros[39] em sua análise do caso *"Haegeman"*, o Tribunal não possui competência interpretativa direta em relação aos acordos internacionais celebrados pela Comunidade. A falta de um dispositivo expresso não impediu, contudo, que o TJCE afirmasse a sua competência para interpretar prejudicialmente um acordo internacional. Sua argumentação baseia-se no fato de o acordo ter sido concluído pelo Conselho, e neste sentido constituir-se em um ato *adoptado pelas Instituições da Comunidade* para todos os efeitos da alínea b) do art. 234 TCE.[40]

---

[37] Outra hipótese de atuação possível é adequar o conteúdo das negociações internacionais às opiniões do Tribunal a respeito, como efetivamente ocorreu após os *Pareceres 1/91, de 14 de dezembro de 1991, e 1/92, de 10 de abril de 1992*. Em ambos, tratava-se da criação do "Espaço Econômico Europeu - EEE" e entre outras objeções, o TJCE frisou a incompatibilidade fundamental entre a estrutura institucional da Comunidade e a criação de um Tribunal EEE, com a competência para interpretar as disposições do acordo sem no entanto estar vinculado ao Tratado CE.

[38] É o que sustenta HUMMER, Michael. "Enge und Weite der "Treaty-Making Power"der Komission der EG nach dem EWG-Vertrag" in: FS Grabietz – Festschrift für K. Grabietz, Berlin, Heymanns Verlag, 1995, p.196 e segs. , ao discorrer a extensão dos pareceres do TJCE em matéria de relações exteriores.

[39] Ver QUADROS, op.cit., p. 465 e segs., em que discute criticamente a posição adotada pelo TJCE quanto aos acordos internacionais celebrados pela Comunidade.

[40] A nosso ver, a fundamentação jurídica para que o TJCE exerça o controle posterior sobre os acordos internacionais baseia-se no princípio da recepção da norma internacional efetuada pelos órgãos constitucionalmente competentes. Ao afirmar que o acordo celebrado pelo Con-

O último aspecto em que o tratamento dispensado pela Comunidade aos acordos internacionais se assemelha à prática constitucional interna dos Estados é em relação ao momento em que começa a produzir efeitos. Ainda que sua entrada em vigor seja determinada pela data fixada no próprio Tratado, a sua publicação no Diário Oficial das Comunidades (normalmente sob a forma de um anexo a um regulamento ou decisão do Conselho através do qual se concluiu o acordo) é requisito indispensável para produzir efeitos entre os particulares.[41]

Observe-se que tal regulamento ou decisão transforma o texto do acordo em Direito Comunitário,[42] e expõe de modo emblemático o caráter supranacional da Comunidade Européia: a transformação do acordo internacional em norma comunitária torna-o imediatamente aplicável em todos os Estados-Membros, dispensando, portanto, a necessidade de sua transformação ou incorporação aos diversos direitos nacionais. Por outro lado, implica o efeito direto dos acordos internacionais,[43] quando a isso conduzam os termos do acordo, e, naturalmente, as respectivas disposições sejam precisas, incondicionais e auto-exeqüíveis. Assim, na medida em que um acordo internacional da Comunidade não dependa de implementação (sendo portanto *self-executing*), os particulares dos Estados-Membros podem valer-se de suas disposições perante os Tribunais nacionais. Neste caso, persiste a independência entre o efeito direto e a reciprocidade na execução dos acordos internacionais, a não ser que hajam disposições em contrário no próprio acordo.[44]

7.5. CONCLUSÃO

A controvérsia existente na definição da natureza jurídica da CE a partir de suas inegáveis características supranacionais reflete-se

---

selho constitui-se em ato praticado pelos órgãos da Comunidade sendo assim um ato normativo interno, o TJCE reproduz a posição dos Tribunais Constitucionais nacionais a respeito e reafirma a natureza constitucional do TCE.

[41] É o entendimento do Tribunal na sentença TJCE de 25 de janeiro de 1979, *"Racke"*.

[42] De acordo com a tese dualista nas relações Direito Internacional/Direito Nacional.

[43] Se a aplicabilidade imediata do acordo internacional é garantida pela sua transformação em Direito Comunitário, o mesmo não ocorre com o efeito ou aplicabilidade direta. Esta só ocorre quando os termos, natureza, objeto e as respectivas disposições do acordo sejam precisas, incondicionais e auto-exeqüíveis. Ver Sentença TJCE de 31 de janeiro de 1991, *"Kziber"*.

[44] Sentença TJCE de 26 de outubro de 1986, *"Hauptzollamt Mainz/Kupferberg"*. Ver também DÖRR, J. "Die Entwicklung der ungeschriebene Aussenkompetenzen der EG" in: EuZW – Europäische Zeitschrift für Wirtschaftsrecht – 1996, p. 45.

igualmente no modo como as relações internacionais da Comunidade são analisadas.

Se concluirmos que a Comunidade forma apenas um tipo extremamente aperfeiçoado de Organização Internacional, não excedendo contudo seus limites conceituais, então utilizam-se os mecanismos clássicos do Direito Internacional para organizar suas relações externas.

Porém, se nos convencermos de que a Comunidade Européia forma um tipo novo de organização entre Estados, com características quase-constitucionais, aplicam-se então os conceitos que o Direito Constitucional tradicionalmente emprega para reger suas relações internacionais, como a adequação dos Tratados à Constituição e o subseqüente controle de sua constitucionalidade, o princípio da publicidade para a produção de seus efeitos e, fundamentalmente, a perda da competência dos Estados-Membros para celebrar Tratados individuais nas áreas em que a Comunidade já atuou convencionalmente.

Por sua vez, esta controvérsia ganhou novos contornos, a partir da entrada em vigor do Tratado da União Européia com as alterações efetuadas pelo Tratado de Amsterdam. Neste sentido, houve um óbvio reforço das estruturas de cooperação intergovernamentais e partilha no exercício de poderes e competências, o que na área das relações internacionais da Comunidade se traduziu na limitação de suas competências exclusivas.

Permanece, contudo, a indefinição da natureza jurídica da CE, pois se houve efetiva reordenação do exercício das competências e poderes comunitários e nacionais, também permaneceram todas as características comunitárias "quase-constitucionais" anteriormente apontadas agregadas ainda a uma moeda comum e nacionalidade compartida.

Como observa Duarte,[45] efetuou-se um retorno à perspectiva da base contratualista da União Européia, o que indubitavelmente reforçou o papel dos Estados-Membros em detrimento da expansão das competências comunitárias, relativizando suas características eminentemente supranacionais e renovando o debate sobre a natureza jurídica da Comunidade Européia em particular e dos blocos econômicos em geral.

---

[45] DUARTE, op.cit., p. 639.

8. Exaustão dos Direitos de Propriedade Industrial: uma forma de garantir a livre concorrência

Roberta Jardim de Morais
Professora de Direito Internacional Público
Pós-Graduada em Direito Comercial Internacional
Especialista em Defesa da Concorrência

Sumário: 8.1. Introdução; 8.2. Noções preliminares sobre propriedade industrial; 8.3. A propriedade industrial e o direito econômico - breve relato; 8.4. A propriedade industrial e a nova ordem econômica mundial; 8.5. Os monopólios e os direitos de propriedade industrial; 8.6. A teoria da exaustão de direitos e as importações paralelas; 8.6.1. A exaustão de direitos e a importação paralela no âmbito da União Européia; 8.6.2. A exaustão de direitos e a importação paralela no âmbito do Mercosul; 8.7. Conclusão; 8.8. Bibliografia.

8.1. INTRODUÇÃO

O presente trabalho tem como objetivo abordar um tema bastante novo e de grande relevância.

Analisaremos aqui as questões relativas aos danos que os direitos de propriedade industrial podem acarretar à livre concorrência, e quais as soluções encontradas para sanar tais prejuízos.

A livre concorrência é um bem de interesse coletivo que tem como escopo principal coordenar o bom funcionamento do mercado.

Para proteger este ambiente concorrencial saudável, o ordenamento jurídico deve se precaver, criando medidas de controle e condenação das condutas abusivas praticadas por empresas e Estados.

Tal tema será analisado no contexto do comércio internacional, pois atualmente os bens imateriais são considerados elementos integrantes das relações comerciais internacionais

8.2. NOÇÕES PRELIMINARES SOBRE PROPRIEDADE INDUSTRIAL

A questão da Propriedade Industrial foi, até poucos anos, estranha ao mundo jurídico. O direito do criador sobre suas obras somente foi sentido integralmente quando o homem se tornou capaz de difundi-las em grande escala.[1]

A complexidade do sistema industrial moderno, a velocidade dos avanços tecnológicos e, acima de tudo, o imperativo de colocar ao alcance de todos os segmentos sociais os benefícios das conquistas tecnológicas, impõem uma perfeita compreensão dos mecanismos disciplinadores da Propriedade Industrial.[2]

Esta compõe-se de novas idéias, invenções e demais expressões criativas, que são resultado da atividade industrial. As novas tecnologias, traduzidas em valores de comércio cada vez mais expressivos, passaram a demandar novas formas de proteção aos produtos considerados imateriais.

Os bens imateriais, explica Vailanti,[3] se caracterizam por poderem ser objeto de apropriação simultânea por um número limitado de pessoas. Assinala o autor que, sendo insuficiente a apropriação do bem apenas para garantir seu uso e gozo exclusivo, é indispensável que o direito proíba a todos os demais a utilização e exploração de tal bem. Este direito de exclusividade que caracteriza o sistema de propriedade intelectual se encontra limitado temporalmente.

Afirmamos, assim, que a propriedade industrial possui elementos do conceito de propriedade como o direito de exclusividade, mas, por estar acoplado ao exercício desse direito uma limitação temporal, verificamos que suas características não são totalmente compatíveis com os direitos reais, dotados de perpetuidade.

Em 14 de maio de 1996, entrou em vigor no Brasil a Lei nº 9.279, que regula *Direitos e Obrigações Relativos à Propriedade Industrial*, visando à concessão de patentes de invenção e modelos de utilidade; registros de desenho industrial, registro de marca; e ainda de repressão às falsas indicações geográficas e à concorrência desleal.[4]

---

[1] FURTADO, Lucas Rocha. *Sistema de Propriedade Industrial no Direito Brasileiro*, 1ª ed., Brasília: Brasília Jurídica, 1996, p. 15.

[2] Idem, p. 25.

[3] VAILANTI, Hugo J. *El objeto de los contratos de licencia de patentes y de knowhow y la transferencia de tecnología*, Derecho Comparado in Revista de Derecho Industrial. Año 8, Depalma,1986. p. 50.

[4] SOARES, José Carlos Tinoco. *Lei de Patentes, Marcas e Direitos Conexos*. São Paulo: Revista dos Tribunais, 1997, p. 16.

8.3. A PROPRIEDADE INDUSTRIAL E O DIREITO ECONÔMICO - BREVE RELATO

O crescimento e o desenvolvimento de empresas através da acumulação do capital têm como conseqüência direta a obtenção de tecnologia.

A tecnologia refere-se à aplicação de conhecimentos científicos aos meios técnicos, a fim de obter novos produtos e serviços, melhor qualidade dos mesmos, custos mais baixos, maior aproveitamento de tempo na produção.

A concentração econômica não é, em absoluto, um fenômeno patológico, constituindo-se, ao contrário, em ingrediente indispensável às escalas de produção que o avanço tecnológico muitas vezes não pode desprezar.[5]

Todas as evoluções tecnológicas, a criação e o fortalecimento de marcas, advindos dos processos concentracionistas, são protegidas pelos direitos de propriedade industrial

A proteção conferida pelo Estado ao inventor é uma forma de estimular o desenvolvimento tecnológico e comercial.

Por sua vez, a concessão destes privilégios exclusivos pode propiciar a uma empresa a posição monopolística em um determinado mercado.

Como afirma o ilustre Prof. João Bosco Leopoldino da Fonseca,[6] *foi justamente o surgimento da concentração econômica que fez surgir uma nova disciplina jurídica das relações, quer pela necessidade de conter aquela força, para impedir que ela sufocasse os outros elementos do mercado, quer pela necessidade de preservar aquela nova feição econômica, para impedir que o seu desaparecimento destruísse o próprio mercado. O Direito Econômico deve garantir a livre concorrência, dentro de um ambiente de grandes empresas detentoras de poder econômico.*

A propriedade industrial confere às empresas detentoras de tal direito posição dominante em determinados mercados relevantes. Essa posição, quando exercida abusivamente, contrariando os princípios da livre concorrência e da livre iniciativa, também deverá ser objeto de análise do Direito Econômico, apesar de a própria lei de Propriedade Industrial já prever sanções para estas condutas.

As cláusulas de exclusividade, sempre previstas nos contratos de licença de propriedade industrial, podem ser consideradas dispo-

---

[5] MALARD, Neide Terezinha. *Concentração de Empresas e Concorrência*. Dissertação de Mestrado submetida à Universidade de Brasília.

[6] FONSECA, João Bosco Leopoldino. Direito Econômico. Rio de Janeiro: Forense, 1997. p. 15 e 17.

sições que prejudicam a concorrência na medida que não forem limitadas no tempo. Acerca do tema cabe mencionar o art. 2.596 do Código Civil Italiano de 1942.[7]

"TITOLO X
Della disciplina della concorrenza e dei consorzi.
CAPO I.
Della disciplina della concorrenza.
SEZIONE I.
Disposizioni generali
2595. Limiti legali della concorrenza. - La concorrenza deve svolgersi in modo da non ledere gli interessi dell'economia nazionale e nei limiti stabiliti dalla legge e dalle norme corporative.
2596. Limiti contrattuali della concorrenza.
- Il patto che limita la concorrenza deve essere provato per iscritto. Esso è valido se circoscritto ad una determinata zona o ad una determinata attività, e non può eccedere la durata di cinque anni. Se la durata del patto non è determinata o è stabilita per un periodo superiore a cinque anni, il patto è valido per la durata di un quinquennio (Trans. 222)"

8.4. A PROPRIEDADE INDUSTRIAL E A NOVA ORDEM ECONÔMICA MUNDIAL

A questão da Propriedade Industrial foi, até poucos anos, estranha ao mundo do Direito, mas a vida moderna está baseada no império da tecnologia e aí deverá intervir o direito para regular esses novos fenômenos.

Hoje a tecnologia revoluciona a forma de ver o mundo; é moeda corrente em todo planeta. A revolução tecnológica é necessária ao crescimento de qualquer Estado ou Empresa.

Tal fenômeno deve ser analisado dentro da Nova Ordem Econômica Mundial, onde se apresentam os grandes Blocos Econômicos e as grandes concentrações de empresas.

Com a globalização do comércio, a questão da propriedade industrial tomou dimensões macroeconômicas.[8]

Os efeitos macroeconômicos são verificados através da queda da balança comercial dos países desenvolvidos, em relação aos países em desenvolvimento.

---

[7] DURVAL, Hermano. *Concorrência Desleal*. São Paulo: Saraiva, 1976, p. 45.

[8] BERCOVITZ, Alberto. *El Derecho de Autor en El Acuerdo TRIPS*. In Temas de Derecho Industrial y de la Competencia, vol.1.Buenos Aires: Ciudad Argentina, 1997, p. 14.

Com efeito, as empresas dos países em desenvolvimento se aproveitam da situação de não-proteção ou de proteção insuficiente dos bens imateriais em seus países para exportá-los aos países que possuem uma rígida legislação de proteção da propriedade industrial.

Dessa forma, o preço dos produtos exportados é inferior, pois não terá havido incidência dos custos relativos ao pagamento dos direitos de propriedade industrial.

Esse desequilíbrio nas balanças comerciais dos países desenvolvidos desencadeou uma grande preocupação política com relação aos direitos de propriedade industrial.

A adoção de medidas de caráter internacional que visassem ao controle dessa situação tornou-se imprescindível.

Como afirma Alberto Bercovitz,[9] os direitos de propriedade industrial fazem parte do comércio internacional e, portanto, devem ser negociados dentro deste contexto. Os Direitos de propriedade industrial devem se integrar aos outros elementos que compõem o comércio internacional.

Como conseqüência do problema apresentado, surgiu a idéia de integrar as negociações de propriedade industrial no âmbito do GATT.

Começaram então as negociações, seguidas de aprovação dos *TRIPS - Trade-Related on Intellectual Property Rights*, dentro do novo texto do GATT, da Rodada Uruguai.

Bercovitz ensina que a participação dos países em desenvolvimento nas negociações dos TRIPS deveu-se a dois fatores principais:

Primeiramente, os Estados Unidos, percebendo a importância deste contexto, promulgaram a famosa sessão 301 da *"Trade and Tariffs Act"*, que permite estabelecer medidas de retaliação comercial de caráter unilateral nos casos em que considerar que os direitos de propriedade industrial dos cidadãos americanos não estão devidamente protegidos em outros países.

Em segundo lugar, a União Européia, a exemplo dos Estados Unidos, também passou a tomar medidas severas de proteção aos Direitos de Propriedade Industrial.

Os TRIPS vieram consagrar a idéia de um mercado globalizado no qual os bens imateriais protegidos pela propriedade industrial são considerados juntamente com as mercadorias e serviços.

Esse mercado globalizado exige níveis mínimos de proteção em todos os países, de maneira que não sejam criadas diferenças competitivas que distorçam o funcionamento do mesmo.

---

[9] Op. cit., p. 17.

8.5. OS MONOPÓLIOS E OS DIREITOS DE PROPRIEDADE INDUSTRIAL

O privilégio de exclusividade outorgado aos autores e inventores pode gerar, muitas vezes, posições monopolísticas, facilitando o controle mundial de setores mais dinâmicos da economia por algumas poucas empresas transnacionais.

Os primeiros privilégios outorgados com esta característica de exclusividade remontam ao Estado de Veneza onde se sancionou pela primeira vez, em 19 de março de 1474, uma norma que conferia poderes ao soberano para outorgar exclusividade na exploração de uma invenção.[10]

Apesar da antiguidade desta instituição, suas características principais se mantêm até hoje. O direito do inventor consiste na exclusividade de exploração, um direito de monopólio, e sua proteção pretende fundamentalmente promover o desenvolvimento industrial. O privilégio se outorga por tempo determinado e se exige a exploração da invenção como condição para que se continue desfrutando do mesmo.

A eliminação dos monopólios na etapa de desenvolvimento do capitalismo não afetou o regime dos direitos de propriedade industrial, que se consolidou como exceção na legislação inglesa; a nascente burguesia daquele país pretendia limitar o poder absoluto dos monarcas.[11]

A concessão de privilégios e monopólios representava uma forma de fonte de renda e favoritismo nas mãos dos absolutistas monárquicos.

Em 1624, foi promulgado na Inglaterra o *Estatuto dos Monopólios*, o qual contém disposições que perduram até a atualidade, na legislação sobre propriedade industrial. O privilégio era concedido ao primeiro inventor, por prazo determinado, e não poderia seu titular, através do exercício de seu direito, provocar danos à política econômica elevando os preços e prejudicando o comércio.[12]

Pelo acima exposto, conclui-se que, desde o início do sistema de proteção, o inventor recebe, a título de retribuição por seu investimento, o direito de excluir terceiros que pretenderiam utilizar sua invenção. O que se traduz na possibilidade de realizar uma atividade produtiva ou mercantil de caráter monopolístico.

---

[10] MIRANDA, Rafael Perez. *Marco Internacional del régimen Jurídico de la propiedad industrial en Mexico*. In Temas de Derecho Industrial y de la Competencia. Buenos Aires: Ciudad Argentina, 1997, p. 202.

[11] Idem, p. 204.

[12] Idem, ibidem.

Esse direito, ressalta-se, é conferido pelo Estado ao inventor. A outorga de tais privilégios pode gerar algumas conseqüências à livre concorrência. Por isso tais direitos deverão ser limitados para que se garanta o bom funcionamento do mercado.

A limitação aos direitos de Propriedade Industrial se baseia em um imperativo de ordem econômica: assegurar o livre comércio de mercadorias, impedindo que os titulares de direitos industriais de determinados bens restrinjam sua livre circulação afetando a seguridade das transações comerciais e prejudicando eventualmente os consumidores.

8.6. A TEORIA DA EXAUSTÃO DE DIREITOS E AS IMPORTAÇÕES PARALELAS

Assim como os direitos de propriedade, os direitos sobre a propriedade industrial também deverão ser limitados no caso de abuso.

Aurélio Wander Bastos,[13] ao conceituar a Exaustão de Direitos, ensina: *O conceito de Exaustão de Direitos segue o princípio que os direitos do titular estão restritos à esfera produtiva, e portanto se esgotam no âmbito comercial a partir da primeira alienação.*

Cabe analisarmos aqui a distinção entre a existência e o exercício do Direito de Propriedade Industrial. A existência do Direito de Propriedade Industrial deve ser resguardada pelo direito, mas o seu exercício deverá ser limitado na medida em que seja prejudicial ao livre comércio e à livre concorrência.

Em seu art. 6º, os TRIPS fazem referência à Exaustão de Direitos, porém deixam a cargo dos Estados-Membros regular o esgotamento internacional da forma mais conveniente.

Alberto Bercovitz[14] ensina:

"La justificación para este artículo es que no se llegó a un acuerdo en esa materia y, por consiguiente, los Estados miembros quedaron en libertad de regularla.

Es realmente difícil de admitir que un acuerdo internacional, que lo que pretende es suprimir los obstáculos que los derechos de propiedad intelectual significan para el comercio internacional, no haya establecido el principio del agotamiento internacional.

---

[13] BASTOS, Aurélio Wander. Dicionário Brasileiro de Propriedade Industrial. Rio de Janeiro: Lumen Juris, 1997, p. 101.

[14] BERCOVITZ, Alberto. *El Derecho de Autor en El Acuerdo TRIPS*. In Temas de Derecho Industrial y de la Competencia, vol.1.Buenos Aires: Ciudad Argentina, 1997, p. 20.

Ese principio es absolutamente imprescindible para permitir el comercio libre internacional de mercancías protegidas por derechos de autor, una vez que se há generalizado un nivel mínimo de proteccíon en todo el mundo.
La falta de regulación en ese tema pone claramente de manifesto el desequilibrio que el Acuerdo Trips representa para los intereses de los países desarrollados y los en desarrollo. La no regulación del agotamiento internacional significa manifestamente que se permite que los derechos de propiedad intelectual se sigan utilizando para compartimentar artificialmente el mercado. Si bien es cierto que los países en desarrollo podrán establecer dentro de sus legislaciones internas esse principio contrario al agotamiento internacional, con lo cual podrán evitar el acceso a sus propios mercados de productos procedentes de países en desarrollo que haya sido realizado legalmente."

O princípio da exaustão dos direitos de propriedade industrial permite prática da denominada importação paralela.

A importação paralela consiste na introdução de produtos originais em um determinado território no qual exista um licenciado exclusivo ou o próprio titular do direito de propriedade industrial.

8.6.1. A exaustão de direitos e a importação paralela no âmbito da União Européia

A União Européia se inclina pela doutrina da exaustão Comunitária.

Essa doutrina impede que a legislação nacional seja aplicada de forma a permitir que o titular de um direito de propriedade industrial proíba a importação e comercialização de um produto que foi licitamente introduzido no comércio de outro Estado-Membro, pelo mesmo titular do direito, ou com seu consentimento.

A proteção legal dos direitos de propriedade industrial pelas leis nacionais deve ser analisada à luz da lei comunitária. O monopólio sobre a propriedade industrial conflita com o princípio da livre circulação de bens e mercadorias no âmbito do Mercado Comum Europeu. Princípio este essencial à constituição de um mercado único e integrado entre diversos países.

O Tratado de Roma estabelece a livre circulação de mercadorias entre os países membros da CEE em seu artigo 3º.

O principal objetivo do Tratado de Roma é criar um sistema comercial e econômico integrado. Desta maneira, o escopo de estabelecer um território em que bens e mercadorias circulem livremente, num ambiente concorrencial, se mostra como um dos principais fins no processo de constituição de um Mercado Comum. Assim, um monopólio exclusivo concedido pelo Estado a um inventor pode ser incompatível com os princípios estabelecidos no Tratado de Roma.

O artigo 30 do Tratado de Roma, visando a assegurar a livre circulação de mercadorias em todo território da Comunidade, estabelece que *"são proibidas, entre os Estados Membros, as restrições quantitativas à importação, bem como todas as medidas de efeito equivalente."*

Por outro lado, a competência das leis nacionais para regularem os direitos sobre a propriedade industrial dentro da UE está aparentemente protegida pelo art. 222 e pelo art. 36 do Tratado de Roma, que dispõem respectivamente:

"Art. 222 O presente Tratado em nada prejudica o regime da propriedade nos Estados Membros."

"Art. 36 As disposições dos artigos 30 a 34, inclusive, são aplicáveis sem prejuízo das proibições ou restrições à importação, exportação ou trânsito justificadas por razões de moralidade pública, ordem pública e segurança pública; de proteção à saúde e da vida das pessoas e animais ou de preservação das plantas; de proteção do patrimônio nacional de valor artístico, histórico ou arqueológico; ou de proteção da propriedade industrial e comercial. Todavia, tais proibições ou restrições não devem constituir, nem um meio de discriminação arbitrária, nem qualquer restrição dissimulada ao comércio entre os Estados-membros."

Os artigos 85 e 86 do Tratado de Roma, que dispõem sobre as regras comuns relativas à concorrência, estabelecem:

"Artigo 85
1. São incompatíveis com o mercado comum e proibidos todos os acordos entre empresas, todas as decisões de associações de empresas e todas as práticas concertadas que sejam susceptíveis de afetar o comércio entre os Estados-membros e que tenham por objetivo ou efeito impedir, restringir ou falsear a concorrência no mercado comum, designadamente as que consistam em:
a) fixar de forma direta ou indireta, os preços de compra ou de venda, ou quaisquer outras condições de transação;
b) limitar ou controlar a produção, a distribuição, o desenvolvimento técnico ou os investimentos;
c) repartir os mercados ou as fontes de abastecimento;
d) aplicar, relativamente a parceiros comerciais, condições desiguais no caso de prestações equivalentes colocando-os, por este fato, em desvantagem na concorrência;

e) subordinar a celebração de contratos à aceitação, por parte dos outros contratantes, de prestações suplementares que, pela sua natureza ou de acordo com seus usos comerciais, não têm ligação com o objeto desses contratos.
2. São nulos os acordos ou decisões proibidos pelo presente artigo.
3. As disposições no n.1, todavia, podem ser declaradas inaplicáveis:
- a qualquer acordo, ou categoria de acordos, entre empresas;
- a qualquer decisão, ou categoria de decisões, de associações de empresas; e
- a qualquer prática concertada, ou categoria de práticas concertadas, que contribuam para melhorar a produção ou a distribuição dos produtos ou para promover o progresso técnico ou econômico, contanto que aos utilizadores se reserve uma parte eqüitativa do lucro daí resultante; e que
a) não imponham às empresas em causa quaisquer restrições que não sejam indispensáveis à consecução desses objetivos;
b) nem dêem a essas empresas a possibilidade de eliminar a concorrência relativamente a uma parte substancial dos produtos em causa."

"Artigo 86
É incompatível com o mercado comum e proibido, na medida em que tal seja susceptível de afetar o comércio entre os Estados-membros, o fato de uma ou mais empresas explorarem de forma abusiva uma posição dominante no mercado comum ou numa parte substancial deste.
Estas práticas abusivas podem, nomeadamente, constituir em:
a) impor, de forma direta ou indireta, preços de compra ou de venda ou outras condições de transação não eqüitativas;
b) limitar a produção, a distribuição ou o desenvolvimento técnico em prejuízo dos consumidores;
c) aplicar, relativamente a parceiros comerciais, condições desiguais no caso de prestações equivalentes colocando-os, por esse fato, em desvantagem na concorrência;
d) subordinar a celebração de contratos à aceitação, por parte dos outros contratantes, de prestações suplementares que, pela sua natureza ou de acordo com os usos comerciais, não tem ligação com o objeto desses contratos."

A brilhante prof. Isabel Vaz,[15] ao dissertar acerca da aplicação do art. 85, ensina:

---
[15] VAZ, Isabel. *Direito Econômico da Concorrência*. Rio de Janeiro: Forense, 1993, p. 107.

"Os artigos 85 e 86 do Tratado de Roma, em princípio, não atingiram a autonomia do legislador nacional, limitando-se a prever regras especiais sobre os obstáculos à concorrência capazes de afetar o comércio entre os Estados-membros.

...

No âmbito dos grandes blocos econômicos prevalecem duas orientações, dois modos diferentes de aplicação dos tratados, conforme se trate da repressão de práticas prejudiciais à concorrência e de abuso de posição dominante nos mercados internos ou nacionais, ou de examinar os efeitos exercidos nos mercados exteriores pelas referidas práticas."

"Aqui, então, delineia-se um conflito entre a existência dos direitos sobre a propriedade industrial, protegida pelo Tratado de Roma, e estabelecida pela Lei Nacional, e os efeitos do exercício destes direitos sobre as normas que estabelecem a livre circulação de mercadorias e a livre concorrência, dentro do território da comunidade.

Em diversos julgados, o Tribunal de Justiça das Comunidades Européias entendeu que o exercício dos direitos sobre a propriedade industrial, com o intuito de prevenir a livre circulação de bens e mercadorias, constitui uma medida de efeito equivalente a uma restrição quantitativa. Pela interpretação do art. 30, esta medida é proibida.

O Tribunal de Justiça Europeu desenvolveu, então, a distinção entre a existência dos direitos sobre a propriedade industrial e o seu exercício, procurando estabelecer um equilíbrio entre as exigências das leis comunitária e nacionais.

Aparentemente, o Tribunal deu prioridade às necessidades da Comunidade quando salientou que a existência dos direitos conferida pela Lei Nacional não está afetada nem pelos Artigos 30 a 34, nem pelos artigos 85 e 86 do Tratado de Roma, mas o exercício destes direitos pode, algumas vezes, demonstrar-se incompatível com os objetivos do Tratado."

Concluímos que a existência dos Direitos de Propriedade Industrial é protegida pelo artigo 36, mas o seu exercício está sujeito a limitações determinadas pelo tratado. Tal posição foi consolidada pela reiterada interpretação da norma comunitária feita pelo tribunal.

Dessa maneira, o desenvolvimento de tal distinção permite que os direitos sobre patentes e marcas concedidos pelas legislações nacionais permaneçam intactos.

Os conflitos surgem tão-somente quando estes direitos são exercidos.

Friden[16] conclui que a cada Estado-Membro é permitido definir o que constitui a novidade, mas, uma vez conferido, não pode permitir que o titular aja em conflito com os objetivos do tratado no que diz respeito à livre circulação de mercadorias e à defesa da concorrência.

Deutsche Grammophon vs. Metro[17]

A primeira decisão onde se analisou a questão da distinção entre a existência e o exercício dos Direitos de Propriedade Industrial foi no caso da Deutsche Grammmophon vs. Metro.

De acordo com o Tribunal, o exercício dos Direitos de propriedade industrial deve ser limitado quando objetivarem restringir a livre circulação de mercadorias e, conseqüentemente, a livre concorrência.

São analisados neste acórdão os artigos 30 e 36 do Tratado de Roma.

O art. 36, já citado anteriormente, dispõe que somente serão admitidas exceções ao princípio da livre circulação se tais exceções estiverem justificadas pela finalidade de salvaguardar os direitos que constituem o objeto específico de tal propriedade.

O Tribunal definiu que o objeto específico da propriedade industrial é a garantia de que o titular do direito sobre a patente, com o intuito de que seja recompensado pelo seu esforço criativo, retém o direito exclusivo de utilizar a sua invenção para que seja produzida industrialmente e para que seja colocada no mercado pela primeira vez, direta ou indiretamente através da concessão de licença para terceiros.

O Tribunal enfatizou ainda o risco a que o processo de integração seria exposto se limites não fossem impostos, quando afirmou que se o titular da patente pudesse prevenir a importação de produtos patenteados e comercializados por ele, ou com seu consentimento, para outro estado-membro, ele seria capaz de dividir a comunidade em mercados nacionais e, por sua vez, restringir o comércio entre os Estados-Membros.

---

[16] FRIDEN, G. *Recent developments in EEC intellectual Property law: the distinction between existence and exercise revisted*. Common Market Law Review, vol. 26, p. 193 a 218.

[17] MARENCO, Giuliano *Intellectual Property and the Community Rules on Free Movement: Discrimination Unearthed*. Texto distribuído no curso de pós graduação em Direito Comercial Internacional, University of European Studies. Torino, 1995.

Centralfarm Vs. Sterling Drugs[18]
O titular do Direito de Propriedade Industrial tem o direito exclusivo de produzir e comercializar sua invenção. Entretanto, uma vez que este produto foi legalmente colocado no mercado, dentro do Território da Comunidade, ele poderá circular livremente sem restrições. Na verdade, o que o Tribunal entendeu é que quando o titular da patente, pela primeira vez, comercializar o seu produto na CEE os seus direitos sobre tal produto encontram-se exauridos.

O titular da patente possui o direito exclusivo de produzir tal produto no país que lhe concedeu o direito sobre a patente e tem a mesma exclusividade para comercializar o seu produto pela primeira vez; o direito sobre a propriedade industrial é criado pela lei nacional que o aplica, mas a lei em vigor em um especifico Estado-Membro não pode ignorar a existência do sistema comunitário e todo significado que este envolve.

O titular da patente tem o direito exclusivo de produzir por tempo determinado o produto patenteado e colocá-lo no mercado pela primeira vez. Entretanto, uma vez que o produto foi colocado no mercado, a sua comercialização exaure a capacidade do titular do direito de prevenir a subseqüente circulação de tal produto através do território da comunidade.

8.6.2. A exaustão de direitos e a importação paralela no âmbito do Mercosul

O nível de desenvolvimento econômico e tecnológico dos países membros do Mercosul é bastante inferior àquele encontrado nos países europeus. A necessidade de forçar a produção local em mercados apenas recentemente abertos à livre importação é mais premente. O mercado precisa se abrir não só para os países vizinhos mas, para todo o mundo. As indústrias internas devem ser fortalecidas para que possam competir em um mercado globalizado. Por isso há a necessidade de se manter o correto equilíbrio entre o fortalecimento da proteção da propriedade industrial e as regras sobre a livre circulação de mercadorias e livre concorrência.[19]

O Protocolo de harmonização de Normas sobre Propriedade Intelectual no Mercosul em matéria de Marcas, Indicações de Procedência e Denominações de Origem em seu artigo 13, dispõe:

---

[18] SILVA, Eugênio Costa. *A livre circulação de bens e Mercadorias e o Direito sobre patentes: A experiencia da CEE.*

[19] SHERRILL, Henrry K. *Importações Paralelas na Lei nº 9.279, de 14 de maio de 1996, e o Mercosul.* In Revista da ABPI Nº25. São Paulo, 1996, p. 23.

"O registro de marca não impedirá a livre circulação dos produtos, introduzidos legitimamente no comércio pelo titular ou com a autorização do mesmo. Os Estados partes comprometem-se a prever em suas legislações medidas que estabeleçam a Exaustão do Direito conferido pelo Registro".

A principal questão a ser examinada na interpretação deste artigo é aquela referente a "autorização", pois os princípios da livre circulação e da livre concorrência não podem servir de justificativa para que se institua a pirataria marcária.

"A autorização é tácita, bastando apenas que os produtos sejam originais, com padrão de qualidade idêntico àqueles fabricados pelo próprio titular, ou por seus licenciados."(Sherril)

Entendemos que, se os produtos passíveis de importação paralela forem produtos produzidos pelo próprio titular da Propriedade Industrial, ou por aqueles por ele licenciados, mantidos os padrões de qualidade dos produtos originais, não há que se falar em ilegalidade desta operação.[20]

Mas, se os produtos importados não corresponderem a estes padrões esta seria considerada como um ato de concorrência desleal, onde o importador estaria se beneficiando dos investimentos do titular ou licenciado, para ludibriar o consumidor.

Para uma melhor compreensão da questão passemos à análise de três casos fictícios.

Caso 1:
"O titular da marca *Chocolate* no Brasil tem um competidor argentino que naquele país, logrou registrar a mesma marca; ambos produzem roupas esportivas. Evidentemente, neste caso, a importação do produto argentino para o Brasil, ou vice versa constituiria em clássica situação de infração de marca. Não há neste caso exaustão de direitos pois os titulares do registros não são direta ou indiretamente vinculados.
A exaustão de direitos não pode ser utilizada como forma de permitir a pirataria de marcas dentro de um mercado comum, mas como um instrumento para evitar que empresas dominem mercados nacionais e imponham preços, quando o produto pode ser fabricado no país vizinho por preço inferior."

---

[20] SHERRILL, Henrry K. *Op. cit.*, p. 26.

Caso 2:
"Empresa x situada no Brasil celebrou com uma empresa uruguaia contrato de licença de uso de marca. Neste contrato foi pactuado que a empresa brasileira controlaria a qualidade de todos os produtos produzidos pelo licenciado uruguaio.
Considerando que os produtos fabricados pela empresa uruguaia tinham preços mais baixos, que aqueles praticados pela empresa brasileira, a empresa Y resolveu importar os produtos fabricados no Uruguai para comercializá-los no Brasil.
Neste caso, a importação paralela deve ser permitida." (Sherril)

O titular do registro no Brasil é indiretamente a origem do produto, porque autorizou a produção e conferiu a qualidade dos produtos.

A autoridade pública não poderia bloquear a importação, pois não haveria infração de marca, mesmo considerando que a primeira venda não se deu no Brasil.

Caso 3:[21]
Um terceiro caso poderia envolver empresas de um mesmo grupo, ambas licenciadas em seus respectivos países para produzir um mesmo produto sob uma mesma marca. Neste caso as importações para o país da outra empresa do grupo não poderiam ser bloqueadas, haja vista a titularidade comum das marcas. É de se notar que essas importações poderiam ser consideradas infração de marca caso se pudesse provar a divergência de qualidade entre eles, ou a concorrência desleal. O fato de as empresas pertencerem ao mesmo grupo, entretanto, pode prejudicar a eficácia deste argumento.

A situação supracitada é extremamente favorável à concorrência, pois, além de o consumidor obter as vantagens advindas da competição entre marcas, a ele também serão oferecidas as da concorrência intermarcas.

8.7. CONCLUSÃO

Os privilégios concedidos aos detentores de Propriedade Industrial são essenciais para o desenvolvimento econômico Os investimentos realizados em pesquisas tecnológicas, *marketing* e propaganda devem ser, por certo, objeto da proteção jurisdicional.

---

[21] SHERRILL, Henrry K. *Op. cit.*, p. 26.

Todavia, a economia mundial deve crescer num ambiente concorrencial saudável, onde a livre iniciativa e a livre circulação de bens sejam resguardadas.

Dessa forma, concluímos que o exercício dos direitos de propriedade industrial deverão ser sempre limitados, quando for prejudicial ao mercado, colocando em risco a livre concorrência e a livre circulação de mercadorias.

8.8. BIBLIOGRAFIA

BARBOSA, Denis Borges. *Uma Introdução à Propriedade Intelectual*. Rio de Janeiro: Lumen Juris, 1997.

BERCOVITZ, Alberto. *El Derecho de autor en el Acuerdo TRIPS*. in Revista de Derecho Industrial y de la competencia, vol. 1. Buenos Aires: Ediciones Ciudad Argentina, 1996.

BERGEL, Salvador. *Disposiciones generales y principios básicos del Acuerdo TRIPS*. in Revista de Derecho Industrial y de la competencia, vol. 1. Buenos Aires: Ediciones Ciudad Argentina, 1996.

COELHO, Fábio Ulhoa. *Manual de Direito Comercial*. São Paulo: Saraiva, 1993.

COMISSÃO EUROPÉIA, *XXIII Relatório sobre a Política da Concorrência*. Bruxelas:1993.

CORREA, Carlos. *Acuerdo TRIPS*. Buenos Aires: Ciudad Argentina, 1996.

DURVAL, Hermano. *Concorrência Desleal*. São Paulo: Saraiva, 1976.

FONSECA, João Bosco Leopoldino. *Direito Econômico*. Rio de Janeiro: Forense, 1997.

FURTADO, Lucas Rocha. *Sistema de Propriedade Industrial no Direito Brasileiro*. Brasília: Brasília Jurídica, 1996.

LOBO, Maria Tereza Cárcamo. *Ordenamento Jurídico Comunitário*. Belo Horizonte: Del Rey, 1997.

MARENCO, Giuliano *Intellectual Property and the Community Rules on Free Movement: Discrimination Unearthed*. Texto distribuído no curso de pós graduação em Direito Comercial Internacional, University of European Studies. Torino, 1995.

MIRANDA, Rafael Pérez. *Marco Internacional del Régimen Jurídico de la propiedad industrial en México*. in Revista de Derecho Industrial y de la competencia, vol. 1. Buenos Aires: Ediciones Ciudad Argentina, 1996.

PAES, P.R. Tavares. *Nova Lei da Propriedade Industrial*. Rio de Janeiro: Revista dos Tribunais, 1996.

SHERRILL, Henrry K. *Importações Paralelas na Lei nº 9.279, de 14 de maio de 1996, e o Mercosul*. In Revista da ABPI Nº25. São Paulo, 1996.

SILVA, Eugênio Costa. *A livre circulação de bens e Mercadorias e o Direito sobre patentes: A experiencia da CEE*.

SOARES, José Carlos Tinoco. *Lei de Patentes, Marcas e Direitos Conexos*. São Paulo: Revista dos Tribunais, 1997.

VAZ, Isabel. *Direito Econômico da Concorrência*. Rio de Janeiro: Forense, 1993.

9. O acordo de cooperação entre a Comunidade Européia e o Mercosul

Werter R. Faria
Diretor-Presidente da Associação Brasileira de Estudos da Integração (ABEI) e Presidente da Associação de Estudos de Integração da Comunidade Européia no Brasil (ECSA-Brasil).

O penúltimo considerando do Acordo-Marco Inter-Regional de Cooperação entre a Comunidade Européia e os seus Estados-Membros e o Mercado Comum do Sul e os seus Estados-Partes exprime

"a vontade política das partes de estabelecerem, como meta final, uma associação inter-regional de caráter político e econômico baseada numa cooperação política reforçada, numa liberalização gradual e recíproca de todo o comércio, tendo em conta a sensibilidade de certos produtos e em cumprimento das regras da Organização Mundial do Comércio, e baseada, por último, na promoção dos investimentos e no aprofundamento da cooperação".

O último considerando tem em conta os termos da declaração solene comum, pela qual

"ambas as partes se propõem celebrar um acordo-marco inter-regional que abranja a cooperação econômica e comercial, bem como a preparação da liberalização gradual recíproca das trocas comerciais entre as duas regiões, como fase preparatória para a negociação de um acordo de associação inter-regional entre elas".

O art. 1º declara que o respeito dos princípios democráticos e dos direitos fundamentais do homem, enumerados na Declaração Universal dos Direitos do Homem, inspira as políticas internas e externas das Partes e constitui elemento essencial do acordo. Estes princípios estão mencionados no segundo considerando, em que as Partes expressam sua adesão aos objetivos e princípios consagrados na Carta das Nações Unidas.

O art. 3º trata do diálogo político regular para o acompanhamento e a consolidação da aproximação das Partes, "nos termos da declaração comum anexa ao acordo". Nesta as Partes declaram-se dispostas a pactuar, antes da assinatura do acordo, as modalidades que garantam a aplicação antecipada das suas cláusulas, especialmente no campo comercial e em relação ao quadro institucional. As Partes ressaltam a intenção de manter a cooperação interinstitucional (Comissão das Comunidades Européias e Grupo Mercado Comum), nos termos do acordo entre aquela instituição e o Mercosul, assinado em 29 de maio de 1992, nos seguintes domínios:

- intercâmbio de informação;
- formação de pessoal;
- assistência técnica;
- apoio institucional.

O nº 2 estabelece que diálogo político se efetuará no seio do Conselho de Cooperação (art. 25) e em outras instâncias do mesmo nível, que serão decididas por mútuo acordo.

Segundo o art. 32, o termo "Partes" designa, por um lado, a Comunidade ou os seus Estados-Membros, de acordo com as respectivas competências, tal como decorrem do Tratado que a institui, e, por outro, o Mercosul ou seus Estados-Partes, nos termos do Tratado para a sua constituição. Desse modo, as Partes poderão ser, conforme o caso, a Comunidade Européia e o Mercosul, as duas organizações internacionais e os seus Estados-Membros ou somente estes. Esta variação decorre da distinção entre competências nacionais e comunitárias, estas últimas divididas em exclusivas e compartidas com os Estados-Membros.

As competências comunitárias não se presumem, e os Estados-Membros conservam a totalidade de competências que não atribuíram à Comunidade.

Os Estados membros do Mercosul não lhe poderiam transferir nenhuma competência quando decidiram constituí-lo, pois carece de personalidade jurídica. Na falsa linha de preservação da soberania nacional, nem mesmo por ocasião da assinatura do Protocolo de Ouro Preto, que o personificou, as Partes cederam competências que seriam imprescindíveis ao seu bom funcionamento.

São os Estados que tudo resolvem, através de órgãos intergovernamentais, cujas decisões estão sujeitas ao procedimento de recepção em suas ordens jurídicas internas. É uma incongruência, em se tratando do estabelecimento de mercado comum, entidade supraestatal por natureza.

No geral, o acordo utiliza o termo "Partes" para designar a Comunidade Européia e o Mercosul, nas matérias de suas competências. Quanto à criação da Associação Inter-Regional, a exemplo do Acordo de Associação entre a Comunidade Européia, os seus Estados-Membros e os Estados da Associação Européia de Comércio Livre (EFTA), o termo "Partes" designa as duas organizações internacionais (União Européia e Mercosul) e os seus Estados-Membros.

O art. 2º, nº 1, enuncia os objetivos do acordo, que são: aprofundar as relações entre as partes e preparar as condições para a criação de uma associação inter-regional.

Para esse fim, o nº 2 define o âmbito de aplicação do acordo: o comercial, o econômico e o da cooperação para a integração, bem como outras áreas de interesse mútuo, com o propósito de intensificar as relações entre as Partes e suas respectivas instituições.[1]

Os títulos II, III, IV e V estão dedicados, respectivamente, aos domínios comercial, econômico, integração do Mercosul, cooperação interinstitucional e outros (formação e educação; comunicação, informação e cultura; luta contra o tráfico de entorpecentes).

Pelo art. 4º, no *âmbito comercial*, as partes assumem o compromisso de:

- intensificar as suas relações para fomentar o incremento e a diversificação das suas trocas comerciais;
- preparar a futura liberalização progressiva e recíproca das trocas;
- criar condições que favoreçam o estabelecimento da pretendida Associação Inter-Regional.

Para esse fim, serão levados em consideração a sensibilidade de certos produtos e os princípios aplicados pela Organização Mundial do Comércio.

O art. 5º, nº 1, prevê a determinação pelas Partes, de comum acordo, das áreas de cooperação comercial, sem excluir nenhum setor.

Por força do nº 2, as Partes manterão um diálogo econômico e comercial periodicamente, no seio dos órgãos do quadro institucional do acordo (Conselho de Cooperação, Comissão Mista de Cooperação e Subcomissão Mista Comercial e outros que forem criados).

O nº 3 enumera com exemplos as áreas abrangidas pelo acordo:

---

[1] Na Comunidade Européia, têm qualidade de instituição o Parlamento Europeu, o Conselho, a Comissão, o Tribunal de Justiça e o Tribunal de Contas. No Mercosul, não cabe aplicar o termo "instituição" aos órgãos de sua estrutura orgânica por serem de natureza intergovernamental, constituídos por representantes dos governos, em razão do cargo que exercem (membros do Conselho) ou da designação dos governos (membros do Grupo e da Comissão de Comércio). Mencionamos só estes órgãos porque os outros três não têm capacidade decisória. Assim, não podem criar e desenvolver relações como as previstas no acordo.

- acesso ao mercado, liberalização comercial e regras comerciais (de concorrência, de origem, salvaguardas, regimes aduaneiros especiais, etc.);
- relações comerciais das Partes com terceiros países;
- compatibilização da liberalização comercial com as normas aplicadas pela Organização Mundial do Comércio;
- identificação de produtos sensíveis ou prioritários para as Partes;
- cooperação e intercâmbio de informação em matéria de serviços, no âmbito das competências respectivas das Partes.

Na forma do art. 6º, nº 1, as Partes resolvem cooperar para promover sua aproximação em matéria de qualidade, no tocante a produtos agroalimentares e industriais e ao reconhecimento de conformidade, em concordância com os critérios internacionais.

O nº 2 determina que as Partes analisem a possibilidade de iniciar negociações de acordos de reconhecimento mútuo.

O nº 3 estabelece a concretização da cooperação, principalmente por qualquer tipo de iniciativa destinada a elevar os níveis de qualidade dos produtos e das empresas das Partes.

No campo da cooperação aduaneira, o art. 7º, nº 1, exige que as Partes a favoreçam, com o propósito de melhorar e consolidar o marco jurídico das suas relações comerciais.

A cooperação institucional poderá encaminhar-se para o reforço das estruturas aduaneiras das Partes e a melhoria do seu funcionamento.

O nº 2 exemplifica as ações em que a cooperação poderá concretizar-se:

- o intercâmbio de informações;
- desenvolvimento de novas técnicas no campo da formação e coordenação de ações de organizações internacionais competentes na matéria;
- intercâmbio de funcionários, inclusive de alto nível das administrações aduaneiras e fiscais;
- simplificação dos procedimentos aduaneiros;
- assistência técnica.

No nº 3, as Partes manifestam o interesse em celebrar, no futuro, um protocolo de cooperação aduaneira, no âmbito do quadro institucional do acordo.

Pelo art. 8º, as Partes decidem promover a aproximação metodológica, em matéria de estatística, com o fim de utilizar, numa base reciprocamente reconhecida, dados estatísticos referentes às trocas de bens e serviços e, de modo geral, em todas as áreas suscetíveis de ser objeto dessa espécie de tratamento.

No art. 9º, as Partes estipulam a cooperação em matéria de propriedade intelectual, com a finalidade de dinamizar os investimentos, a transferência de tecnologia, as trocas comerciais e todas as atividades econômicas conexas, assim como prevenir distorções.

O nº 2 determina que as Partes assegurem proteção aos direitos de propriedade intelectual e seu reforço, caso este seja necessário, em conformidade com os compromissos assumidos no Acordo TRIPS.

Esta proteção se dará nos campos legislativo, regulamentar e político.O nº 3 menciona, de forma não-exaustiva, o conteúdo da propriedade intelectual objeto de proteção: direito de autor e direitos conexos; marcas de fábrica ou de comércio; indicações geográficas e denominações de origem; desenhos e modelos industriais; patentes; esquemas de configuração (topografias de circuitos integrados).

No âmbito da *cooperação econômica*, objeto do art. 10, as Partes decidem fomentá-la e desenvolvê-la, tendo em conta o interesse mútuo e os seus objetivos econômicos, a médio e longo prazo, e os objetivos de contribuir para a expansão das suas economias, reforçar a competitividade internacional, fomentar o desenvolvimento tecnológico e científico, melhorar os níveis de vida das suas populações, proporcionar condições para a criação e qualidade de emprego e, em conclusão, facilitar a diversificação e o estreitamento dos vínculos econômicos.

O nº 2 preceitua que as Partes promovam o tratamento regional de todas as ações de cooperação que, tanto por seu campo de aplicação, como pelo resultado das economias de escala, permita, na opinião das Partes, a utilização mais racional e eficaz dos meios colocados à disposição, assim como a otimização dos resultados esperados.

O nº 3 estipula o desenvolvimento da cooperação econômica na base mais ampla possível, sem exclusão *a priori* de nenhum setor, tendo em conta as prioridades respectivas, interesses comuns e competências próprias.

O nº 4 impõe a cooperação em todos os domínios que favoreçam a criação de vínculos e de redes econômicas e sociais, e levem à aproximação das economias das Partes, bem como em todos os domínios em que decorra transferência de conhecimentos específicos em matéria de integração regional.

O nº 5 determina o intercâmbio de informações, no âmbito da cooperação, dos indicadores macroeconômicos das Partes.

O nº 6 e o nº 7 mandam tomar em consideração, nas ações e medidas intentadas pelas Partes, a conservação do meio ambiente e dos equilíbrios ecológicos, assim como o desenvolvimento social e, especialmente, a promoção dos direitos sociais fundamentais.

Os arts. 11 a 17 são dedicados, respectivamente, à cooperação empresarial, promoção dos investimentos, setores energéticos, de transportes, de ciência e tecnologia, de telecomunicações e tecnologias da informação e de proteção do meio ambiente.

No *âmbito da integração* do Mercosul, o art. 18 diz que a cooperação das Partes visa a apoiar os objetivos do processo de integração dessa organização internacional, abrangendo todos os domínios do acordo-marco (comercial, econômico, cooperação para integração e outras áreas de interesse comum, conforme o disposto no art. 2, nº 2).

O nº 2 dispõe que as atividades, nestes campos, estarão sujeitas às solicitações específicas do Mercosul.

O nº 3 admite todas as formas convenientes de cooperação e, para exemplificar, indica diversas: sistemas de intercâmbio de informações, formação e apoio institucional, estudos e execução de projetos conjuntos e assistência técnica.

O nº 4 estabelece que a cooperação assegurará a máxima eficácia na utilização dos recursos em matéria de coleta, análise, publicação e divulgação da informação, sem prejuízo das disposições que se revelem eventualmente necessárias para salvaguardar o caráter confidencial de algumas destas informações.

As Partes respeitarão a proteção dos dados pessoais em todos os domínios em que se efetuem intercâmbios de informação, através de redes de informática.

No âmbito da *cooperação interinstitucional* de que trata o art. 19, as Partes fomentarão uma colaboração mais estreita, entre as suas instituições, que favoreça o estabelecimento de contatos periódicos entre estas.

O nº 2 estabelece o desenvolvimento da cooperação na base mais ampla possível, designadamente por todos os meios que favoreçam intercâmbios regulares de informações, inclusive mediante o desenvolvimento conjunto de redes informáticas de comunicação, transferências de experiências, assessoria e informação.

As *outras áreas de cooperação* compreendem as matérias de formação e educação; comunicação, informação e cultura; luta contra o tráfico de entorpecentes.

Na forma do art. 20, nº 1, as Partes definirão os meios necessários para melhorar a educação e o ensino, em matéria de integração regional, relativamente à juventude e formação profissional, bem como à cooperação interuniversitária e interempresarial.

O nº 2 manda prestar atenção especial às ações que favoreçam o estabelecimento de relações entre as entidades especializadas das Partes, e facilitem a utilização de recursos técnicos e o intercâmbio de experiências.

O nº 3 impõe o fomento de acordos entre centros de formação, assim como a realização de encontros entre organismos responsáveis pelo ensino e pela formação em matéria de integração regional.

Em matéria de comunicação, nos termos do art. 21, nº 1, as Partes aprofundarão as suas relações culturais, fomentarão e divulgarão a natureza, objetivos e alcance dos seus respectivos processos de integração, com o fim de facilitar a compreensão pelos cidadãos.

Bem assim, intensificarão o intercâmbio de informações sobre questões de interesse mútuo.

Conforme o nº 2 as Partes empenhar-se-ão em dinamizar a realização de encontros entre os seus meios de comunicação e de informação, inclusive através de ações de assistência técnica.

A cooperação poderá compreender a realização de atividades culturais, justificadas por sua natureza regional.

Quanto ao tráfico de entorpecentes, o art. 22, nº 1, prevê que as Partes promoverão a coordenação e intensificação dos seus esforços na luta contra este e suas múltiplas conseqüências, inclusive de ordem financeira.

De acordo com o nº 2, estabelece que as Partes efetuarão igualmente consultas e maior coordenação entre si, em nível regional, e se for o caso, entre as instituições regionais competentes.

O art. 23 do acordo-marco contém uma *cláusula evolutiva* que faculta ampliar o seu campo de aplicação, por consentimento mútuo das Partes, para aumentar e completar os níveis de cooperação, em conformidade com as legislações destas, por meio de acordos sobre setores ou atividades específicos.

O nº 2 faculta a apresentação de propostas para ampliar o campo da cooperação mútua, levada em linha de conta a experiência adquirida na execução do acordo.

Pelo art. 24, relativo aos *meios para a cooperação*, com o intuito de facilitar o cumprimento dos objetivos do acordo-marco, as Partes comprometem-se a proporcionar os recursos adequados para sua realização, inclusive aportes financeiros, de acordo com suas disponibilidades e mecanismos próprios.

O nº 2 faz uma exortação ao Banco Europeu de Investimentos para intensificar sua ação no Mercosul, à vista dos resultados obtidos, segundo os seus procedimentos e critérios operacionais.

O nº 3 põe a salvo de prejuízo as cooperações bilaterais resultantes dos acordos existentes.

Com relação ao *quadro institucional* do acordo-marco, o art. 25, nº 1, cria o Conselho de Cooperação, com a atribuição de supervisionar a execução do acordo.

O Conselho se reunirá periodicamente (em intervalos regulares que não foram estabelecidos), toda vez que a circunstâncias o exijam.

De acordo com o nº 2, o Conselho analisará os principais problemas suscitados no âmbito do acordo, bem como todas as outras questões bilaterais ou internacionais de interesse comum, com vistas à execução dos objetivos desse instrumento de cooperação.

O nº 3 faculta ao Conselho apresentar propostas adequadas, de comum acordo entre as Partes, especialmente recomendações que contribuam para a realização do objetivo final da Associação Inter-Regional. Assim, o Conselho necessita de prévia concordância das Partes para oferecer a exame determinada proposta ou recomendação.

Segundo o art. 26, nº 1, o Conselho compõe-se (a) de membros do Conselho da União Européia e (b) de membros do Conselho do Mercado Comum e do Grupo Mercado Comum.

Os Conselhos da Comunidade Européia e do Mercosul são constituídos por representantes de cada Estado-Membro, em nível ministerial, e da Comissão Européia, assim como do Grupo Mercado Comum. A Comissão tem dezessete membros, escolhidos em função da sua competência geral e garantia de que exercerão as suas funções com total independência, no interesse da Comunidade, e o Grupo, dezesseis membros, representantes de órgãos públicos (Ministérios das Relações Exteriores, Ministérios da Economia ou seus equivalentes e Bancos Centrais).

O acordo não fixa o número de membros do Conselho de Cooperação. Se fosse a totalidade dos membros do Conselho da União Européia (quinze), da Comissão das Comunidades Européias (vinte), do Conselho do Mercado Comum (oito) e do Grupo Mercado Comum (dezesseis), seriam cinqüenta e nove membros. A representação do Conselho da União Européia e da Comissão das Comunidades Européias contaria com trinta e cinco membros, e a do Conselho do Mercado Comum e do Grupo Mercado Comum, com vinte quatro. Se o Conselho de Cooperação fosse formado pela totalidade dos membros dos órgãos das Partes (Comunidade Européia e Mercosul) não seria aplicável a regra da maioria para as deliberações.

Restariam os sistemas do consenso e da unanimidade, o primeiro melhor adaptado, nessas circunstâncias, à tomada de decisões.

O nº 2 prescreve a adoção do regimento interno pelo próprio órgão.

O nº 3 estabelece que a presidência do Conselho será exercida com alternação entre a Comunidade Européia e o Mercosul.

De acordo com o nº 2, a Comissão se reunirá alternada e ordinariamente em Bruxelas e num dos Estados membros do Mercosul, em data e com ordem do dia definidas de comum acordo pelas Partes. As sessões extraordinárias serão convocadas mediante acordo entre as Partes. A presidência do órgão será exercida alternadamente por um representante de cada Parte.

Consoante o nº 3, as regras de funcionamento da Comissão devem constar do regimento interno do Conselho.

O nº 4 permite ao Conselho delegar à Comissão todas ou parte das suas competências, como forma de assegurar a continuidade das ações de cooperação e supervisão do acordo no intervalo entre as reuniões do Conselho.

O nº 5 enumera exemplificativamente as funções da Comissão como órgão auxiliar: a) estimular as relações comerciais; b) efetuar trocas de opiniões sobre as questões de interesse comum relativas à liberalização comercial e cooperação, inclusive os futuros programas de cooperação e os meios disponíveis para sua realização; c) apresentar propostas ao Conselho para estimular a preparação da liberalização comercial e a intensificação da cooperação, tendo em vista, igualmente, a necessária coordenação das ações previstas; d) em geral, apresentar ao Conselho propostas que contribuam para a realização do objetivo final do acordo (criação da Associação Inter-Regional UE-Mercosul).

Como vimos, o termo "Partes" designa a Comunidade Européia e, por outro lado, o Mercosul, ou os Estados membros daquela e deste. A Comunidade e o Mercosul são Partes relativamente às matérias de suas respectivas competências e os Estados membros dessas organizações internacionais, em assuntos que não forem objeto de cessão de competências.

O Mercosul carece de competências de atribuição, e a cláusula do acordo não prevê a possibilidade de serem Partes uma das organizações internacionais e os Estados membros da outra.

O acordo cria outro órgão, a Comissão Mista de Cooperação, composta por membros do Conselho das Comunidades Européias, membros da Comissão Européia e representantes do Mercosul. Em relação a esta última Parte, não é necessário que os seus representantes tenham a qualidade de membros dos seus órgãos superior e executivo (Conselho e Grupo, respectivamente).

A Comissão Mista de Cooperação é um órgão auxiliar do acordo, que tem a função de assistir o Conselho de Cooperação no exercício das suas funções. Este pode delegar-lhe todas ou parte das suas competências. Segundo o art. 27, nº 4, do acordo, a delegação "assegurará a continuidade entre as reuniões do Conselho de Cooperação". Os autores do acordo quiseram dizer que a delegação se destina a garantir a continuidade da supervisão da sua execução no intervalo entre as reuniões do Conselho.

O art. 27, nº 5, do acordo incumbe a Comissão de estimular as relações comerciais, dentro dos seus objetivos de caráter comercial e da criação de condições que favoreçam o estabelecimento da Associação Inter-Regional; realizar trocas de opiniões sobre qualquer questão de interesse comum relativa à liberalização comercial e à cooperação, inclusive os programas futuros de cooperação e os meios disponíveis para a sua realização; apresentar propostas ao Conselho com vistas a estimular a preparação de liberalização comercial e a intensificação da cooperação, tendo em conta igualmente a necessária coordenação das ações previstas; em geral, apresentar ao Conselho propostas que contribuam para a realização da Associação Inter-Regional.

As reuniões da Comissão são anuais, em data e com ordem do dia fixados de comum acordo. Por esta mesma regra de deliberação, são convocadas as reuniões extraordinárias. O mútuo acordo deve verificar-se entre as Partes, e não entre os membros do órgão. Assinam o acordo quinze países europeus, quatro sul-americanos e duas organizações internacionais. Estranhamente, as Partes (os Estados membros da Comunidade e do Mercosul e estas duas entidades ou estas e aqueles), devem fixar, de comum acordo, a data e a ordem dos trabalhos, bem como decidir sobre a convocação de reuniões extraordinárias de um órgão subsidiário do acordo. Seria mais prático atribuir estas competências à própria Comissão Mista de Cooperação ou ao Conselho de Cooperação, sem prejuízo da iniciativa das Partes.

O art. 28 confere ao Conselho de Cooperação competência para decidir da constituição de qualquer outro órgão que o assista no exercício das suas funções, bem como da respectiva composição, objetivos e funcionamento.

De harmonia com as disposições concernentes ao diálogo econômico e comercial (art. 5º), o art. 29 institui a Subcomissão Mista Comercial para assegurar o cumprimento dos objetivos comerciais previstos no acordo e preparar os trabalhos para a posterior liberalização das trocas comerciais.

O nº 2 dispõe que a Subcomissão será composta do mesmo modo que o Conselho, por membros do Conselho da União Européia, da Comissão das Comunidades Européias, do Conselho do Mercado Comum e do Grupo Mercado Comum.

O nº 3 obriga a Subcomissão a apresentar relatórios anuais à Comissão Mista de Cooperação sobre o andamento dos seus trabalhos e propostas atendendo à futura liberalização das trocas comerciais.

Nos termos do nº 4, o regimento interno da Comissão será aprovado pela Comissão Mista de Cooperação.

A Subcomissão poderá solicitar todos os estudos e análise técnicos que considere necessários.

O art. 30 institui o compromisso entre as Partes de realizar consultas, no âmbito das suas competências, sobre todas as matérias constantes do acordo. O regimento interno da Comissão Mista de Cooperação conterá normas sobre o procedimento das consultas.

O art. 31 enuncia que o acordo-marco, assim como as medidas tomadas em concordância com este, não prejudicarão a faculdade dos Estados membros da Comunidade Européia e do Mercosul de empreenderem ações bilaterais e de concluírem novos acordos, dentro das respectivas competências, sem prejuízo das disposições dos Tratados que criaram essas organizações internacionais.

Em relação ao *cumprimento*, o art. 35 impõe às Partes a adoção de medidas gerais ou específicas necessárias ao cumprimento das obrigações derivadas do acordo-marco e o dever de assegurar a consecução dos objetivos nele previstos (aprofundamento das relações entre as parte e preparação das condições para a criação de uma Associação Inter-Regional).

A Parte que considerar que outra deixou de cumprir uma das obrigações impostas pelo acordo-marco poderá tomar as medidas adequadas. Salvo caso de urgência especial, deverá fornecer à Comissão Mista de Cooperação os elementos de informação úteis que sejam necessários para uma análise profunda da situação, tendo em vista uma solução aceitável para os contendentes.

A escolha das medidas deverá recair prioritariamente sobre aquelas que menos perturbem o funcionamento do acordo. Essas medidas serão notificadas imediatamente à Comissão, e serão objeto de consulta no seio da Comissão, por solicitação da outra Parte.

O nº 2 considera "caso de urgência especial" uma violação material do acordo por uma das Partes, que consiste em: (a) denúncia em desacordo com as regras gerais do direito internacional ou (b) a violação dos elementos essenciais do acordo referidos no art. 1º (respeito dos princípios democráticos e dos direitos humanos fundamentais, enunciados na Declaração Universal dos Direitos Homem, em que se inspiram as políticas internas e externas das Partes e constituem um elemento essencial do acordo).

O incumprimento faz surgir a responsabilidade internacional da Parte incumpridora, que justifica a adoção de represálias ou contramedidas.

O nº 3 da disposição em causa define como "medidas adequadas" as tomadas em conformidade com o direito internacional. A Parte contra a qual for adotada uma medida pode solicitar a convocação urgente de uma reunião, em quinze dias, com a outra Parte.

Quanto às Partes, o acordo é um instrumento diplomático celebrado entre duas Organizações Internacionais de Integração e seus Estados-Membros, com o objetivo de aprofundar as relações mútuas e preparar as condições para a criação da Associação Inter-Regional. É um acordo-marco por constituir o enquadramento genérico das relações que deverão ser posteriormente desenvolvidas e formalizadas em acordos especiais. Por isso, era necessário criar órgãos, compostos por representantes das Partes, que se reunissem periodicamente para supervisionar a execução do acordo, examinar os problemas importantes surgidos na sua aplicação e apresentar recomendações para a sua realização, atendendo ao objetivo da criação da Associação Inter-Regional.

O acordo tem dois objetivos fundamentais: um imediato (o aprofundamento das relações entre as Partes) e outro futuro (a criação da Associação Inter-Regional). Conforme o primeiro, as Partes pretendem atingir a diversificação das trocas comerciais e a liberalização progressiva e recíproca destas, em compatibilidade com as normas da Organização Mundial do Comércio, mediante a eliminação ou redução dos obstáculos tarifários e não-tarifários. De acordo com o segundo alvo, as partes dispõem-se a criar a Associação Inter-Regional.

Serão necessários um ou mais acordos para definir os objetivos e a forma desse desenvolvimento conjunto de certas atividades e a natureza destas. O considerando final do acordo antecipa que a Associação Inter-Regional terá finalidade política e econômica.

Não se trata da adesão dos países do Mercosul à Comunidade Européia, mas da celebração, entre as duas Organizações Internacionais e seus Estados-Membros, de um acordo que, nos termos do art. 238 do Tratado de Roma, criará "uma associação caracterizada por direitos e obrigações recíprocas, ações comuns e procedimentos especiais".

A respeito da criação dessa Associação Inter-Regional, constam do acordo disposições que versam sobre:

- preparação das condições para a sua criação (art. 2º, nº 1);
- criação de condições econômicas para favorecer o seu estabelecimento, tendo em conta a sensibilidade de certos produtos, e em conformidade com as normas aplicadas pela Organização Mundial do Comércio (art. 4º);
- formulação de recomendações, pelo Conselho de Cooperação, que contribuam para a realização do objetivo final da Associação Inter-Regional (art. 25, nº 3);
- estímulo às relações comerciais para criar condições favoráveis ao estabelecimento da Associação Inter-Regional (art. 27, 5, a);
- apresentação de propostas pela Comissão Mista de Cooperação ao Conselho de Cooperação que contribuam para a realização da Associação Inter-Regional (art. 27, nº 5, d);
- decisão pelas Partes do momento e das condições para iniciar as negociações visando à criação da Associação Inter-Regional (art. 34, nº 2).

Não figuram no acordo disposições relativas ao tipo ou forma da Associação Inter-Regional (acordo de associação ou organização de associação), que pressupõe o estabelecimento de regimes preferenciais, de políticas comerciais harmonizadas, etc.

A doutrina reconhece que a noção de associação é imprecisa, e esta forma de vinculação especial encontra-se regulada apenas no art. 238 do Tratado que institui a Comunidade Européia e no art. 206 do instrumento que cria a Comunidade Européia da Energia Atômica, em disposições que têm a mesma redação.

Um ilustre comentarista do Tratado da União Européia (Jörg Gerkrth) diz que esta categoria de acordo exterior caracteriza-se mais pela sua diversidade que pela base jurídica comum, e repousa sobre um critério geográfico, ou derivado dos seus fins. Do ponto de vista geográfico, a associação será inter-regional (parte da Europa e da América do Sul) e dos fins, de natureza política e econômica (cooperação reforçada sob o primeiro aspecto e sob o segundo, estabelecimento de uma área de livre comércio).

O acordo de associação mais aperfeiçoado é o da Comunidade Européia e seus Estados-Membros com os países pertencentes à EFTA, que tem por objetivo

"promover um reforço permanente e equilibrado das relações comerciais e econômicas entre as Partes Contratantes, em iguais condições de concorrência e no respeito de normas idênticas, com vista a criar um Espaço Econômico Europeu homogêneo" (EEE).

A Declaração da Comissão anexa ao instrumento diplomático[2] prevê a abertura de discussões no seio das instituições comunitárias competentes sobre a natureza comunitária ou não do acordo, e estabelece que, se a conclusão for no primeiro sentido, se procederá à revisão do texto para adaptá-lo, especialmente no tocante ao diálogo político e ao Conselho de Cooperação, introduzindo-se as alterações de redação estritamente necessárias.

A decisão sobre a natureza comunitária ou não do acordo compete exclusivamente às instâncias da Comunidade. Os seus Estados-Membros são Partes no acordo, e não terceiros. Conseqüentemente, não possui natureza comunitária. Se tivesse, ainda assim geraria direitos e obrigações a cargo destes, nas condições requeridas pelo direito internacional. Os seus direitos e obrigações restritamente nacionais derivam da vinculação direta ao acordo e da qualidade de partes.

A definição da natureza jurídica do acordo relaciona-se com a condição dos Estados-Membros com referência aos tratados concluídos pelas organizações internacionais.

Se estes Estados membros da Comunidade não fossem Partes formais, nem se pudessem considerar terceiros, então surgiria o problema do efeito relativo do acordo.

A questão é estranha aos Estados membros do Mercosul, pois conservam todas as competências, como se não tivessem a intenção de constituir uma organização de integração.

Na declaração anexa ao acordo[3] o Mercosul, manifesta que, após a definição da natureza jurídica do instrumento, proporá, se for necessário, os ajustes correspondentes. Pelas considerações feitas, afiguram-se desnecessários.

Antes mesmo do início da vigência do acordo, no momento de rubricá-lo, as Partes firmaram uma declaração conjunta[4] em que se dizem dispostas a decidir, de comum acordo, as modalidades que garantam a sua aplicação antecipada, no que respeita, em especial, às disposições de competências comunitárias sobre a cooperação comercial, bem como ao quadro institucional estabelecido para este fim.

Também acentuam a intenção de manter a cooperação entre a Comissão das Comunidades Européias e os órgãos do Mercosul criados pelo Tratado de Assunção (Conselho e Grupo).

---

[2] Omitida na publicação do acordo no Boletim Oficial do Mercosul.
[3] Idem.
[4] Idem.

O art. 33 estabelece que o acordo será aplicável em todos os territórios em que o forem os Tratados constitutivos da Comunidade Européia e do Mercosul.

Nos termos do art. 34, nº 1, a vigência do acordo será por tempo indefinido.

O nº 2 atribui às Partes, segundo os procedimentos respectivos, e em função dos trabalhos e propostas elaboradas no quadro institucional do acordo, a determinação da oportunidade, do momento e das condições o início das negociações referentes ao estabelecimento da Associação Inter-Regional.